中国人缺少什么？

西方哲学接受史上
两个案例之研究

周国平

著

上海人民出版社

目录

{下编 王国维与德国哲学}

十九世纪末二十世纪初，中国知识界掀起了向西方寻求救亡图强之真理的新学热潮。在这个热潮中，有两个人自觉地把目光投向了西方哲学。严复是引进英国哲学的第一人，王国维是引进德国哲学的第一人，他们的工作给中国知识分子的西方哲学接受史标记了一个明确的开端。

严复和王国维是有眼光的。在当时新学人士的心目中，西学的主干，一是政治学和法律学，二是自然科学，因为二者直接关系到国家的富强。唯有这二人认识到，西学的根基是哲学，西方社会进步和文明兴盛的秘密是在哲学中。有意思的是，仿佛冥冥中有分工，这二人分别把注意力投向了西方近代哲学的两个主要的不同系统，即英国哲学和德国哲学。德国哲学注重形而上学的追问，而这个追问的实质是要为人生建立一种精神信仰。英国哲学注重政治秩序的探讨，由此形成了自由主义的政治学说，而这个学说正是建立法治社会的理论基础。检讨中国传统文化的缺失，考察百年来中国现代化转型的艰难，我们最需要建立的正是信仰和法治。回过头去看，可以说王、严二位各自抓住了中国问题的一个要害，他们的开创性工作至今仍有重大的现实意义。这是值得研究的两个案例，通过分析二人在接受中的短长，中国知识界对于二人工作的不同反应，我们可以看到中国人接受西方哲学的难点在哪里，明确取人之长补己之短要在什么地方用力。

在中国近现代思想史上，严复是第一个重视并且引进西方自由主义政治学说的人。他所推崇的西方思想家，从十八世纪的亚当·斯密、孟德斯鸠，到十九世纪的约翰·穆勒、斯宾塞，都是自由主义的重要代表人物。他翻译八部西学名著，重点也是放在自由主义理论上。之所以如此，是因为他已意识到，在自由主义理论中隐藏着西方政治的秘密，自由是西方政治思想的核心，也是西方政治和中国政治的根本相异之点。自由主义可以归结为两个原则，一是个人自由，二是法治。个人自由的涵义是：凡是不涉及他人的行为，个人享有自由，相反则要按照涉及他人的程度受到社会相应程度的干涉。法治的关键则在于限制政府对人民的治权，其制度保证是把立法权、司法权从政府的权力中分离出来。从严复的著译中可以看到，对于这两个原则，他的认识都是相当清晰的。

如果说严复对个人自由原则的涵义大致是清楚的，那么，谈到自由的根据问题，即为何个人自由是可欲的，他在接受上就发生了严重的困难。西方政治哲学家程度不等地都承认个人自由本身是目的价值，个性发展本身是人类幸福的基本因素，这个论点可以说是自由主义理论的核心价值观念。但是，严复对此就完全不能理解了，其显著倾向是把自由仅仅视为手段而非目的。究其原因，一是儒家传统的束缚，二是在寻求富强的强烈动机支配下，一种被简单化实用化的进化论先入为主地成了他的主导思想。在严复的案例中，正是这个方面最值得我们深思，由之反省中国文化的实用品格。

然而，吊诡的是，在当时的思想界，严复对自由主义理论的引进和误解都没有引起多大的注意，新学名流纷纷尊他为"西学圣人"，却是因为他鼓吹和传播了社会进化论。也就是说，恰恰是他在西学接受中的最大误区，竟然成了罩在他头上的最耀眼的光环。他的八部译著，国人只为最早问世的《天演论》这个完全违背原著旨意的改写本举国热狂，从中又只读出了"优胜劣败，适者生存"八个字。人们常说，《天演论》敲响了祖国危亡的警钟。的确，严复通过《天演论》真正想做的事是敲响这一声警钟，国人分明听到的也是这一声警钟。这一声警钟响彻半个世纪，把《天演论》以及后来严译中传递的自由主义信息完全掩盖住了。

不过，也有清醒的声音。这就要说到本书的另一位主角了，对于严复在西学接受上的实用倾向，最早提出批评的正是王国维。王国维比严复小二十三岁，严复名满天下之时，他还是二十几岁的青年，正在孤独中攻读德国哲学。他当时就指出：严复信奉的是英国的功利论和进化论，对纯粹哲学没有兴趣，其学风是非哲学的，因此不能真正触动中国思想界进行反省。王国维说严复的学风是非哲学的，是指他不能从哲学上把握西学的内在理路，这个批评是击中要害的。我们可以补充说，严复之所以不能理解自由主义理论的核心价值内涵，究竟的原因也在于此。

今天人们把王国维尊为国学大师，作为中国新史学的开创者，他诚然当之无愧，甚至堪称大师中的大师。然而，他在学术上的起步不是始于史学，而是始于哲学。1903 至 1907 年，青年王国维潜心于德国哲学，用五年时间攻读康德、叔本华、尼采的著作，在他担任实际主编的《教育世界》杂志上发表了一系列文章。在中国知识界普遍热衷于严复版的英国进化论之时，他独爱德国的形而上学和知识论，全身心地钻了进去。康德《纯粹理性批判》这部西方近代最重要也最艰深的哲学著作，他是把它读懂了的第一个中国人。可以毫不夸张地说，在二十世纪初的中国学人之中，王国维是唯一的进入了西方哲学的问题之思路的人，唯一的领悟了西方哲学和一般哲学之本义的人。然而，与严复之名声如雷贯耳形成对照的是，青年王国维始终默默无闻，他发表在《教育世界》上的文章几乎无人阅读。即使在后来，当人们回顾西学东渐的历史时，严复也必定是强光聚焦的一幕，而王国维则始终落在舞台外的阴影里，他对德国哲学的引进成了一段几乎被遗忘的历史。

在王国维的个性中，有两点鲜明的特质。一是灵魂的认真，很早就思考宇宙和人生的问题并且产生了困惑。二是头脑的认真，凡事不肯苟且马虎，必欲寻得可靠的根据。这两点特质结合起来，为灵魂的问题寻求理性的答案的倾向，表明他原本就是一个具备哲学素质的人。正因为此，一旦接触到西方哲学中的相应传统，他就立即发生了强烈的共鸣。可是，他的这种纯粹精神性的关注，既不符合中国文化重实用的传统，也不符合当时寻求富强的总体氛围，显得只像是一种个人的癖好。当然，事实上绝不只是个人的癖好。如果说他因为个人气质耽于沉思宇宙人生的问题，并且在德国哲学中找到了知音，领悟到此种沉思乃是哲学的本义，而这正是中国传统所缺失的，那么，当他迫切地想把这样的哲学介绍给国人，让国人也来关心宇宙人生的问题之时，便是怀着一种强烈的责任感的。但是，他的努力终于失败了，而这个失败的教训岂不正是他留给我们的宝贵遗产，值得我们认真地温习？当我重温王国维早年与德国哲学的这一段因缘时，给我印象最深的便是他的孤独。他后来彻底转向了古史研究，从此闭口不谈西方哲学乃至一切哲学，在他的沉默和回避中，我们应能感觉到一种难言的沉痛和悲哀。

青年王国维最卓越的地方，还不在德国哲学的引进，而在对本来意义的哲学之精神的深刻领悟。就在研读德国哲学期间，针对国人的误解和轻视，他在《教育世界》上密集发表文章，旗帜鲜明地为哲学和一切精神价值辩护。他坚定地认为，哲学的本义是要对宇宙人生做出解释，以解除我们灵魂中的困惑。由此他得出了两个重要的推论。其一，既然哲学寻求的是"天下万世之真理，非一时之真理"，那么，它的价值必定是非实用的，不可能符合"当世之用"。但这不说明它没有价值，相反说明它有最神圣、最尊贵的精神价值。"无用之用"胜于有用之用，精神价值远高于实用价值，因为它满足的是人的灵魂的需要，其作用也要久远得多。其二，也正因此，坚持哲学的独立品格是哲学家的天职，决不可把哲学当作政治和道德的手段。推而广之，一切学术都如此，唯以求真为使命，不可用作任何其他事情的手段，如此才可能有"学术之发达"。

怀着对哲学和一切学术的神圣价值和独立品格的坚定信念，王国维一方面对中国传统文化的实用品格进行了深刻反思，另一方面也对当时新学界在输入西方文明时的实用倾向进行了尖锐批评。关于精神文明和物质文明的关系，他有两个非常明确的观点。第一，精神文明远比物质文明重要，而一个民族精神文明所达到的高度，由其所诞生的大哲学家、大文学家代表。第二，和物质文明相比，精神文明的建设无比困难，必须付出极大的努力。中国文化的缺点本来就是重实用轻精神，新学界偏偏还只把注意力放在输入西方的物质文明上，我国精神文明的前景就更堪忧了。

王国维的精辟之论犹如空谷足音，不被时人听取，穿越岁月的峰峦传至今天，我们仍惊讶其不同凡响。在一个注重实用的民族中，在举国关注物质层面之富强的时代，出现一个把精神价值看得高于一切的青年王国维，是一个例外，也是一个奇迹。在我看来，王国维仅此就足以在中国现代思想史上据有了一个光荣的位置。中国只有一个王国维，他只好彻底放弃哲学钻进了故纸堆。中国若有许多个王国维，二十世纪的中国思想史也许会改写。在精神优秀的个体与注重实用的传统之间有一种力量的较量，真正热爱精神事物的人多了，中国文化的实用传统一定会逐渐发生变化。

我把严复和王国维作为两个案例进行研究，目的不是在二人之间进行褒贬，分出优劣。真正值得注意的是，二人面对的是相同的传统和时势，受到的是同样的阻难。从王国维来说，传统和时势的力量使他的德国哲学引进和纯粹哲学研究陷于孤独，终于半途而废。从严复来说，传统和时势的力量一方面阻碍他理解自由主义的核心理念，另一方面使他正确把握的内容未引起国人重视，他的英国哲学引进和研究在整体上也遭到了误解。

事实上，就超越传统和时势而言，我们倒可以发现二人的一个共同之点，就是一种世界文明的眼光。在世纪之交的那一代知识分子里，这二人的突出之处是都没有丝毫狭隘民族主义的情绪。严复渴望中国富强，但明确地把文明的价值置于富强之上，在他看来，民族的保存虽是迫切的任务，但首先要使自己的民族配得上被保存。他所说的文明，重点是国民素质，即民智和民德。王国维和严复都看重精神文明，也都为中国在这方面的落后痛心疾首，但强调的重点不同。严复强调国民素质，他的眼光是空间性的，看到的是当今世界范围内中国国民素质的落后。王国维强调精神文化的创造，他的眼光是时间性的，看到的是世界近现代史上中国精神创造的落后。然而，能够跳出本民族的局限看世界，用精神文明的尺度衡量本民族所处的水准，则是二人相同的地方。正因为此，针对当时学界热衷的中西新旧之争，二人有几乎完全相同的回应，皆强调学无中西新旧，以求真为目的，而真理乃人类之所同。中西文化之争持续了一个多世纪，至今未息，尤有必要重温两位先贤的卓见。用世界文明的眼光看中国，用人类共同真理的眼光看中国文化传统，实在是讨论中西文化问题的大前提，否则的话，讨论永远只能原地踏步，停留在狭隘民族主义和民族虚无主义打架的低水平上。

一个多世纪前，严复引进英国哲学，试图让国人接受为法治社会奠基的自由主义，王国维引进德国哲学，试图让国人接受为人生寻求和建立信仰的形而上学，由于传统的阻挠或束缚，时代或个人的限制，他们的努力基本上失败了。中国今天处在转型时期，最需要也最缺失的东西正是法治和信仰。王国维和严复是先驱者，我们今天仍然走在他们开辟的道路上，但愿我们能够完成他们的未竟之业。

本书思维导图

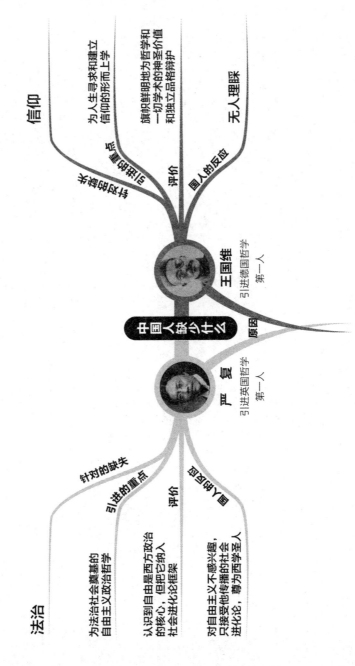

信仰

介绍的重点
引进的形而上学 —— 为人生寻求和建立信仰的形而上学

评价 —— 旗帜鲜明地为哲学和一切学术的神圣品格和独立品格辩护

国人的反应 —— 无人理睬

王国维
引进德国哲学第一人

中国人缺少什么

原因 —— 传统文化的实用品格
时代的救亡主题

严 复
引进英国哲学第一人

法治

针对的缺失 —— 为法治社会奠基的自由主义政治哲学

引进的重点 —— 认识到自由是西方政治的核心，但把它纳入社会进化论框架

评价 —— 对自由主义不感兴趣，只接受他传播的社会进化论，尊为西学圣人

国人的反应

上编 严复与英国哲学

第一章

西学第一人的名声和优势

一　西学第一人的名声

十九世纪末与二十世纪初，由于甲午战败的刺激，中国知识界掀起了向西方寻求救亡图强之真理的"新学"热潮，"家家言时务，人人谈西学"的风气遍及全国。在这一热潮中，严复（1854—1921）并不是风头最健的人物，但在西学方面享有最高的声望，被时人目为"西学圣人"。

当时风头最健的人物无疑是梁启超，此公思想敏锐开放，文笔犀利酣畅，使得他的警世文章风靡海内外，在新学论坛上独领风骚。然而，这位维新派的主将对于严复的西学水平却是诚心服膺，赞扬严复"于中学西学皆为我国第一流人物"[1]。

《天演论》译稿流传之初，梁启超的老师、维新派领袖康有为读后也誉为"中国西学第一者"[2]，并叹息"眼中未见此等人"。[3]

吴汝纶为《天演论》作序称："自吾国之译西书，未有能及严子

1. 梁启超《绍介新著：原富》。《新民丛报》第一号（1902），第113页。
2. 转引自王栻《严复与严译名著》。《论严复与严译名著》，商务印书馆，1982，第5页。
3. 语见梁启超《与严又陵先生书》（1897）。《饮冰室文集点校》，第一集，云南教育出版社，2001，第179页。

者也。"[1]

胡汉民赞严复为"译界泰斗",亦称:"近时学界译述之政治学书,无有能与严译比其价值者。"[2]

黄遵宪在给严复的信中写道:"公于学界中,又为第一流人物,一言而为天下法则,实众人之所归望者也。"[3]

即使在世纪之交的新学热潮过去之后,岁月流转,国内治西学的人渐多,对西学的了解也渐广渐深,可是,无论谁回顾中国人接受西方思想和西方哲学的历史,严复必定是首先要提到的人物,他作为中国现代学术史上西学第一人的地位没有动摇。

陈宝琛为严复撰墓志铭,把中国一般知识分子接受西方思想的起因归于严译的巨大影响:"所译书以瑰辞达奥旨,风行海内。学者称为侯官严先生。至是人士渐渐倾向西人学说。"并断言直到严复去世,"六十年来治西学者,无其比也。"[4]

蔡元培说:"五十年来介绍西洋哲学的,要推侯官严复为第一。"[5]

胡适也说:"严复是介绍近世思想的第一人。"[6]

周振甫在1940年出版的研究严复的专著中说:严复是"第一个动摇中国的旧思想,介绍西方的新思想的人",是近百年中国思想界的"一位划时代的人物"。[7]

1.《天演论》,商务印书馆,1981,第vi页。

2. 胡汉民《述侯官严氏最近之政见》(1905)。《辛亥革命前十年时论选集》,第二卷上册,三联书店,1963,第143、147页。

3. 黄遵宪致严复书(1902)。《严复集》,王栻主编,中华书局,1986,第5册,第1572页。

4.《清故资政大夫海军协都统严君墓志铭》。《严复集》,第5册,第1542页。

5.《五十年来之中国哲学》。《蔡元培选集》上册,浙江教育出版社,1992,第71页。

6. 转引自贺麟《严复的翻译》。《论严复与严译名著》,商务印书馆,1982,第41页。

7. 周振甫《严复思想述评》,中华书局,1940,第1、2页。

直到 1989 年，冯友兰在《中国哲学史新编》中还是说：严复是"中国第一个真正了解西方文化的思想家"。[1]

美国汉学家本杰明·史华兹对严复的西学接受作了批判的研究，影响甚大，他也承认：严复是"认真地、紧密地、持久地把自己与西方思想关联在一起的第一个中国学者"。[2]

当然，在后来的许多评论者眼中，严复已经不再是"圣人"，对他的译著和思想的批评逐渐多了起来。但是，即使是最挑剔的评论者也不否认这一个事实：严复是第一个比较自觉和系统地接受并且向国人介绍西方哲学的中国人。评论者们大致还肯定另一个事实：在中国人接受西方哲学的早期，严复对西方哲学的了解和领会要比他的同时代人远胜一筹。也就是说，在时间上，严复是第一人；在与同时代人相比的水平上，严复也是第一人。对于前一点，人们几乎不可能提出什么异议。对于后一点，在做某种保留的情形下也应该予以同意。

二　在西学上的优势

严复一生的主要事业是西方哲学社会科学名著的翻译和介绍，他的志向在此，他的声誉也在此。不过，当他着手这一事业时，他已经四十一二岁了。在此之前的二十多年里，他一直在海军学习和供职。其中，历时最久的是在李鸿章麾下主持天津水师学堂，先后任总教习（教

---

1. 冯友兰《中国哲学史新编》第六册，人民出版社，1989，第 151 页。
2. 本杰明·史华兹《寻求富强：严复与西方》，叶凤美译，江苏人民出版社，1989，第 3 页。

务长）、会办（副校长）、总办（校长），计十五年，到 1910 年卸任共二十年。严复自己对命运替他选择的职业并不满意，但是，回过头看，正是把他送进海军的这同一命运，仿佛在暗中准备了他日后的西学事业。

由于家贫，缺乏走科举道路所必要的经济支持，严复在十三岁时考入了洋务派在他的家乡开办的福州马江船政学堂。[1] 他在这所学校里学习了五年，主课是英文和驭船术，旁及一些自然科学的学科。毕业后，在军舰上实习了六年。然后，1877 年，当他二十四岁时，被派往英国留学，先在泼茨茂斯（Portsmouth）工厂见习，后入格林威治海军学院（Greenwich Naval College），修高等算学、物理、化学、海军战术、海战、公法及建筑海军炮台等学科，历时两年有余。从后来治西学的角度看，严复青少年时期的这些经历最值得注意的是两点，一是使他具备了良好的英文基础，二是他通过英国这个窗口对西方社会获得了相当的感性了解。

当然，这两个条件之能够在严复身上造成他日后的西学成就，又是凭借了他的某种个人特质。当时清政府派往西方国家的留学生人数不算少，在他之前，公派留美学生有一百二十人，与他同时，船政学

---

1. 严复的父亲是一名普通的乡村医生，并在严复 13 岁那一年去世，全家生计仅靠母亲做女红维持。严复有诗忆咏当年的贫寒家境："我生十四龄，阿父即见背。家贫有质券，赊钱不充债。陟冈则无兄，同谷歌与妹。慈母于此时，十指作耕耒。上掩先人骸，下养儿女大。"（《严复集》，第 5 册，第 388—389 页）可以想见，严复进船政学堂，经济上的考虑是主要原因。"根据学堂的章程，凡录取的学生，伙食费全免，另外还每月给银四两，贴补家庭费用；三个月考试一次，成绩列一等的，可领赏银十元。五年毕业后，不仅可以在清政府中得到一份混饭吃的差使，还可参照从外国请来的职工优给薪水。"（王栻《严复传》，上海人民出版社，1975，第 1 页。作者的依据是左宗棠《详议创设船政章程折》。）

堂毕业的学生有三十余人被派往欧洲，其中十二人留英，其余留法。然而，在这两批留学生中，除严复外，无人有思想上的建树。即使到了二十来年以后，留学西洋和通晓英语的人数翻了不下几十倍，仍然没有人认真接受西学并把它引入中国，仿佛偏要等此时已经年逾不惑的严复来做这个第一人。对此梁启超在严复译事之初即公正地评论道："我中国英文英语之见重既数十年，学而通之者不下数千辈，而除严又陵外，曾无一人能以其学术思想输入于中国"[1]；"海禁既开，译事萌蘖，游学欧美者，亦以百数，然无分毫影响于学界，惟侯官严几道，译赫胥黎《天演论》、斯密亚丹《原富》等书，大苏润思想界，十年来思想之丕变，严氏大有力焉。"[2]近二十年后，他再次称赞说："西洋留学生与本国思想界发生关系者，复其首也。"[3]

这证明了严复本来就具有一个思想家的特质。无论在什么样的人群中，具有思想家特质的人总是极少的。思想家特质的表现是，对全局性问题有一种敏感和关注，能对之进行独立思考。一般留学生抱着为自己谋出路的目的，当然谈不上在思想上有所开拓。即使其中的优秀者，在当时也都摆脱不了洋务派的思路，只求学一些先进技术回来报效祖国。洋务派把严复这一批人送往英国，明确的目标就是培养海军的技术将领。[4]

---

1. 梁启超《东籍月旦》。《梁启超文选》下，中国广播电视出版社，1992，第382页。
2. 梁启超《论中国学术思想变迁之大势（续前）》。《饮冰室文集点校》，第一集，第283页。
3. 梁启超《清代学术概论》。《梁启超文选》下，第258页。
4. 福州船政学堂分前学堂和后学堂，严复是后学堂的学生。李鸿章、沈葆桢在《闽厂学生出洋学习折》中明确规定："后堂学生本习英国语言文字，应即令赴英国水师大学堂及铁甲兵船学习驾驶，务令精通该国水师兵法，能自驾铁船于大洋操战，方为成效。"（《李文忠公全书·奏稿》卷二八，转引自王中江《严复》，台湾东大图书公司，1997，第28页）

事实上，同行的其他人的确都把主要工夫用在了在军舰上实习，回国后则担任了舰长或海军其他实际工作，惟有严复一人在留英期间未尝到军舰上实习过。[1] 很显然，他那时已经不自限于洋务派要培养他的那个目标了。在胜任功课之余，他十分注意观察英国社会制度。后来，在所译《法意》的一则按语里，他回忆道："犹忆不佞初游欧时，尝入法廷，观其听狱，归邸数日，如有所失。尝语湘阴郭先生，谓英国与诸欧之所以富强，公理日伸，其端在此一事。先生深以为然，见谓卓识。"[2] 旁听英国法庭的审判以后，就失魂落魄好几天，是因为在内心中与中国的状况有一个太鲜明的对照，使得他对中国问题之症结的思考更趋于紧张。湘阴郭先生即清政府驻英第一任公使郭嵩焘，在英国时，他与严复相识，见而异之，"引为忘年交"，每逢休息日，严复就去使馆与他"论述中西学术政制之异同"。[3] 郭在日记中对这一段交往也有记载，说严复常到使馆与他"论析中西学术异同，穷日夕勿休"。[4] 可见严复当时的思考已颇有深度，开始在"中西学术异同"的层面上探究中西社会差距的更深刻根源了。

严复留英时，约翰·穆勒刚去世不久，达尔文还活着，斯宾塞和赫胥黎仍在创作的旺盛期。在当时的英国思想界，这几人的经验论和进化论哲学占据着上风，用德国唯心主义来与之对抗的格林不过初露头角。我们不知道严复当时涉猎这些思想家的著作的具体情况，但可以肯定，他正是在留英期间受到他们的思想氛围的熏陶，感觉到了他

---

1. 参看王栻《严复传》，第6—7页。

2.《孟德斯鸠法意》，商务印书馆，1981，第224页。

3. 严璩《侯官严先生年谱》，《严复集》，第5册，第1547页。

4. 郭嵩焘《伦敦和巴黎日记》。参看王中江《严复》，第31—34页。

们的重要性的。他自己回忆，他初读斯宾塞的《群学肄言》是在"光绪七八之交"[1]，即1881年底1882年初，从英国回来刚两年多。我们可以想象，他留英归来时，行囊里是放着几本斯宾塞们的书的，准备回国后慢慢研读。我们也可以想象，在回国后到甲午的十多年里，他一直留心着在英国时所了解的思想家的动向，所以赫胥黎的《进化与伦理》刚刚出版，他就能够找来开始翻译了。

甲午之后，中国知识界有一批思想敏锐的人脱颖而出，康有为、梁启超、章太炎、谭嗣同辈无疑都是具有思想家特质的人。可是，他们都不懂西文，未到过欧美，只能凭借传教士们的宣传文字和从日文转译的通俗书籍来认识西学。情形正如梁启超后来沉痛地反省的："晚清西洋思想之运动，最大不幸者一事焉，盖西洋留学生殆全体未参加于此运动。运动之原动力及中坚，乃在不通西洋语言文字之人。"[2]相比之下，严复在西学上的优势就异常突出了。所以，一旦要谈西学，在这个从小会英语、对西方社会有切身体会、十多年前就开始读西方哲学原著的人面前，他们自然只好甘拜下风。[3]

1.《〈群学肄言〉译余赘语》。《严复集》，第1册，第126页。

2. 梁启超《清代学术概论》。《梁启超文选》下，第258页。

3. 王栻指出：甲午后，康有为、梁启超、谭嗣同辈皆只能凭借李提摩太等传教士的宣传文字，江南制造局、北京同文馆等所译通俗书籍，来认识西学，再附会上原来所接受的旧学，包括孔孟、陆王、王（船山）黄（梨洲）、佛学，形成其维新理论。严复不然，当时他"对于西洋学问造诣之高，对于西洋社会了解之深，不仅远非李鸿章、郭嵩焘、张之洞等洋务派人物可比，就是那些甲午战争前曾经到过外国的维新派人物，如王韬、郑观应、何启之流，甲午战争后领导整个维新运动的人物，如康有为、梁启超们，也都不能望其项背。"（王栻《严复与严译名著》。《论严复与严译名著》，第4页。）

三 通西语是治西学的前提

在甲午到辛亥的十几年里，虽然西学成了中国知识界的一个热门话题，但是，真正把西学当作学术对之下了一点学术上功夫的人可说绝无仅有，恐怕只能举出严复、王国维二人。当时，绝大多数谈论西学的人都不懂西语，严复是直接研读西文原著的人，当然会觉得他们不入流。在他看来，"既治西学，自必用西文西语，而后得其真"[1]，这是不言而喻的道理。所以，他一面自己从事翻译，一面又在知识界大力提倡习西文，读原著，反对只读译书。

甲午以后，清政府曾在新式学堂中推行普及西语教育，遭到保守势力的抵制，而严复是最坚决地为普及西语教育辩护的人。保守势力反对的理由，不外乎是，其一，出自鄙视"蛮夷"的传统心理，认为学外语丢份。见多识广的严复针对此嘲笑说："若以通他国语言为鄙事，则东西洋诸国当轴贵人，例通数国语言，而我则舍仓颉下行之字不能读，非本国之言语不能操，甚且直用乡谈，援楚囚之说以自解，孰鄙孰不鄙，必有能辨之者矣。"[2]其二，出自狭隘的爱国情绪，认为普及西语会贬低国语，并替西人培养奴隶。严复对此一针见血地指出："国之所患，在于无学，而不患国语之不尊。"[3]他承认习西语者中为西人奔走的浅薄之辈数见不鲜，但又宽容地表示，不能苛责急谋生计的学子，根本原因还是为上者不能量才用人，迫使习西语者相

---

1. 3.《与外交报主人书》。《严复集》，第 3 册，第 562 页。
2.《论译才之难》。《严复集》，第 1 册，第 90 页。

率而听外人之招。[1]其三，反对普及西语的基本出发点还是中体西用之说，正是从这一观点出发，一些洋务派人士只赞成在学堂中设西语为一科，以培养译才，然后一般教师读其译书，用汉语把西学知识教给一般学生。他们认为，倘不如此，体用就会颠倒，导致西学兴而中学废的后果。[2]对于译书然后以汉语课西学之议，严复的看法是此路不通，因为"欲治其业，非夙习者不能翻其书，纵得其书，非心通者不能授其业"[3]，译者和教者皆不能胜任。所以，最有效的办法还是聘请洋教习来广教西语，以期从大量懂西文的人中涌现出通西学之材。

其实，不必保守派阻挠，当时的新学人士对于习西文普遍存有畏难心理，因此都指望读现成的译本。正如严复所描述的："自中土士大夫欲通西学，而以习其语言文字为畏途，于是争求速化之术，群起而谈译书。"[4]严复自己以译书为业，反倒明白译书的局限，始终反对只靠译出的书来研讨西学。他反对的理由可归纳为以下三点——

第一便是译才的缺乏和译书质量的低劣。"十余年来，中土人士始谈西学，大抵求为舌人，抑便谈对而已。至于西学，亦求用而不求体……"[5]这些懂西文不懂学术的人根本就翻译不好，已译出的书往往"纰谬层出，开卷即见"，"夫如是，则读译书者，非读西书，乃读中土

1.《〈英文汉诂〉卮言》。《严复集》，第 1 册，第 155 页。

2. 参看《〈英文汉诂〉卮言》。《严复集》，第 1 册，第 152 页。

3.《与外交报主人书》。《严复集》，第 3 册，第 561 页。

4.《论译才之难》。《严复集》，第 1 册，第 90 页。

5.《原富》按语。《严复集》，第 4 册，第 904 页。

所以意自撰之书而已。"[1]

第二是翻译在数量上有限，在时间上滞后，只读译书，对西学的了解就必然会被限制在一个可怜的水平上。"西书万万不能遍译，通其文字，则后此可读之书无穷，仅读译书，则读之事与译相尽，有志之士，宜何从乎?"[2] "且夫欧洲之编籍众矣，虽译之者多，为之者疾，其所得以灌输中土者，直不啻九牛之一毛。况彼中凭藉先业，岁有异而月更新。学者蕲免瞠后之忧，必倾耳张目，旷览博闻，以与时偕极，今既不为其言语文字矣，则废耳目之用，所知者至于所译而止，吾未见民智之能大开也。"[3]

第三，凭译本不可能领会原著的奥妙之处。严复引用英国约翰孙博士的话说："民无论古今也，但使其国有独擅之学术，有可喜之文辞，而他种之民，有求其学术，赏其文辞者，是非习其文字语言必不可。文字语言者，其学术文辞之价值也。夫入市求物，不具价者无所得也，矧文辞之精，学术之宝贵者乎?"然后作譬说，西人若不通古汉语，就绝不可能从译书中揣摩《易》、《春秋》之微言大义，赏析《离骚》、《史记》之美妙文辞。中国人于西学也是同样道理，如果不通西语，则对西学中一些基本的名词概念也不可能把握。那些不懂西语的人之所以敢于大谈西学，正是因为他们根本不知道真正的西学是什么样子的。严复对他们的诊断是："南民不可与语冰者，未有其阅历也。生瞽不足以喻日者，无可为比例也。天下语西学而云可不习其

1.《论译才之难》.《严复集》，第 1 册，第 91 页。

2.《论译才之难》.《严复集》，第 1 册，第 90 页。

3.《与外交报主人书》.《严复集》，第 3 册，第 562 页。

文字者，惟未之学故耳。"[1]

严复受英国经验论的熏陶，在学术上重直接经验，重第一手材料，以求实求真为鹄的。他之反对只读译书，归根到底是从这一经验论立场出发的。他认为，要研究西方学术，最上是实地考察西方社会，其次是阅读西方原著，而这二者皆"必资之其本用之文字无疑也"。相比之下，"最下乃求之翻译，其隔尘弥多，其去真滋远。"[2]

在严复看来，懂西文对于优秀的中国学者尤为必要。众多的留学生和出洋人员虽然通其文语，亲见国俗，习其艺数，但这些人皆与学术思想无缘，不能"殚众生之便蕃，察教派之流变"。所以，他特别希望像梁启超这样的人苦学西文无怠，在一封复信中语重心长地鼓励道："以中年而从事西学者，非绝有忍力人，必不能也。在他人，仆固未尝怂恿之，至于足下，则深愿此业之就。"[3]

由于甲午败给日本，当时的舆论普遍把日本视为东方人引进西学成功的榜样，中国最好的西学老师。人们认为，与欧美相比，日本的地理位置、文字和风俗都和中国接近，因此，要走捷径莫若借道日本，先把日本人业已接受和消化了的西学搬来。新学的风云人物，包括洋务派重镇张之洞，维新派将帅康有为、梁启超，都竭力鼓吹这一论点。在他们鼓动下，世纪之交的西学热竟大规模地体现为日本热，在中国知识界掀起了空前的学习日文、翻译日书和留学日本的热潮。事实上，当时所印行的西学书籍和报刊上的西学文章，绝大部分

1.《英文汉诂》卮言。《严复集》，第 1 册，第 153—154 页。

2.《与外交报主人书》。《严复集》，第 3 册，第 561 页。

3. 与梁启超书（1896 年 10 月）。《严复集》，第 3 册，第 515 页。

是日本人介绍西学的文字的翻译或复述。[1] 对于这种做法，严复也坚决反对。曾有朋友建议他翻译德人名著，他表示自己不懂德语，不敢从英译本转译："大抵翻译之事，从其原文本书下手者，已隔一尘，若数转为译，则源远益分，未必不害，故不敢也。"接着便发挥道："颇怪近世人争趋东学，往往入者主之，则以谓实胜西学。通商大埠广告所列，大抵皆从东文来。夫以华人而从东文求西学，谓之慰情胜无，犹有说也；至谓胜其原本之睹，此何异睹西子于图画，而以为美于真形者乎？"[2] 在他看来，张之洞、康有为辈以为，明治维新三十年来，

---

1. 甲午之后，提倡借道日本学习西学最力者是当时的湖广总督张之洞。他于 1898 年著《劝学篇》并上谕令颁布各省，力主向日本派留学生和大张旗鼓翻译日本书。其中《游学篇》云："至游学之国，西洋不如东洋。一、路近省费，可多遣。一、去华近，易考察。一、东文近于中文，易通晓。一、西书甚繁，凡西学不切要者，东人已删节而酌改之。中东情势风俗相近，易仿行，事半功倍，无过于此。"其中《广译篇》又云："至各种西学书之要者，日本皆已译之。我取径于东洋，力省效速，则东文之用多……若学东洋文，译东洋文，则速而又速者也。是故从洋师不如通洋文，译西书不如译东书。"（均见《劝学篇·外篇》）与张之洞政见不同的康、梁也主张翻译日本书。康有为认为："彼与我同文，则转译辑其成书，比其译欧美之文，事一而功万矣。"（进呈《日本明治变政考》）日本"变法至今三十年，凡欧美政治文学武备新识之佳书，咸译矣"，"译日本之书为我文字者十之八，其成事者少，其费日无多也。"因而奏请设译书局，系统选译日本政治书之佳者。（《戊戌奏稿》）梁启超在论及引进西学一事时说："直至通商数十年后之今日，此事尚不得不有待于读东籍之人，是中国之不幸也；然犹有东籍以为之前驱，使今之治东学者得以干刜此治西学者之蛊，是又不幸中之幸也。"（《东籍月旦》）并拟创"大同译书局"，称其宗旨为："以东文为主，而辅以西文，以政学为先，而次以艺学。"（《大同译书局叙例》）为了向日本学习西学，清政府自 1896 年开始向日本派遣留学生，其后逐年增加，并涌现大量自费生，至 1906 年达于顶峰。关于留日学生的人数说法不一，较保守的计算是八千人左右。（实藤惠秀《中国人留学日本史》，三联书店，1983，第 39 页。关于当时日文书翻译之活跃，可参阅该书第五章。）

2. 与曹典球书（1905 年）。《严复集》，第 3 册，第 567 页。

日本已把西方重要的和优秀的著作都翻译了，实为不知西学深浅之论。他揶揄说：向"三十年勤苦仅得之日本"去求"泰西二三千年挚乳演迤之学术"，其可笑就好比"侏儒问径天高于修人，以其愈己而遂信之"。[1] 他的结论是："使西学而不可不治，西史而不可不读，则术之最简而径者，固莫若先通其语言文学，而为之始基。假道于移译，借助于东文，其为辛苦难至正同，而所得乃至不足道。"[2]

四　看问题的世界眼光

严复提倡学习西语，还有更深远的考虑。让我们读一读他的这一段文字：

"其所以必习西文者，因一切科学美术，与夫专门之业，彼族皆已极精，不通其文，吾学断难臻极，一也。中国号无进步，即以其文字与外国大殊，无由互换智识之故。惟通其文字，而后五洲文物事势，可使如在目前，资吾对勘，二也。通西文者，固不必皆人才，而中国后此人才，断无不通西文之理，此言殆不可易，三也。更有异者，中文必求进步，与欲读中国古书，知其微言大义者，往往待西文通达之后而后能之。此亦赫胥黎之言也，四也。且西文既通，无异入新世界，前此教育虽有缺憾，皆可得此为之补苴。大抵二十世纪之中国人，不如是者，

1.《与外交报主人书》。《严复集》，第 3 册，第 561 页。
2.《〈英文汉诂〉卮言》。《严复集》，第 1 册，第 157 页。

不得谓之成学。"[1]

在这一段文字中，只有第一点涉及西学，把西文看作精通西学的必要工具。第二点已显示出一种世界眼光，期待打破语言文字的障碍，使中国能够进入到文明世界之中。最值得玩味的是三、四两点及结语。由第四点和结语可知，严复不仅把通西语看作治西学的前提，而且把习西语和通西学看作中国学者在二十世纪从事任何学术包括从事中国学术的前提。这表明他不愧是中国最早具备现代学术眼光的人，知道西学所提供的不只是特殊的知识，更是具有一般意义的观念和方法。由第三点可知，他还认为，习西文和通西学的意义甚至不限于做学问，且关系到人才的整体素质。在另一处他把这层意思说得更清楚："彼治西学习西语者，固不尽为人才，亦不尽及国民之平格，然使果有人才而得为国民之秀杰者，必不出于不通西语不治西学之庸众，而出于明习西语深通西学之流，则今日之厘然可决者也。"[2] 所谓"国民之秀杰"，当然不只是能够做学问了。

事实上，严复自己研究西学，最重要的收获未必是译出了几部书，而是获得了一种看问题的世界眼光。《庄子》内篇第一篇是《逍遥游》，第二篇是《齐物论》，严复对二者的关系有独到的解释："学者必扩其心于至大之域，而后有以读一世之书，此庄生所以先为逍遥之游，而后能齐其物论也。""拘于墟，囿于习，束于教，人类之足以闵叹，岂独法制礼俗之间然哉？吾国圣贤，其最达此理者，殆无有过于庄生……故其著说也，必先为逍遥之游，以致人心于至广之域，而后

1.《论今日教育应以物理科学为当务之急》.《严复集》，第 2 册，第 285—286 页。

2.《〈英文汉诂〉卮言》.《严复集》，第 1 册，第 155 页。

言物论之本富，非是之生于彼此。"[1]也就是说，必须破除地方、习俗、文化的局限，通晓整个世界的情况，然后才能对是非作出判断。因此，他坚决主张开放国门，反对闭关锁国。"与人并立天地间而为国，有一公例焉，曰避敌以为固，未有能固者也。"长城历来被国人引为民族的骄傲，他却厌恶其把中国与世界隔绝开来的用意和作用，谴责道："中国自秦起长城，而河山两戒，戎夏划然。更三千年，化不相入……谁生厉阶，至今为梗，论者以此为秦之功，吾则以此为秦之罪矣。"[2]

在世纪之交的那一代知识分子里，严复是最没有狭隘民族主义情绪的人。无论是顽固派的排外，还是革命党的排满，他都看不惯。他指出：民族主义是宗法社会的特征，宗法社会的人民都排外。"夫民族主义非他，宗法社会之真面目也。"[3]由于中国是历史悠久的宗法社会，所以民族主义深入人心。"是以今日党派，虽有新旧之殊，至于民族主义，则不谋而皆合。"[4]他自己用相当超脱的眼光看民族的区分，知道"种界之性，人所同有"[5]，"民族主义乃吾人种智之所固有者，而无待于外铄，特遇事而显耳"[6]，把民族属性看作一种中性的客观存在，是用不着特别去追求和张扬的。在他看来，民族归属本身不是价值，相反，每个民族都要经受别的价值尺度的评判，那就是文明的尺度。

通过研读西人著作，也通过实际观察西方社会，西方的精神文明给严复留下了极其深刻的印象，使他形成了一个信念：中国和西方的

1.《孟德斯鸠法意》，第149、396页。

2.《孟德斯鸠法意》，第186页。

3.《读新译甄克思〈社会通诠〉》。《严复集》，第1册，第148页。

4.《社会通诠》，商务印书馆，1981，第115页。

5.《与外交报主人书》。《严复集》，第3册，第562页。

6.《社会通诠》，第115页。

根本差距在于文明的程度，唯有克服这个差距，中国才能成为世界的合格成员。他用一个生动的譬喻表达他的这一信念：

> "五洲人类，既日趋势于大同矣，欧亚之各国，其犹一乡一阛之人家乎。今使有数十家之集镇，其中家家讲求卫生，崇尚通力，门庭各加洒扫，子弟各教义方。而其中独有一二家者，自以为其族姓最古，傲然弗屑，不求进步。致于此镇集之中，或以倒屋坏墙，为道路之大梗，或以诲淫诲盗，起械斗之纷绘。于是向之勤求进步者，相与谋曰：'是不可忍与终古也，吾属盍取而代为之治乎？此一方众人之幸福也。'及其为此，彼傲然弗屑之一二家，乃叹息流涕曰：'是真强权世界。'而不知合镇之人，方以此为深合于公理。何则？此不独强者之治弱也，抑且以智而治愚，以贤而治不肖故也。"[1]

中国和西方的差别，在物质的层面上，是贫弱和富强之别，在精神的层面上，是愚不肖和智贤之别，亦即不文明和文明之别。严复向西方寻求真理，无疑是抱着寻找中国贫弱的原因和富强的途径之目的的，并且把原因归结为精神文明的欠缺，即民智和民德的低下。但是，值得注意的是，在他的心目中，文明并非只是富强的条件或手段，而是有着比富强更高的独立价值。他清楚地意识到，文明是超越于一切民族利益的全人类的共同价值，其中体现着"天下之公理"。他说："夫公理者，人类之所同也……所谓学者，但有邪正真妄之分耳，中西新旧之名，将皆无有"。[2] 只有把眼光投向整个世界，才

---

1. 严复《有强权无公理此语信欤》。《档案与历史》，1990年第3期。转引自《严复思想新论》，清华大学出版社，1999，第376页。
2.《〈英文汉诂〉卮言》。《严复集》，第1册，第157页。

能"即其理而推其究竟","求是非之所在"。"是者何？是于此世界之人道也。否则其说为非。非者何？亦非于此世界之人道也。居是世界，以人言人，不得不以此为程准也。"孟德斯鸠《法意》中有一观点，认为专制国家的风俗礼仪不应该改变。严复指出：仅在古代如此，"至于近世三百余年，舟车日通，且通之弥宏，其民弥富，通之弥早，其国弥强。通，则向者之礼俗宗教，凡起于一方，而非天下之公理，非人性所大同者，皆岌岌乎有不终日之势矣。"迎之则国蒙其福，距之则民被其灾，"灾福不同，而非天下之公理，非人性所大同，其终去而不可留者，则一而已矣。"孟德斯鸠还谈到，中国常被异族所胜，但因其宗教、法典、仪文、习俗混然同物，胜者不能取一切而悉变之，所以反被同化。严复又指出："此节所论，最为吾党所欲闻者……虽然，此既往之迹耳。自火器兴，而舟车大通，若前之事，不复可见，此亚丹斯密曾论之矣。使支那后此而见胜，其法典将变于胜家者，殆可坐而决之也。"[1]

很显然，在严复看来，在世界各国联系日益密切的时代，闭国自守既不可能也不可取，一个民族倘若不能与世界文明潮流俱进，那么，就必然也理应被历史淘汰。对于他来说，文明是比民族主义更高的标准，民族的保存无疑是迫切的任务，但首先要使自己的民族配得上被保存。正是在这个意义上，他把近代中国日益贫弱的局面归咎于"自侮自伐"，并且指出："与其言排外，诚莫若相勖于文明。果文明乎，虽不言排外，必有以自全于物竞之际；而意主排外，求文明之术，傅以行之，将排外不能，而终为文明之大梗。"[2]

1.《孟德斯鸠法意》，第396—397、405、413页。
2.《与外交报主人书》。《严复集》，第3册，第558页。

第二章

从中西对比看中国问题的症结

一 对国民素质低劣的切肤之痛

国与国之间文明程度的差异，最突出地体现在国民素质上。对于这一点，严复感触尤深。读他的论著，我们可以感觉到，他对中国人素质的低劣有着切肤之痛。他的这种痛感，不是来自理论推演，而是来自切身经验。在这方面，他对西方社会的实地考察，他的经常读洋报评论、与洋人交往和听洋人议论，也起了重要作用，给他提供了一面鉴照国民素质的镜子。对于中西差异，他诚然也在理论上进行了探讨，但是，在直接的感性层面上，对他触动最大的无疑是中西国民素质之差异。在分析中国问题的症结时，这种切肤之痛一直在支配着他的思路。他强调惟有改善国民素质——即民智、民德、民力——才是治本之道，主张渐进的进化，反对激烈的革命，都是因为他真切感受到了国民素质低劣的情形之严重和改造之艰难，而不单是接受了进化论哲学的结果。

在严复看来，中西国民素质的巨大差异是一个随处可见的事实。例如，他在《天演论》按语中谈到，从移民的情况最能看出"民种之高下"。同为侨居异国，在华租界的英人与在南洋、美洲的华侨便形成鲜明对照："中国廿余口之租界，英人处其中者，多不逾千，少不及百，而制度厘然，隐若敌国矣。吾闽粤民走南洋美洲者，所在以亿计，然终不免为人臧获，被驱斥也。"原因就在于英人无论到哪里都能自制合群，中国人无论到哪里都钩心斗角，一盘散沙。[1] 在《法意》按语中，他再次谈到同一事实："吾每于租界，察外人所制立者，而叹其种民之能事为不可及也。即如天津、上海间，其所租有之地，往往不敌一乡镇，而居留之众，至多亦不过数千百人，顾其中制度厘然，自议制、行政、司法，至于巡警之备，教育之资，纲举目张，靡所不具，则隐然一敌国矣……回观吾国之众，其旅于南洋、美洲者亦不少也，顾所立者，除一二庙宇，所以为祀神饮福之地，无可言者矣。是何二民之相异耶？盖彼国常有地方自治之规，故虽商贩小民，皆知所以合群而立治，而吾国自三代至今，所以与其民者，不过乡射、傩赛之事而已，至于政法，非所得立者也。"[2] 西方人移居一地，能够建立一套完整的制度，中国人移居一地，只会盖庙，这个对照何其鲜明。

在中国人的素质中，最令严复深恶痛疾的，一是自私，二是巧伪。

中国人的自私，尤其表现在对公共利益的极端冷漠。一个典型现象是，中国的公共设施往往被糟蹋得不成样子。严复曾举一例：有西洋人游京师，嘲笑中国的贡院不如他们的监狱，肮脏不中以养他们的狗马。"此至不恭之言也，然亦著其事实而已。"原因是没有经费，即使，经官吏贪污，工头偷工减料，考生恣意毁坏，"然则数科之后，

1.《天演论》，第 20 页。
2.《孟德斯鸠法意》，第 429—430 页。

又将不中以蓄狗马。"由此一事可类推，士大夫尚且如此，况其余。[1]
回顾出洋亲眼所见，有一点给严复印象至深："吾游欧美之间，无论一沟一塍一廛一市，莫不极治缮葺完。一言蔽之，无往非精神之所贯注而已。反观吾国，虽通衢大邑，广殿高衙，莫不呈丛脞抛荒之实象。此真黄白二种，优劣显然可见者也。"[2]公共设施面貌之间的对照，极其鲜明地反映了国民素质的优劣。

中国人对群体大利的麻木，对一己小利的贪图，已经到了在损公之严重与利己之微不足道之间完全不成比例的地步。严复也曾举一例：甲午办海防，布水雷，有人竟以铁滓沙泥代火药。"洋报议论，谓吾民以数金镏铢之利，虽使其国破军杀将失地丧师不顾"。[3]老百姓如此，作为中国权力主体的士大夫同样如此，面临国家存亡的关头，他们怀着"即或危亡，天下共之"的心理，觉得和自己并无直接的利害关系，往往"宁视其国之危亡，不以易其一身一瞬之富贵"。结果，"其端起于大夫士之怙私，而其祸可至于亡国亡种，四分五裂，而不可收拾。"[4]

严复受英国功利主义思想的熏陶，并不一般地反对自利。他认为，中国人的问题在于，在与他人或群体的关系上，"知损彼以为自利，而不知彼此之两无所损而共利焉，然后为大利也"。[5]因而，中国人的自利是一种完全破坏性、毫无建设性的自私。对于这种自私，他

1.《原强》。《严复集》，第 1 册，第 13—14 页。
2.《孟德斯鸠法意》，第 373 页。
3.《原强》修订稿。《严复集》，第 1 册，第 30 页。
4.《论世变之亟》。《严复集》，第 1 册，第 4 页。
5.《原强》。《严复集》，第 1 册，第 15 页。

有一个既准确又形象的评语，叫做无后政策兼短命政策。"曩尝与友朋私论，以为中国民智，虽无足言，然其所以自营，当不至于拙劣。乃今观之，若其中惟二政策焉。二政策何？曰无后政策，曰短命政策。无后政策者，谋仅及身，而不为子孙留余地也；短命政策者，快意当前，并不为己身计再往也。""平生尝叹吾国人，上下行事，不离两途，一曰短命，一曰绝嗣。短命者，利一日之私，不为己后日地也。绝嗣者，苟一时之安，不为后人计也。"[1] 看来他很欣赏自己在朋友间私下发表的这个高论，所以在一本书中重复引述。我们无法否认，直到今天，他的这个评语仍具备令人遗憾的针对性。

在严复对国民素质的批评中，还有一条也是至今仍要使我们汗颜的，便是"巧伪"[2]。中国人在互相打交道时，没有最基本的坦诚和信任，而是习惯于斗心眼，玩伎俩，占便宜。凡约定的事情，只要违背了能够获利，就会有人盘算让别人去遵守，自己偷偷违背，独获其利，而别人往往也如此盘算，结果无人遵守约定。严复举例说：书生决定罢考，"已而有贱丈夫焉，默计他人皆不应试，而我一人独往，则利归我矣，乃不期然而俱应试如故"；商人决定统一行动，"乃又有贱丈夫焉，默计他人如彼，而我阴如此，则利归我矣，乃不期然而行之不齐如故"。官场上的情形决不更好："若国之内政，无往非伪，以伪应伪，无从证其是非，但见事事合例而已。""以伪应伪"本身已演成常规，落入这规矩中的个人无力把它扭转。"此局一成，局中即有明哲人，亦必随俗迁流，也无能为役。盖明知一立异同，则其身不能

1.《孟德斯鸠法意》，第 450、741 页。

2. 参看《论中国教化之退》。《严复集》，第 2 册，第 483 页。

一日安，于事毫无所补，不如姑回翔以待之也，而此待遂千古矣。"[1]
这种"彼此相贼"的风气，"因其积渐而来，深根无极"，人们"遂相
率而安之若命，以为人间世当如此也"。[2]

对于中国人的缺乏诚信和习于欺诈，孟德斯鸠在《法的精神》第
十九章（《法意》第十九卷）中多有评论。严复在此卷开头提示说：
"此卷论中国政俗教化独多，而其言往往中吾要害，见吾国所以不振
之由，学者不可不留意也。"孟德斯鸠谈到：中国人具有"异乎寻常
的贪得欲"，"所以没有一个经营贸易的国家敢于信任他们"，因此造
成欧洲商人不敢和中国人打交道。关于这一点，严复引用一个欧洲商
人的说法作为反证，这个商人认为，中国的官吏最贪，商人则不然，
"至于商贾，则信义卓著，皭然不欺，往往他国契约券符所为之而不
足者，在吾国则片言相诺而有余。"不过，在另一处，对于孟德斯鸠
的类似评论，严复却表示首肯。孟德斯鸠说："中国人的生活完全以
礼为指南，但他们却是地球上最会骗人的民族。这特别表现在他们从
事贸易的时候。虽然贸易会很自然地激起人们信实的感情，但它却从
未激起中国人的信实。""由于需要或者也由于气候性质的关系，中国
人贪利之心是不可想象的，但法律并没有想去加以限制。一切用暴行
获得的东西都是禁止的；一切用术数或奸诈取得的东西都是许可的。
因此，让我们不要把中国的道德和欧洲的道德相比较吧！在中国，每
一个人都要注意什么对自己有利；如果骗子经常关心着自己的利益的
话，那么，容易受骗的人也就应该注意自己的利益了……在中国，欺
骗是准许的。"严复的译文为："所可怪者，支那之民，其毕生所为，

1.《论中国之阻力与离心力》。《严复集》，第 2 册，第 467 页。
2.《论中国教化之退》。《严复集》，第 2 册，第 483 页。

若皆束于礼教矣。顾其俗之欺罔诈伪，乃为大地诸种之尤，此于其国之商贾尤可见。""以得食之艰难，而地利天时之不可恃，民常怀好利贪得之情，而为上者又未尝立法焉，以为之禁。寇攘劫夺，律之所严禁者也；心计之巧，手足之勤，由是得之，上之所深许者也。生于支那，民之所有事者，各恤己私而已矣。诳者以深恤己私而得利，见诳者以疏于防范而受绐，然则，诳者固无罪，而见诳者且足戒也……支那则纵其民为诳子。"然后在按语中评论道："吾不知读此章者，其感情为何若也。将以谓所言过欤？抑以谓十八九得吾实耶？然有绝无可置喙者，则支那民所有事，在各恤其己私。此其所讥呵，可谓中吾要害者矣……且其人既恤己私，而以自营为惟一之义务矣。则心习既成，至于为诳好欺，皆类至之物耳，又何讶焉。"[1]

中国人对于撒谎的态度，表明中国人已习惯于巧伪。在西方，一个人倘若被骂为"无信之诳子"（不讲信用的骗子），就会觉得是受了最大侮辱，中国人却对此并不在乎，只在听到"畜产"（狗崽子）之类不着边际的骂语时才暴跳如雷。[2]"今者五洲之宗教国俗，皆以诳语为人伦大诟，被其称者，终身耻之。"惟独我们中国人，反而"以诳为能，以信为拙"，把蒙骗成功视为有能力，把诚实视为无能。严复叹道："呜呼，此风不衰，学堂固不必开，即兵亦毋庸练也。"[3]

"流于巧伪"是中国人道德退化的一个重要征兆。问题的严重性在于，在人与人的关系中，巧伪一旦成为常态，一切道德底线就都不

1.《孟德斯鸠法意》，第395、403、417—418页。参看孟德斯鸠：《论法的精神》上册，张雁深译，商务印书馆，1961，第308—309、316页。

2.《原强》修订稿。《严复集》，第1册，第31页。

3.《孟德斯鸠法意》，第127页。

复存在了。正如严复所指出的："以其作伪，而是非淆，廉耻丧，天下之弊乃至不可复振也。"他引友人的话说："华风之弊，八字尽之：始于作伪，终于无耻。"一再叹息："呜呼，岂不信哉，岂不信哉！"[1]沉痛之情真是溢于言表。

正是国民中这种普遍的自私和巧伪令中国的改革寸步难行。甲午以后，国人诚然有了图强救亡的紧迫感，急于引进西方的先进体制。然而，国民素质如此低劣，使得所引进的体制往往变质，办洋务中发生的种种弊端即是明证。总署、船政、招商局、制造局、海军、矿务、学堂、铁道等等都是西洋"至美之制"，但一进到中国就"迁地弗良，若存若亡，辄有淮橘为枳之叹"。"公司者，西洋之大力也，而中国二人理财则相为欺而已矣。"[2]"凡一局一地，洋办则日有起色，华办则百弊自丛，竟若天生黄种以俟白人驱策，且若非白人为主，则一切皆无可望也者。所闻所见，惟此最为可哀。"这种局面使得严复对中国的前途几乎感到了绝望，以至于"觉维新自强为必无之事"。[3]他深信："中国之不可救者，不在大端，而在细事，不在显见，而在隐微。"[4]中国局势可怕就可怕在人人都蝇营狗苟，苟且于一己私利。他形容说："中国一大豕也，群虱总总，处其奎蹄曲隈，必有一日焉，屠人操刀，具汤沐以相待，至是而始相吊焉，固已晚矣。"[5]

---

1. 5.《救亡决论》。《严复集》，第 1 册，第 53 页。

2.《原强》。《严复集》，第 1 册，第 15 页。

3. 与吴汝纶书（1901）。《严复集》，第 3 册，第 544 页。

4.《论中国之阻力与离心力》。《严复集》，第 2 册，第 467 页。

二 治国以民智、民德、民力为本

在甲午战败后的 1895 年，严复在天津《直报》上发表四篇文章，即《论世变之亟》、《原强》、《辟韩》和《救亡决论》，阐述了他对中国问题的基本看法，在当时影响极大，奠定了他作为中国近现代史上重要的启蒙思想家的地位。其中最著名的一个论点就是：民智、民德、民力是国家之本，中国的病根在于三者皆衰，因而治本之道在于开民智、新民德、鼓民力。[1]

严复得出这个认识，在一定程度上是受了他所推崇的斯宾塞的思想之影响。在斯宾塞的社会有机体理论中，有一个与一般有机体原理相悖的特殊论点，即单位的性质决定全体的性质。严复接受了这个观点，据之而认为："欲知其合，先察其分。天下之物，未有不本单之形法性情以为其聚之形法性情者也。是故贫民无富国，弱民无强国，乱民无治国。"[2]他还谈到，斯宾塞"教人也，以浚智慧、练体力、厉德行三者为之纲"。[3]可见民智、民德、民力的提法也是受了斯宾塞的启发而形成的。然而，如前所述，严复的切身感受和观察对于这个认识的形成起了更重要的作用。正因为如此，他才会把斯宾塞的一个次要观点变成了他分析中国问题的中心论点。也正因为如此，这个认识才如此明确而坚定，以至于成了他一生的信念。

耳闻目睹的事实使严复确信，国民素质不改变，一切变革都必归于徒劳，中国仍将不免于危亡。他反复强调："中国今日之事，正坐

---

1. 参看《严复集》，第 1 册，第 13、14、27 页。
2.《原强》修订稿。《严复集》，第 1 册，第 25 页。
3.《原强》修订稿。《严复集》，第 1 册，第 25、17 页。

平日学问之非，与士大夫心术之坏，由今之道，无变今之俗，虽管、葛复生，亦无能为力也。"[1]为了求富强，而以西洋为师，建民主，通铁路，置军备，如此等等，"然使由今之道，无变今之俗，十年以往，吾恐其效将不止贫与弱而止也。"[2]"治国固以人心风俗为本，如今日中国之人心，虽与之德之陆旅，英之水师，亡愈速也。"[3]

在严复看来，只有国民素质是本，与之相比，其余一切都只是标。凡是离开国民素质而谈论中国问题，均属治标不治本的肤浅之论。"夫言治而不自教民始……皆苟且之治，不足存其国于物竞之后者也。"[4]任何变革措施的实际效果，都必定取决于国民素质的当前水平。"一政之举，一令之施，合于其智、德、力者存，违于其智、德、力者废。"[5]"善政如草木，置其地而能发生滋大者，必其天地人三者与之合也，否则立槁而已。"[6]"即他人之善政，而我以不肖之心行之，既有邪因，必成恶果"。[7]包括西方的民主自由政治，只要国民素质未达到能够自治的程度，就不可能真正在中国建立。"民之自由亦以智、德、力三者程度为高下"。[8]"民主者，治制之极盛也……虽然，其制有至难用者，何则？斯民之智、德、力常不逮此制也。""民主者，天下至精之制也，然欲其制之有立而长久，必其时上下之民德足以副

---

1. 与长子严璩书（1894）.《严复集》，第 3 册，第 780 页。

2.《原强》修订稿.《严复集》，第 1 册，第 26 页。

3. 与吴汝纶书（1897）.《严复集》，第 3 册，第 521 页。

4.《天演论》，第 23 页。

5.《原强》修订稿.《严复集》，第 1 册，第 25 页。

6.《原强》.《严复集》，第 1 册，第 13 页。

7.《论中国之阻力与离心力》.《严复集》，第 2 册，第 467 页。

8.《政治讲义》.《严复集》，第 5 册，第 1294 页。

之。"同样道理，在国民素质高的国家里，专制统治就不可能维持下去。"吾未见民智既开、民德既炁之国，其治犹可为专制者也。"[1]因此，辛亥革命后，当弟子熊纯如在信中乐观地相信"国家从此统一，社会从此康宁"之时，严复的回答是："自复观之，则甚不敢必，何则？前之现象，以民德为之因，今之民德则犹是也。"[2]

严复清醒地认识到，在中国的变革中，国民素质的改变既是根本，同时又是最大难题。他对改造国民素质的困难的强调，丝毫不少于对其重要的强调。他并不认为国民素质是种族所固有的，因而是不可改变的，在举例说明黄白二种的优劣时指出："虽然，是二种者，非生而有此异也。"[3]然而，在他看来，其根深蒂固的程度已和种族固有的特性差不多了。他再三说：中国今日的国民素质，是"经数千年之层递积累，本之乎山川风土之攸殊，导之乎刑政教俗之屡变，陶钧炉锤而成此最后之一境"[4]，是"数千年之教化"的结果[5]，是一种"种于千古，发于今日，积之既久，疗之实难"的病，甚至已经"流为种智"[6]。因此，要改变今日之国民素质，当然不能"旦暮为之"，而必须经历一个漫长的过程。由于"风俗民德之衰，非一朝一夕之故"，而在强敌虎视、国势危急的情形下，"由弱转强，由愚转智，由瓦解土崩而为专心壹志者，又实无速成之术"，严复不禁发出悲叹："呜呼！

1.《孟德斯鸠法意》，第 158、202、377 页。
2. 与熊纯如书（1913）。《严复集》，第 3 册，第 611 页。
3.《孟德斯鸠法意》，第 373 页。
4.《原强》修订稿。《严复集》，第 1 册，第 27 页。
5.《论胶州知州某君》(1897)。《严复集》，第 1 册，第 60 页。
6.《论中国之阻力与离心力》。《严复集》，第 2 册，第 467—468 页。

古今亡国灭民，所常至于不可救者，非以此哉！"[1]

在这里，严复事实上面临着一个理论上的困难：倘若今日的国民素质是在漫长的历史中形成的，因而可以追溯到其他的原因，那么，那些原因在逻辑上就应该处于在先的地位，国民素质的改造将有赖于那些原因的改变，而从国民素质着手治本的立论也就成问题了。

严复自己对于中国变革中各个因素互相牵连的复杂情形是有清楚的认识的。1887年春，在与梁启超的通信中，他曾谈到这个问题，梁启超如此转述他的话："变法之难，先生所谓一思变甲，即须变乙，至欲变乙，又须变丙，数语尽之。"[2]但是，他好像并不认为这种复杂情形对以国民素质为本的论点构成了质疑，相反，在他看来，似乎正是民德民智的低劣才造成了这种复杂情形。1905年春，他在伦敦向孙中山表明了这个看法："以中国民品之劣，民智之卑，即有改革，害之除以甲者，将见于乙，泯于丙者，将发之于丁，为今之计，惟急从教育上著手，庶几逐渐更新乎。"孙中山显然认为这只是书生之见，不屑于听取，一句话打发了他："俟河之清，人寿几何，君为思想家，鄙人乃执行家也。"[3]

其实，和孙中山相比，严复的立场在本质上是更加务实的，他看重的不是政体形式的变化，而是中国社会的实质上的变化。给他印象至深的事实是，国民素质不改变，一切变革均流于形式，归于无效。他认定国民素质问题是变革的关键，这个认识是他从实践中得出的，而不是在理论上推导出的，并且作为预设隐含在了他对中国问题的全

1.《孟德斯鸠法意》，第169页。

2. 梁启超《与严又陵先生书》(1897)。《梁启超文选》上，第45页。

3. 王遽常《严几道年谱》，商务印书馆，1936，第74—75页。

部理论分析之中。

今日的国民素质之形成有极其复杂的原因，严复在这方面并没有做深入和系统的理论探讨，而是从实践需要的角度出发，注意那些最明显的、因而急需改变的原因。毫无疑问，在那些原因的改变与国民素质的改变之间有一种互相制约的关系，严复也无意让自己陷入对这种关系的复杂分析之中，但他显然把这种关系当作了一个前提，在此前提下寻求一个可使双方互动的方案。这应该是一个渐进的变革方案，它一方面要适合国民素质的现状，因而是可行的，另一方面又能够逐步提高民德民智，从而为进一步的变革准备了条件，因而是有效的。一般论者把严复视为清末民初教育救国论的代表，这当然不算错。但是，我们必须注意，严复所说的教育是十分广义的，它实际上就是指这样一种围绕着改造国民素质而展开的渐进的变革。

具体地说，严复是从政治制度和文化传统两个方面来探寻国民素质形成之原因和改造之途径的。

三　政体与国民素质

在政治制度方面，严复把秦以来两千年的专制政治视为造成国民低劣素质的祸根。他常常把中西政治制度加以对照，以说明国民素质的巨大差异，实根源于人民在专制政治下和民主政治下地位的根本不同。

在中国专制政治下，国家只是皇帝一家的私产。"中国自秦以来，无所谓天下也，无所谓国也，皆家而已。一姓之兴，则亿兆为之臣妾。其兴也，此一家之兴也，其亡也，此一家之亡也。"这正是"专制之制所以百无一可"的理由之所在。孟德斯鸠说："在共和国政体之下，人人都是平等的。在专制政体之下，人人也都是平等的。在共和国，人人平等是因为每一个人什么都是；在专制国家，人人平等是因为每一个人什么都不是。"严复据此评论道："专制之制，以无为等者也，一人而外，则皆奴隶"。"义务者，与权利对待而有之词也，故民有可据之权利，而后应尽之义务生焉。无权利，而责民以义务者，非义务也，直奴分耳。"既然人民都是奴隶，自然就对这个他们毫无权利的国家毫不关心了。[1] 相反，在西方民主政治下，人人都是国家的主人，自然就都"私之以为己有"，爱国而有公心了。所以，要增进中国的民德，"非有道焉使各私中国不可也"。[2]

在西方民主政治下，一方面，个人的事只要不涉及他人，他人无权过问，另一方面，社会的事，人人有权过问。中国恰好相反，个人对于自己的事没有自由，对于社会的事又无权过问。"社会之事，国家之事也，国家之事，惟君若吏得之问之。使民而图社会之事，斯为不安本分之小人，吏虽中之以危法可也。然则吾侪小人，舍己私之外，又安所恤？"[3] 小民百姓除了自己一点可怜的利益外，实在没有什么允许他们关心或他们的关心能起作用的东西了。

西方社会还有一点给严复留下了至深的印象，便是把充分的自由与完备的制度统一起来了。"彼西洋者，无法与法并用而皆有以胜我

1. 孟德斯鸠《论法的精神》上册，第76页；《孟德斯鸠法意》，第87、88、110、535页。
2.《原强》修订稿。《严复集》，第1册，第31页。
3.《孟德斯鸠法意》，第418页。

者也。"无法，就是自由平等，"人人得以行其意，申其言"。法，就是规则和责任明确，"官工商贾章程明备"，"人知其职，不督而办"。因此，社会的经济、政治、法律、军事各个领域，"凡所以保民养民之事"，都组织得井井有条，其"精密广远"的程度远不是中国人所敢想象的。[1]相反，在中国，人民既没有自由，做事又没有明确而合理的规则可依，当然就不可能形成真正的责任观念。

由此也可理解，为何中国人会实行无后政策和短命政策。在专制政治下，臣民完全不能支配自己的命运，根本没有长远利益可言，必然就只顾眼前利益。这种情形突出反映在用人制度上。"国之大患，莫甚于无与为全局之画，与无与为长久之计也。君主之国，其用人也，各有官司，而任有期限，又束之以文法之繁，考绩之密，是故虽有贤能，不敢为出位之思"。各级官员实际上都是皇帝的奴仆，其宦途顺逆和身家安危皆取决于皇帝的好恶。因此，对于他们来说，即使在政治清明的时候，重要的也不是长远的贡献，而是在有限任期内看得见的政绩，藉此而能够取悦上司和皇帝。在政治腐败的时候，则必然是普遍以权谋私，力求在有限任期内为己攫取最大利益。严复引用其友夏曾佑的话指出：无后和短命政策是逼出来的，"使勿如是而不能也"。好比种地，"乃今使甲而治春畴，使乙而课秋垅，甲乙各自为其利害，则乌得不取其当前之可收者尽之。有为后人计者，后人不汝感也，有为后日计者，后日之事非其事也。由是其政策，皆若无后短命者然。"严复自己也作一譬喻：好比有一棵树，明知数年后可成栋梁之材，但因为自己不能享其利，便宁可现在就砍了用做杂材。"顾当事者，但要目前之利，余且

1.《原强》。《严复集》，第1册，第11页。

一切无以动其心，则国安得不日窘？"在民主政治下，这种情况就不太会出现。"若夫欧美诸邦，虽治制不同，实皆有一国之民，为不祧之内主。故其为政也，智慧虽浅，要必以一国为量，而作计动及百年。虽伯理由于公推，议院有其聚散，而精神之贯彻始终则一而已。""盖立宪之国，虽有朝进夕退之官吏，而亦有国存与存之主人。主人非他，民权是已。民权非他，即以为此全局之画，长久之计者耳。"[1]

中国人的巧伪，也应归因于专制制度。"西之教平等，故以公治众而贵自由。自由，故贵信果。东之教立纲，故以孝治天下而首尊亲。尊亲，故薄信果。然其流弊之极，至于怀诈相欺，上下相遁，则忠孝之所存，转不若贵信果者之多也。"[2]严复的这一分析是十分深刻的。诚信的前提是自由，个人拥有受到法律保护的权利，可以坦然宣布自己的立场和追求自己的正当利益，唯有在这样的个人之间才能产生彼此尊重和负责任的关系。在中国的专制制度下，占统治地位的是以孝为原型的尊卑等级秩序，这种制度要求绝对的服从，不允许个人有独立的人格和正当的利益，必然使人与人的关系变得虚伪。

四　文化传统与国民素质

中国今日国民素质的造成，除了专制政治之外，两千多年的文化传统也是重要的原因。当然，这一传统与专制政治有着密切的联

1.《孟德斯鸠法意》，第 450、533—534 页。

2.《原强》修订稿。《严复集》，第 1 册，第 32 页。

系，在严复看来，它实质上就是政治专制在思想文化领域的延伸，即思想文化专制——"愚民之治"。严复抨击"愚民之治"的矛头主要指向秦以来所实行的公开的思想文化专制，对先秦儒家思想则比较注意分寸，把它和后来统治者对它的利用加以区别。他倾向于认为，民德之败坏，应归咎于秦以来"中国名为用儒术者"而实际上"儒术之不行"，但这种情形也暴露了周孔之教"入人心之浅"，证明它本身有"未尽善"之处。[1]然而，深入检讨这"未尽善"之处，他也承认儒家原典中即已包含思想文化专制的因素，与秦始皇的公开专制相比只是形式不同而已。在论及中国"教化学术"之"非"时，他说："赢、李以小人而陵轹苍生，六经五子以君子而束缚天下后世，其用意虽有公私之分，而崇尚我法，劫持天下，使天下必从己而无或敢为异同者则均也。因其劫持，遂生伪；以其作伪，而是非淆，廉耻丧，天下之弊乃至不可复振也。"[2]这里显然是把儒家伦理规范的强制推行也看作了思想专制的一种形式，并且要对民德的败坏承担责任。

孟德斯鸠《法意》中说：专制之为教育，只在使人人服从，别无所事。"彼将使之为奴才也，必先使之终于为愚民。"因为人民一旦觉悟，君主和帝国就会完蛋。严复在按语中说："吾译是书，至于此章，未尝不流涕也。呜呼，孟氏之言，岂不痛哉！"使他痛苦的是，他由此悟到，专制政治实行愚民政策之不得不然，问题是制度性的，非一人能够改变，哪怕他是好皇帝。"夫一国之制，其公且善，不可以为一人之功，故其恶且虐也，亦不可以为一人之罪。虽有桀纣，彼亦承其制之末流，以行其暴。顾与其国上下，同游天演之中，所不克以自

---

1. 参看《原强》。《严复集》，第 1 册，第 14 页。
2.《救亡决论》。《严复集》，第 1 册，第 53 页。

拔者，则一而已矣。"所以，变法"岂易言哉"！[1]

具体地说，中国文化的愚民性质主要表现在两个方面，一是在内容上好古忽今，二是在用途上以学求官，而这两方面都与西方适成对照。在西方，教育以开瀹心灵、增广知识为务，所以厚今薄古，鼓励独立思考和追求新知。相反，中国圣人立教只以人民相安无争为宗旨，为达到防争的目的，举国尊信古人经书，杜绝一切独立思想。尤其是宋以来的科举制度，在这方面效果格外深远，几乎把天下圣智豪杰一网打尽，即使有漏网的"吞舟之鱼"，也已"暴鳃断鳍"，掀不起什么波澜了。"此真圣人牢笼天下，平争泯乱之至术，而民智因之以日窳，民力因之以日衰。"[2] 同时，中国的传统是学与官不分，治学直接和做官挂钩。"中国重士，以其法之效果，遂令通国之聪明才力，皆趋于为官。百工九流之业，贤者不居。"[3] 在西方，各科知识都有人专攻，并且在社会上都有其地位，完全不像中国这样只有读书做官一条出路。针对此，严复指出："农工商之学人，多于入仕之学人，则国治；农工商之学人，少于入仕之学人，则国不治。野无遗贤之说，幸而为空言，如其实焉，则天下大乱。"[4]

在中国，文字成为一种特权是极为突出的现象，为世界别国所罕见。严复敏锐地注意到，这一点在愚民统治中起了重要作用。在西方和日本，识字知书是非常普通的事，唯有在中国，"以文字一门专属之士"，又"以士为独尊"，"独我华人，始翘然以知书自异

1.《孟德斯鸠法意》，第49—50页。

2.《论世变之亟》。《严复集》，第1册，第1—2页。

3.《孟德斯鸠法意》，第452页。

4.《论治学治事宜分二途》。《严复集》，第1册，第89页。

耳"。[1]中国的象形文字本来就难学，为使文字成为特权，更要令其越难学越好，于是尊古。读书人唯有在故纸中求出路，"所考求而争论者，皆在文字楮素之间，而不知求诸事实"。"故中国教育，不过识字读书；识字读书，不过为修饰文词之用；而其修饰文词，又不过一朝为禽犊之兽，以猎取富贵功名。"赫胥黎有言："天下之最为哀而令人悲愤者，无过于见一国之民，舍故纸所传而外，一无所知，既无所信向，亦无所持守"。严复觉得，此言"无异专为吾国发也"。总之，"夫中国自古至今，所谓教育者，一语尽之曰：学古入官已耳。"[2] 在严复看来，这是中国教育最令人悲愤和绝望的一个弊端。

　　如此培养出来的中国士阶层，除了死读古书和做官贪权之外，必定别无所知和所能。所以，要论民智民德之低劣，不必看一般不识字的民众，只须看一看这个识字知书的阶层，他们恰是中国国民素质的缩影，中国愚民的标本。严复主持的《国闻报》上有一篇未署名的短文《道学外传》，据估计出自严复之手，对这个阶层的愚昧作了生动的描写："自明以八股文取士，而义必限于朱注，迄于今日，六百余年。遂至无论何乡，试游其地，必有面戴大圆眼镜，手持长杆烟筒，头蓄半寸之发，颈积不沐之泥，徐行偻背，阔颔扁鼻，欲言不言，时复冷笑，而号为先生长者其人者。观其人，年五六十矣；问其业，以读书对矣；问其读书始于何年，则又自幼始矣。"读了五六十年书，质虽驽下，时日既多，也应有可观者了。然而，问其心得，只知"国家之功令在是也"。该文感慨道："人之为恶，虽千转万变，而一由于心地之不明。若辈既心地不明，则若当时虽无为恶之心，而将来必有

1.《救亡决论》.《严复集》，第 1 册，第 42 页。
2.《论今日教育应以物理科学为当务之急》.《严复集》，第 2 册，第 281、282 页。

致祸之实。"[1]我们完全可以想象，这样的人构成了中国官僚尤其是基层官僚的基本来源，他们一旦进入官场，会怎样因愚昧而为恶。严复自己就举过一个例子。1897年，一艘德舰侵胶州，稍微施加压力，当地一名州官就卑躬屈膝地让地迎敌。严复分析道：这是必然的，中国的州县官，普遍的素质都太低，唯保官升官是求，不知其他，又身处官场最险恶的位置上，重叠的上司皆可制他于死命，同僚之间则倾轧争权，加之被下属幕友亲戚包围，个个把他当作发财的机器。"若此之人，其形体虽存，其人心已死，其不知人间有羞耻事久矣。"只要遇见一个厉害的人，他就会以上官之例待之，哪里还分得清来者是不是敌人，要不要抵抗。"盖其请安、磕头、办差、乞怜之技，已与魂梦相连，随触而发，欲不如是而不能也。"[2]

以上是士大夫阶层的情况。至于一般民众，严复指出，中国自古没有对一般民众的教育。西方有基督教承担这一功能，对于基督教，严复看重的不是它作为超验信仰的价值，而是它对一般民众的道德教育功能。"今微论西洋教宗如何，然而七日来复，必有人焉聚其民而耳提面命之，而其所以为教之术，则临之以帝天之严，重之以永生之福。人无论王侯君公，降以至于穷民无告，自教而观之，则皆为天之赤子，而平等之义以明。平等义明，故其民知自重而有所劝于为善。"其效果是显著的，道德上的自律，这在我们的大人君子尚且是难事，西洋小民却常能做到，"此诚教中常义，而非甚瑰琦绝特之行者也"。"民之心有所主，而其为教有常，故其效能如此。"相反，中国的教育至多是"择凡民之俊秀者教之"，"至于穷檐之子，编户之氓，则自襁

1.《严复集》，第2册，第484、485页。
2.《论胶州知州某君》。《严复集》，第1册，第60页。

褓以至成人，未尝闻有孰教之者也。"[1] 在严复看来，基督教之所以能有效地教育民众，有赖于其教义第一倡言人人平等，第二关注人的灵魂。中国虽然也有老天报应之说，但与基督教不同。"中国之言天罚也，必就其身与子孙而征之，而西国之言神谴也，不存于形体，而受以灵魂。夫天道浩渺难言，形体或缘无征而不信，灵魂则以无尽而莫逃，此二者，维持社会之功所以各异也。"可见"宗教之于民重矣"，"宗教为物，其关于陶铸风俗者，常至深远。"所以，对于孟德斯鸠的基督教不能在中国推广之说，严复提出了质疑："今假景教大行于此土，其能取吾人之缺点而补苴之，殆无疑义。且吾国小民之众，往往自有生以来，未受一言之德育。一旦有人焉，临以帝天之神，时为耳提而面命，使知人理之要，存于相爱而不欺，此于教化，岂曰小补。今夫不愧屋漏，诚其意而毋自欺者，中国大人之学也，而彼中笃信宗教之妇人孺子往往能之，则其说之无邪，可以见矣。"[2]

中国的民众因为教育水平低，缺乏远虑，加之儒家"以人鬼为宗教"，极端看重血统的延续，导致生育过多，人口过庶，这是使严复深感忧虑的又一问题。国人常以地大物博、人口众多自夸，并且仿佛正因为有地大物博的得天独厚条件，人口繁衍才如此兴旺，严复大不以为然。他指出："夫支那有此生齿者，非恃其天时地利之美，休养生息之宜，以有此也。其故实由于文化未开，则民之嗜欲必重而虑患必轻。嗜欲重，故亟亟于婚嫁，虑患轻，故不知预筹其家室之费而备之。"[3] 生育的无节制，其根源不在自然条件适宜，而在教育水平低，

---

1. 《原强》修订稿。《严复集》，第 1 册，第 30 页。
2. 《孟德斯鸠法意》，第 170、414、592 页。
3. 《保种余义》。《严复集》，第 1 册，第 87 页。

这是明显的事实。严复亲眼看到，欧洲自然条件远胜于中国，但其"有教之民"在婚娶和生育问题上一般都很谨慎，必量力而行，"方其为学不娶，执兵不娶，学成业立矣，非岁入逾二百镑者不娶。既娶之后，使家非至饶，则所生不愿逾二子女，后且以术止之，盖恐所生或多，则其力不足办教育也。"中国的情形正相反。"自以人鬼为宗教，而不血食为莫大之罚，于是吾人以婚嫁为天职，而中国过庶之患兴焉。虽然，庶矣，而富教不施，则其庶也，正其所以为苦也。""人人以多子孙为莫大之幸福，而无子为天罚。虽然，子生之后，未尝为之办教育、计深远也，慈者不过多与财耳。""以人鬼为宗教"绝对是中国的一种愚民文化传统。人活一世，最大追求是享受子孙后代的祭祀，而于活着时的生活质量毫不在意，这怎么不是绝大的愚昧呢。结果，低素质的人不断复制，人口越多，生活和教育条件就越差，素质就越低，如此形成了恶性循环。严复感叹道："男不知所以为父，女未识所以为母，虽有儿女，犹禽犊耳。吾每行都会街巷中，见数十百小儿，蹒跚蹀躞于车轮马足间，辄为芒背。非虑其倾跌也，念三十年后，国民为如何众耳！"以如此"众不教劣种之民于竞争之世，其不能为优胜明矣"。他因此而认为，人口问题是"吾国最难解免之问题"。[1]

五　中国问题的出路

既然专制政治是造成中国国民素质低劣的主要原因，那么，要改

1.《孟德斯鸠法意》，第389、544—545、556页。

变国民素质，根本的途径就只能是放弃专制政治，建立民主政治了。但是，严复又认为，恰恰因为国民素质低劣，使得民主政治不可能建立。"然则及今而弃吾君臣，可乎？曰：是大不可。何则？其时未至，其俗未成，其民不足以自治也。"[1] "欲听其皆得自由，尤必自其各能自治始；反是且乱。"而"顾彼民之能自治而自由者，皆其力其智其德诚优者也。"于是问题又落到了民力、民智、民德，"三者不进，则其标虽治，终亦无功"。[2] 很明显，在严复看来，如果不改变国民素质，在形式上废除君主制、建立民主制仍然只是治标不治本的徒劳无功之举。

怎样解决这个悖论呢？严复的思路是，要找到一种过渡形式，这种形式既适合于国民素质的现状，又能使之逐步提高，并为政体由专制向民主的方向逐步转变创造条件。在这方面，他拟订的方案包含两个要点。

第一是实行地方自治。他在 1895 年提出："设议院于京师，而令天下郡县各公举其守宰。"[3] 在 1904 年之后则认为，议院制尚非当务之急，"不容一日缓者"的事情是"设地方自治之规，使与中央政府所命之官，和同为治"。作为地方自治的基础，第一步是在乡镇基层实行初级水平的自治，"一乡一邑之间，设为乡局，使及格之民，推举代表，以与国之守宰相助为理"。通过民选代表和政府官员共同治理的办法，吸引民众与闻国事，使人人感到自己对于国家有一部分之义务，培育爱国之心。他进言说："上无曰民愚不足任此事也，今之为

<hr>

1.《辟韩》。《严复集》，第 1 册，第 34—35 页。

2.《原强》修订稿。《严复集》，第 1 册，第 27 页。

3.《原强》修订稿。《严复集》，第 1 册，第 32 页。

此，正以愈愚"。对于朝廷命官执掌地方全权的制度之弊端，他揭露得十分中肯。他指出，一地治理的好坏，直接身受其福殃的是当地居民，因而当地居民本应是最关心的。现在却把治理的全部权力交给委派的官员，加之文法繁，任期短，这些官员每到一地事实上无可作为，只是视此地如传舍，其结果必然是治理得一团糟。严复悲叹道："呜呼！如是之制，虽与之以五洲之名都，天下之雄邑，穷极治洁，如今日荷兰、瑞士之所有者，比及十年，未有不鞠为茂草者也。"当地居民既无权参与治理，又身受治理恶劣的后果，长此以往，被逼得只好自顾自，养成了自私的习惯。人们对自己的出生地和居住地都没有了责任感，更不用说对整个国家了，以致"通国之民不知公德为底物，爱国为何语"。[1] 由此看来，严复之重视地方自治，一是把它看作为建立民主制做准备和打基础，二也是把它看作培育国民责任感从而改善民德的一个重要手段。

严复看好地方自治，在很大程度上是受了西人治理租界制度之完备、秩序之井然的启发，相信这种素质是其本国的地方自治体制训练出来的。他理论上对地方自治的了解，则主要来自甄克思的《社会通诠》。在《法意》按语中发表上述见解之前，严复已经翻译和出版了该书。甄克思指出："夫地方自治之制行于英者，最古亦最善，吾英之始，实以此为之首基。"关于地方自治的内涵，严译归纳为三点："真地方自治者，其主治之人，必地方人民之所选举推立，中央政府从而授之，一也；于地方之制置，得以便宜为取舍，不必皆受命于中央之政府，二也；中央与自治者之相临驭也，有前定之要约权限，权

1.《孟德斯鸠法意》，第360—361、373—374页。

限而外，地方可自适其事，三也。"地方自治的好处，则列出了四条：一、地方政府民选，因此能与民共休戚、通痛痒；二、可为国家选拔人才；三、因地制宜，能够充分发挥不同地方特有的优势；四、中央和地方合理分工，中央政府可以专心抓大事。这些论述必定使严复有耳目一新之感，他在按语中感叹道："地方自治之制，为中国从古之所无。"民主选举长官，乃是中西政想之"绝不同者"，中国的古圣前贤绝无此议。[1]

严复对于秦汉以来中央集权的大一统的政治格局始终存有异议，完全不像许多国人那样以大国广地为自豪。他说："天下之事，有行之数千年，人心所视为当然恒然，而实非其至者，如吾国一统之规是已，夫九州十八行省，必治以一家，是宁不可以无然，而有善今之制者乎？"他设想："向使封建长存，并兼不起，各君其国，各子其民，如欧洲然，则国以小而治易周，民以分而事相胜，而其中公法自立，不必争战无已时也。且就令争战无已，弭兵不成，谛以言之，其得果犹胜于一君之腐败。"并据此感慨道："呜呼！知欧洲分治之所以兴，则知中国一统之所以弱矣。"[2] 在一定意义上，我们可以把他的这一设想理解为某种联邦制，而把他所主张的地方自治理解为联邦制在较弱程度上的应用。

第二是实行开明君主统治。就中央政权而言，严复从未赞成立即废除君主制，他寄希望于有"圣人"出现并担任君主。这位圣君"将早夜以孳孳求所以进吾民之才、德、力者，去其所以困吾民之才、德、力者"，全力以赴提高国民素质，然后，在"民至于能自治"之

1.《社会通诠》，第148—149页。
2.《孟德斯鸠法意》，第203—204页。

时，就还政与民，"悉听其自由"。[1]在《天演论》导言十六中，严复加进了一大段原著（导论十三）中没有的话，大意是：虽然国家的治乱强弱取决于民品的优劣，主治者还在其次，但主治者可以利用物竞法则实行"人治"，"操砥砺之权，以耆琢天下"。其方法是确立一个标准来奖优惩劣，逐渐达到"导进其群"的效果。然而，面对中国"一群既涣，人治已失其权"的现实，他也感到没有信心，只能悲叹"即使圣人当之，亦仅能集散扶衰，勉企最宜，以听天事之抉择"了。[2]无情的事实是，严复心目中的"圣人"始终没有出现，他的由开明君主进行文明教育然后过渡到立宪政治的希望终于破灭了。

不过，严复并没有放弃为改善国民素质而努力。作为一个书生，他在政体改造上除了献计献策别无可为，而在文化改造上却能做一些踏实的工作。他认为，在国民素质三要素中，新民德为最难，开民智为最急。民德之低劣，在很大程度上可归因于愚昧，因此治愚就不能不是当务之急了。废科举、办新式学校是不用说的了，教育的内容也要彻底改变。他开出的方子，一言以蔽之，也就是引进西学。"欲开民智，非讲西学不可"。[3]为此他以译书为毕生志业，成为中国翻译西方哲学社会科学著作的创业之人。

1.《辟韩》。《严复集》，第 1 册，第 35 页。

2.《天演论》，第 39 页。

3.《原强》修订稿。《严复集》，第 1 册，第 30 页。

第三章

严复的翻译和对严译的批评

一　从事翻译的良苦用心

严复翻译西书，开始于 1894 至 1895 年间，当时已着手译《天演论》。甲午战败后，他把精力投向写政论。1897 年 11 月，他又与夏曾佑、王修植等在天津创办《国闻报》，一面继续写政论并在该报上发表，一面以该报为阵地介绍世界各国的情况和思想。在很可能由他执笔的《〈国闻报〉缘起》一文中，他拟定该报宗旨为"求通"，包括两方面，"一曰通上下之情，一曰通中外之故"，而"通下情尤以通外情为急"，所以重点放在后一方面。使他深为感慨的是，由于不通外情，中国老百姓对于洋人多有愚昧的误解。例如，由于不通其教，见传教士则以为收买人心，由于不通其学，见考察家则以为侦探，由于不通其礼俗，见男女交际则疑为淫乱，见贵贱杂坐则讥为野蛮。这种误解常常导致严重的冲突，以至于闹教案，杀游士，不一而足。因此，该报所做的主要工作是对平民的启蒙，方法是"广译各国之报"，实际上是一份环球时报。[1] 这份报纸只办了十个月，因戊戌变法失败而停办。

1.《严复集》，第 2 册，第 453—455 页。

48

戊戌政变以后，严复把全部精力投到了翻译学术著作上面，六年中译出六种书，加上已译的《天演论》和后来译的《名学浅说》，共八种，是他主要的翻译成就。他之所以发奋从事翻译，《天演论》1898 年正式出版后获得的巨大成功肯定是一个强有力的鼓舞。但是，这同时也是他自己的一种理性的选择。在 1899 年三、四月间给张元济的两封信中，他清楚地说明了他选择译业的良苦用心。张元济是商务印书馆的创办人，在给严复的信中谈到南洋公学（1896 年盛宣怀创设于上海，交通大学的前身）准备设译书院，严复回信请张元济帮助说项，期望南洋公学聘用他，并按照聘用洋人的标准每月付他四百金的薪水，使他能够"一志译书"。不知道他的要求是否得到了允诺，不管怎样，当时他已经在译《原富》，他的翻译工作从此一发而不可收了。他译的《原富》正是由南洋公学译书院出版的，其后译的六种书中有四种则是由张元济主持的商务印书馆出版的。在他死后，商务印书馆于 1930 至 1931 年又把八种书集为"严译名著丛刊"出版。

在给张元济的信中，严复称"译书为当今第一急务"。他写道："复自客秋以来，仰观天时，俯察人事，但觉一无可为。然终谓民智不开，则守旧维新两无一可。即使朝廷今日不行一事，抑所为皆非，但令在野之人与夫后生英俊洞识中西实情者日多一日，则炎黄种类未必遂至沦胥；即不幸暂被羁縻，亦将有复苏之一日也。所以屏弃万缘，惟以译书自课。"可见在戊戌政变之后，他对自上而下的政治变革在短期内成功的可能性已完全绝望，因而把全部希望寄托在开启民智的长期工作上。他感到，在这方面亟需做的而他自己又能够做的事情，就是通过译书使越来越多的人了解西方实情。国人对于西方实情和西学实在太无知了，这个问题不解决，改革就无从谈起。他表示：

"复今者勤苦译书，羌无所为，不过闵同国之人，于新理过于蒙昧，发愿立誓，勉而为之。"次年在给吴汝纶的信中也表示："所愿者，多成几册译书，使同种者知彼族所为何事，有所鉴观焉耳。"[1]

译书重要，但译才却极其稀少。严复指出："目下学习洋文人几于车载斗量，然其发愿皆以便于谋生起见，其为考察学问政治，而后肆力于此者，殆不经见。"他把译才之所以稀少的原因分析得相当透彻："舌人声价甚高，略学三五年小儿，到处皆可得数十金之馆，一也。所学皆酬应言语文字，一遇高文，满纸皆不识文字，虽翻遍字典，注明字义，而词意不能贯属，二也。且译书至难，而门外汉多易视之，无赫赫之名，而所偿不足以酬其勤，三也。此所以三十年来译书至少，即有一二，皆不足存，而与原书往往谬戾。"总之，学西文的人虽多，但大多是为了谋生，当舌人比译书利大得多也容易得多，难怪无人愿做和能做吃力不讨好的西方学术著作翻译工作了。

正是在这种情形下，严复当仁不让地以译书自任。他以此自任，因为他知道这一工作重要，却无人愿做能做，也因为他相信他的心性和能力正适合于这一工作。"此事须得深湛恬淡，无外慕人为之。彼以此事为乐，为安心立命不朽之业，其所译自然不苟，而可以垂行久远，读者易知，学者不误。"他觉得自己就是这样的人。他对于译事是有瘾头的，能够锲之不舍，沉潜于其中。在翻译《天演论》时，他已有过"一名之立，旬月踟蹰"[2]的经验。他深知翻译中"步步如上水船，用尽力气，不离旧处，遇理解奥衍之处，非三易稿，殆不可读"的艰难，"可与知者道，难与不知者言"的甘苦。他也有足够的自信，

1. 与吴汝纶书（1900）.《严复集》，第 3 册，第 523 页。

2.《〈天演论〉译例言》.《天演论》，第 XII 页。

断言有几部重要的书"非仆为之,可决三十年中无人为此者,纵令勉强而为,亦未必能得其精义",而一旦完成则"仆死不朽矣"。带着这样的使命感,他决心"扫弃一切",全心全意地投身于翻译事业。[1]

严复生性淡泊,不是时代的弄潮儿,始终没有直接参与政治活动。这种性格使他耐得寂寞,能够埋头于译业。但他有时也不免感叹这一事业的寂寞:"自叹身游宦海,不能与人竞进热场,乃为冷淡生活;不独为时贤所窃笑、家人所怨咨,而掷笔四顾,亦自觉其无谓。"[2]在基本上译完了八部名著的1908年,他还自嘲说:"朋友或訾不佞不自为书,而独拾人牙后慧为译,非卓然能自树者所为,不佞笑颔之而已。"[3]无论是政治上叱咤风云,还是学术上著书立说,他确实都不能也不想和康、梁辈媲美,他认定自己的价值是在翻译上。在中国近现代思想史上,他确实最早积极提倡引进西学,强调从原著接受西学,并且身体力行从事西学原著的翻译。他的译著也许会过时,但他作为西学翻译事业的开拓者已经名垂史册。

二 翻译的成就和内容的取向

严复所翻译的西学著作,主要是收进"严译名著丛刊"的八种书。此外如《支那教案论》、《中国教育议》、《欧战缘起》,不是严格

---

1. 以上未注明出处的引文均引自:与张元济书(1899.3—4;1899.4.5)。《严复集》,第3册,第525、526、527、528—529、537页。

2. 与张元济书(1900)。《严复集》,第3册,第537页。

3.《〈名学浅说〉自序》。《名学浅说》,商务印书馆,1981,第Ⅶ页。

的学术著作，字数也少，可以不论。八种书都是从英文翻译，除孟德斯鸠《法意》的原著是法文而从英译本转译外，其余的原著者都是英人。在内容的取向上，这些书可大致分为三类。

第一类是社会理论，有《天演论》、《群学肄言》、《社会通诠》三种，严复翻译它们着重是为了介绍社会进化论思想。社会进化论是十九世纪下半叶在英国出现的社会文化理论，主要代表人物是斯宾塞和白哲特。斯宾塞是严复最崇拜的西方思想家，严复也曾试图翻译白哲特的著作。事实上，这一理论在西方思想史上的地位并不高，在进入二十世纪后即已衰落。但是，严复对于这一理论却衷心信服，视为西学的最基本理论，它实际上成了他分析中国社会问题的指南，并通过他影响了一大批中国知识分子。

《天演论》，原书是赫胥黎（Thomas H.Huxley，1825—1895）的《伦理与进化》（Evolution and Ethics，1894），翻译于 1894 至 1896 年间，正式出版于 1898 年。赫胥黎是英国生物学家、教育家，代表作有《人类在自然界中的地位》（1863）、《动物分类学导言》（1869）、《伦理与进化》等。他是一位伟大的启蒙思想家，生前就享有世界声誉，"在对科学发展的影响、对同时代人的思想和行动发生影响等方面，几乎没有人比得上他。"[1] 严复无疑是知道赫胥黎的声望的。他读过赫胥黎的别的著作，在写文章时多次引用赫胥黎的话。[2] 但是，赫胥黎虽然是达尔文进化论的主要支持者之一，却并不赞同把进化论应用于社会领域。事实上，《伦理与进化》一书的主题就是批判社会达尔文主义，而论战的主要对象正是严复最推崇的斯宾塞。关于《天演

1.《简明不列颠百科全书》，中国大百科全书出版社，1985，第 3 卷，第 755 页。
2. 参看《严复集》，第 29、93、280、282、286、559 页。

论》一书，我将在第四章中详加分析。这里仅指出两点：第一，严复翻译此书是高度不忠实于原著的，作了许多添加和改变，以宣传进化论思想；第二，他通过大量按语捍卫斯宾塞的观点，反驳赫胥黎的观点。因此，在一定意义上，赫胥黎的原著只是提供了一个由头，使他得以第一次比较详细地向国人介绍他所了解和接受的社会进化论思想。

《群学肄言》，原书是斯宾塞（Herbert Spencer，1820—1903）的《社会学研究》（The Study of Sociology，1873），翻译于 1898 至 1903 年，出版于 1903 年。斯宾塞建立了一个庞大的体系，把进化论原理运用于生理学、心理学、社会学、伦理学各个领域。严复最感兴趣的是其中的社会学部分即社会进化理论。但是，斯宾塞系统阐述这一理论的著作是《社会学原理》，因为部头太大，严复没有翻译，而只翻译了篇幅较小的《社会学研究》。此书其实是一本社会学导论性质的书，主要内容为论述社会学建立学科之必要及对此的误解，社会学研究的性质与困难，妨碍研究的偏见，研究前的训练和准备。严复把书名译作《群学肄言》，即社会学学习指导，应该说是比较确切的。他自己解释说："肄言何？发专科之旨趣，究功用之所施，而示之以所以治之方也。""《群学肄言》非群学也，言所以治群学之涂术而已。"[1]因此，这本书只是把读者带到了斯宾塞的社会学大厦跟前，然后就停住了。经由严复而对中国现代思想界发生了如此重大影响的社会进化论思想，事实上并不是通过他译出的一部相关的专著，而是通过他在自己的文章中尤其是《天演论》按语中片断的介绍进入国人的头

1.《译〈群学肄言〉自序》、《〈群学肄言〉译余赘语》。《严复集》，第 1 册，第 123、125 页。

脑的。

《社会通诠》，原书是甄克思（Edward Jenks，今译詹克斯，1861—1939）的《政治史》（A History of Politics，1900），翻译于1903年，出版于1904年。和《天演论》一样，这本书也是在原书刚出版不久就翻译的。詹克斯是英国法学家，在法律史和英国法研究方面卓有建树，主要著作有《中世纪的法律和政治》（1898）、《英国法律简史》（1912）、《英国法律概论》（1928）等，并主持编写《英国民法汇编》（1905—1916）。写作《政治史》时，他在牛津大学当讲师。该书是一本小册子，简明扼要地叙述了社会形态和政治制度沿革的历史。严复看重的是书中对于社会进化阶段的划分，以及对于各阶段社会政治制度的描述，这为他用进化论分析中国社会所处阶段及其特征提供了依据。除此之外，作为英国法专家，詹克斯对现代政治的论述贯穿着英国式自由主义的精神，这方面内容也成为严复吸取自由主义思想的一个来源。

第二类是自由主义理论，除《社会通诠》可以部分地也归于此类外，主要是《原富》、《群己权界论》、《法意》三种。如果说严复用社会进化论来看中国社会，发现了中国的问题在于进化过程迟缓乃至停止，那么，他从自由主义理论中找到了中国社会进化滞缓的原因和解决的途径。他认识到，从根本上来说，中国落后的原因是专制政治，中国发展的方向应该是西方的自由民主政治。因此，他把介绍自由主义政治理论当作了翻译西学的重点。不管他对自由主义的理解是如何有限，把自由主义介绍到中国来仍是他的不可磨灭的功绩。而且，和社会理论方面他所译的都是不太重要的著作不同，他在自由主义理论方面选择的三种书都是西方自由主义学说史上的重要经典著作。

《原富》，原书是亚当·斯密（Adam Smith，1723—1790）的《国民财富的性质和原因的研究》（An Inquiry into Nature and Causes of the Wealth of Nations，1776），翻译于1897至1900年，出版于1901至1902年。斯密一生留下两部名著，除此书外，还有《道德情操论》（1759）。《原富》公认是第一部伟大的完整的政治经济学著作，对于西方政治经济发展的影响极大，严复很清楚这一点，这也是他在《天演论》之后首先花大力气翻译此书的原因。在翻译之前，他已一再谈及此书："东土之人，见西国今日之财利，其隐赈流溢如是，每疑之而不信；迨亲见而信矣，又莫测其所以然；及观之治生理财之多术，然后知其悉归功于亚丹斯密之一书，此泰西有识之公论也。"[1]"晚近欧洲富强之效，识者皆归功于计学，计学者，首于亚丹斯密氏者也。"[2]在开译后，他又在《斯密亚丹传》中说，《原富》出版后，"各国传译，言计之家，偃尔宗之"，还引用了德国人的一种说法，把《原富》与康德的《心学》（应指《纯粹理性批判》）并列为"生民未有"的两部最伟大著作。[3]在《〈原富〉译事例言》中，他详述了翻译此书的理由。他知道，在斯密之前，包括休谟、洛克、孟德斯鸠在内的许多西方思想家的著作中已经包含经济学的内容。但是，只是到了《原富》，经济学才成为一门独立的学科，它是经济学的开山之作（"自有此书而后世知食货为专科之学。此所以见推宗匠，而为新学之开山也"）。他还知道，在斯密之后的二百年中，经济学有长足进步。他列举了发展了古典经济学的李嘉图和穆勒父子，以及近世把数学方法引入经济

1.《原强》修订稿。《严复集》，第1册，第29页。
2.《天演论》，第34页。
3.《严复集》，第1册，第103—104页。

学、使之由归纳向演绎发展并趋于精密的耶方斯（杰文斯）、倭克尔
（沃克）、马夏律（马歇尔）等人。[1] 他表示，穆勒、沃克、马歇尔三
家之作皆宜移译，才能"尽此学之源流，而无后时之叹"，但这是他
"有志未逮"的工作了。不过，虽然"计学以近代为精密"，而他仍决
定先译此书，则是出自"温故知新之义"，即唯有先了解源头，才能
懂得后来的发展。[2] 这是学理上的考虑。作为关心中国前途的思想家，
他更有现实上的考虑，即"其中所指斥当轴之迷谬，多吾国言财政者
之所同然，所谓从其后而鞭之"。[3] 斯密当年所批评和试图纠正的迷谬，
例如重商主义，国家对经济的干涉，现在正支配着中国的经济思想和
经济政策。因此，对于中国来说，此书仍有强烈的现实意义。可见他
急切地要把斯密所创立的自由主义经济理论介绍到中国来，是有明确
的针对性的，旨在扫除中国市场经济发展的障碍。哈耶克把斯密视为
现代自由主义发展的开端，又把他和休谟列为自由主义理论之英国传
统的最早代表。[4] 就此而论，《原富》的翻译原是一件极有意义的事，
它是中国人接受自由主义的开端，而且是从自由主义的开端处接受

---

1. 杰文斯（Willam Stanley Jevons，1835—1882），英国逻辑学家和经济学家，在
《政治经济学理论》（1871）中，与门格尔、瓦尔拉大致同时提出效用价值说，开
拓了经济思想史上的一个新时期。沃克（Francis Amasa Walker，1840—1897），
美国经济学家和统计学家，推动经济学研究的现代化和其范围的扩大，著有《工
资问题》（1876）、《货币》（1878）、《政治经济学》（1883）等。马歇尔（Alfred
Marshall，1842—1924），英国经济学家，新古典经济学派主要创始人之一，代表
作为《经济学原理》（1890）。

2.《〈原富〉译事例言》。《原富》，商务印书馆，1981，第viii—x页。

3.《原富》，第ix页。

4. 参看《哈耶克论文集》，邓正来译，首都经济贸易大学出版社，2001，第58页；
《自由秩序原理》（上），邓正来译，三联，1997，第64页。

的。遗憾的是，严复所译的这第二本书在当时并未产生多大影响，远不能与第一本书《天演论》相比。

《群己权界论》，原书是约翰·穆勒（John Stuart Mill，1806—1873）的《论自由》（On Liberty，1859），翻译于1898和1899年间，出版于1903年。穆勒是英国著名哲学家、经济学家、逻辑学家，主要著作除《论自由》外，还有《逻辑学体系》（1843）、《政治经济学原理》（1848）、《论代议制政府》（1860）、《功利主义》（1861）等。他的思想有两个主要来源，一是由李嘉图、边沁以及他父亲詹姆斯·穆勒所倡导的哲学激进主义亦即功利主义，另一是康德以及其后的德国哲学。作为功利主义者，他承认追求快乐是人的本性，幸福是唯一的善。但是，他又用康德的伦理学来改造这一功利主义原理，强调精神性质的快乐更加高级，个性价值的实现是幸福的最重要内容。在《论自由》中，他即由此出发为个人自由辩护，而视之为目的性价值。在辩护过程中，他着重批判了社会的不宽容，并力主划清社会不可干预的个人自由的范围。此书对个性价值和个人自由的论证极为雄辩，因此而成为自由主义思想史上的名篇，穆勒本人也被公认为英国自由主义的哲学代言人和最重要代表之一。[1] 不过，由于他的思想的德国哲学来源，哈耶克则不承认他属于纯正的英国自由主义传统，而认为他是动摇于英国传统和欧洲大陆传统之间的人物。[2] 严复对于此书看重的是个人自由与社会干预之间的划界问题，因而把书名改为《群己权界

---

1. 参看梯利《西方哲学史》增补修订版，伍德增补，葛力译，商务印书馆，1995，第581页；《政治学说史》下册，乔治·霍兰·萨拜因著，托马斯·兰敦·索尔森校订，商务印书馆，1986，第791页。

2. 参看哈耶克《个人主义与经济秩序》，三联书店，2003，第16、35—36、39页。

论》。他的译文很能表明他对自由主义的理解之短长，我将在第五章中进行分析。

《法意》，原书是孟德斯鸠（C.L.S.Montesquieu，1689—1755）的《论法的精神》（L'esprit des Lois，1748），翻译于1900至1909年，陆续出版于1904至1909年。原书三十一卷，严复从英译本转译前二十九卷，最后二卷未译。孟德斯鸠是法国伟大的启蒙哲学家，著有《波斯人信札》（1721）、《罗马盛衰原因论》（1734）等，《论法的精神》是他最重要的著作，被视为政治理论史和法学史上的巨著。该书实为自由主义政治理论的早期经典著作，它在这方面的价值，主要是分析了自由赖以存在的体制条件，即立法、司法、行政三权分立及其在法律上的相互制约与平衡。哈耶克对孟德斯鸠评价甚高，把这个法国人归入他引为同道的自由主义理论之英国传统。[1]严复之所以要翻译《法意》，是因为它是"法学开山"，"顾后世所以重其人与书者，即以其开山凿空之故，且其书于欧洲二百年风气所关甚巨，故为学者所不可不讨论也。"[2]他还看到，从柏拉图到卢梭，都是依据心理学或自然公理谈政治，依据历史谈政治始于孟德斯鸠。[3]在按语中，他对该书的内容和结构多有批评。[4]但是，他也常常情不自禁地发出赞叹。他从该书得到的主要启发是：自由主义政治语境中的法律观念；对专制体制的批判和对民主体制的肯定；对中国政治文化传统的反省。

第三类是逻辑学著作，有《穆勒名学》、《名学浅说》二种。严复

---

1. 参看哈耶克《自由秩序原理》（上），第64页。

2.《孟德斯鸠法意》，第74、145页。

3. 参看《政治讲义》。《严复集》，第5册，第1245页。

4. 参看《孟德斯鸠法意》，第74、125、145、454、455页。

所接受的是英国传统的西方哲学，他心目中的西学，其社会理论是进化论，其政治学说是自由主义，而作为西学之基础的则是经验论和归纳法。在他看来，在学术的层面上，中国民智的提高依赖于思想方法的转变，而思想方法的转变则依赖于引进和接受西方的逻辑学。

《穆勒名学》，原书是约翰·穆勒的《逻辑学体系》（A System of Logic，1843），翻译于 1900 至 1902 年，出版于 1905 年。穆勒此书被认为对经验主义认识论作了前所未有的最深刻阐述，立足于以联想律为基础的归纳法，视为一切非直觉知识的发源地，但也不忽略演绎法的重要性。严复仅译了上半部。

《名学浅说》，原书是耶芳斯（Willam Stanley Jevons，今译杰文斯，1835—1882）的《逻辑学入门》（Primer of Logic，1876），翻译于 1908 年，出版于 1909 年。杰文斯是英国逻辑学家和经济学家，在逻辑学领域，他是属于波尔学派的符号逻辑论者，重要著作有《纯逻辑学》（1864）、《逻辑学基础教程》（1870）、《逻辑推理的机械演算》（1870）、《科学原理》（1874）等。在《逻辑学入门》中，他高度推崇归纳逻辑，而断定演绎逻辑不能求得新知识。严复是为了给一个女学生讲逻辑学，把这本书当作教材，边翻译边授课的。他自己说，他只用了原书的"义旨"，而并不在乎是否"谨合原文"，所以这只能算一个编译本。

三　对严译的批评

严复以翻译西学名世，赢得时人一片喝彩。但是，从当时到今天，对他的翻译的批评也不绝于耳。值得重视的批评大致有以下三类。

第一，对翻译取向的批评。

在这方面最早提出批评的是王国维，他在1905年说："顾严氏所奉者，英吉利之功利论及进化论之哲学耳，其兴味之所存，不存于纯粹哲学，而存于哲学之各分科。如经济、社会等学，其所最好者也。故严氏之学风，非哲学的，而宁科学的也，此其所以不能感动吾国之思想界者也。"[1] 王国维当时正浸润在德国哲学之中，对何谓纯粹哲学深有体味，因而独能看出严复所介绍的西学并未进入西方哲学的核心。钱锺书于1948年也对严复治西学的取向表示贬薄："几道本乏深湛之思，治西学亦求卑之无甚高论者，如斯宾塞、穆勒、赫胥黎辈；所译之书，理不胜词，乃识趣所囿也。"[2] 他认为严复悟性不足，在西学上的品位不高，大约也含有严复不识西方哲学正宗的意思。

还有一种意见是说严复所译的西学著作比较陈旧。例如，梁启超在1920年说，严译"皆名著也，虽半属旧籍，去时势颇远"；蔡元培在1923年说，严复"所译的书，在今日看起来，或稍嫌旧"。[3] 他们两人都热情肯定严复的翻译功绩，而把这看作美中不足。严复所译其实不全是陈旧之作，至少《天演论》、《社会通诠》二种的原著在当时

---

1. 王国维《论近年之学术界》。《王国维文集》，中国文史出版社，1997，第3卷，第37页。

2. 钱锺书《谈艺录》，中华书局，1984，第24页。

3. 梁启超《清代学术概论》，东方出版社，1996，第89页；蔡元培《五十年来中国之哲学》，《蔡元培选集》上册，第71页。

还是新书。其余的虽属旧籍，但像《原富》、《群己权界论》、《法意》这样的经典作品还是值得译介的。梁启超嫌它们"去时势颇远"，倒是反映了他的实用心态。在西方学术著作的翻译尚是空白的情形下，译题的选择理应根据原著在学术史和思想史上的地位，而非其出版的早晚或时效的大小。正是在实用心态的支配下，西学翻译事业长期进展甚微，直到1934年，情况仍如张星烺所说："大部原书籍，至今尚无一部译出。所输入者，皆断章不全之学说也"，原因就在于人们认为那些经典巨著"无切实用途，近于清谈"。[1]

在上述批评者中，王国维的批评最击中要害。严复把兴趣放在西方的社会、政治、经济理论上，这也不是问题，问题在于他对西方哲学的基本理论并不同时怀有兴趣，对之未尝下过深入研究的功夫。这就使他不能领会他所涉猎的西方社会、政治、经济理论的内在精神和理路，比如说，他在理解自由主义理论时就明显存在着这个缺陷。王国维说他的学风是非哲学的，就是指他不能从哲学上把握西学的根本，这一批评是非常到位的。

第二，对翻译方式的批评。

严复在《〈天演论〉译例言》中提出"信、达、雅"为翻译的原则，这三个字概括得极精辟，已成译界之座右铭。然而，有趣的是，他自己就带头破坏了这个原则，而把它破坏得最严重的恰恰是《天演论》这本书。在这方面，他招致了许多批评。当然也有人说他把三个字都做得非常好的，但对于这种出于无知的盲目赞扬，我们无须理睬。批评者们一般认为，他最下力气的是一个"雅"字，但

---

1. 张星烺《欧化东渐史》，商务印书馆，2011，第113页。

"雅"过了头，便损害了"达"，而做得最差的是"信"。严复后来在《名学浅说》序中承认："中间义旨，则承用原书，而所引喻设譬，则多用己意更之。盖吾之为书，取足喻人而已，谨合原文与否，所不论也。"[1]也就是说，他采用的是意译的方式。其实，意译是他翻译每一种书都或多或少采用的方式，并不限于《名学浅说》和《天演论》。

吴汝纶是严复的年长知交，在世时总是严复译著的第一读者，并为《天演论》、《原富》作序。但是，正是他最早对严复的翻译方式提出批评。在读了《天演论》后，他给严复写信说："若自为一书，则可纵意驰骋；若以译赫氏之书为名，则篇中所引古书古事，皆宜以元书所称西方者为当，似不必改用中国人语。以中事中人，固非赫氏所及知，法宜如晋宋名流所译佛书，与中儒著述显分体制，似为入式。"在读了《原富》部分译稿后，他又写信说："欧洲文字，与吾国绝殊，译之似宜别创体制，如六朝人之译佛书，其体全是特创。今不但不宜袭用中文，并亦不宜袭用佛书，窃谓以执事雄笔，必可自我作古。又妄意彼书固自有体制，或易其辞而仍其体似亦可也。不通西文，不敢意定，独中国诸书无可仿效耳。"[2]他不但反对严复随意改变原著的内容，而且借鉴佛书翻译的历史经验，主张译西书也应别创一种能够反映原著语言形式的新语言形式。桐城派的这位老先生实在是一个悟性很好的人。

严复用古文译西书，是时代使然，同时也是一个时代错误。《原富》出版后，梁启超在《新民丛报》第一号（1902）上推荐，但批

1.《〈名学浅说〉自序》。《名学浅说》，第vii页。
2. 转引自《严复集》，第 5 册，第 1560、1564 页。

评其"文笔太务渊雅，刻意摹仿先秦文体"。[1]严复在给他的信中为自己辩护说："仆之于文，非务渊雅也，务其是耳。"并强调他译书正是要给"多读中国古书之人"读的。[2]就他自己来说，他翻译《原富》时是很注意"务其是"即讲究"信"的，在该书《译事例言》中宣称："是译与《天演论》不同，下笔之顷，虽于全节文理不能不融会贯通为之，然于辞义之间无所颠倒附益。"并特意说明书中的三处缩删及其理由。[3]他用古文译书的确有使士大夫阶层易于接受的意图，但他低估了形势的发展，何曾想到，他心目中可使他不朽的这些译著很快就没有人读得下去了。对于后人来说，它们不再具有西学上的意义，如果不是为了研究西学东渐的历史，也不会有人去读它们了。

这里又要提到王国维，也是在1905年，这个时年二十九岁的青年也正埋头译业，凭着自己的心得，对严复的翻译提出了具体的批评。他指出，西洋学术进入中国，旧语不足用是自然之势，但有日本所造新学语可资借鉴。相比之下，"严氏造语工者固多，而其不当者亦复不少。"举例来说，严复把evolution译作"天演"，就不如日本的译作"进化"，把sympathy译作"善相感"，就不如日本的译作"同情"。他还批评严复于"西洋之新名，往往喜以不适当之古语表之"，例如译space（空间）作"宇"，time（时间）作"宙"，"宇"和"宙"指无限的空间和时间，不能用来指有限的空间和时间，所以在概念上是"举其部分而遗其全体"。最后他总结说："若谓用日本

1.《绍介新著：原富》，《新民丛报》，第一号（1902），第113页。

2. 与梁启超书（1902）。《严复集》，第3册，第516页。

3.《〈原富〉译事例言》。《原富》，商务印书馆，1981，第 xiii 页。

已定之语，不如中国古语之易解，然如侯官严氏所译之名学，古则古矣，其如意义之不能了然何，以吾辈稍知外语者观知，毋宁手穆勒原书之为快也。"[1]

以上的批评都是发生在严复译著陆续发表的过程中。在他完成全部译著和告别翻译事业一段时间之后，中国搞翻译和懂翻译的人多了，他们中间响起了更加尖锐的批评声音。仅举二例。1919年，傅斯年说："严几道先生译的书中，《天演论》和《法意》最糟……这都是因为他不曾对于原作者负责任，他只对自己负责任。""严几道先生那种'达旨'的办法，实在不可为训，势必至于'改旨'而后已。"[2]1931年，瞿秋白说："严几道的翻译，不用说了。他是：译须信达雅，文必夏商周。其实，他是用一个'雅'字打消了'信'和'达'。"对于商务印书馆在这一年重印"严译名著"，他斥之为"是何居心"、"简直是拿中国的民众和青年来开玩笑"。[3]

第三，对译著内容的批评。

"信"是翻译的第一原则，倘若不"信"，"达"和"雅"就没有意义，除非那实际上不是翻译而是创作。一般来说，意译本身就是一种违背"信"之原则的翻译方式，因为它至少不能传达原文的精确含义和语言风格。就原文的含义而言，意译的不"信"又有程度的差别，较好的是把原文的含义基本揣摩对了，较差的是揣摩错了，最差

---

1. 王国维《论新学语之输入》。《王国维文集》，第3卷，第41—43页。
2. 傅斯年《译书感言》。《论严复与严译名著》，第33页。
3. 瞿秋白致鲁迅的信。转引自《鲁迅全集》，人民文学出版社，1973，第4卷，第362—363页。

的是篡改了原文的含义。这些方面严复的情况如何，需要将他的各部译著与原著对照而做具体分析。这项工作的意义仅仅在于，我们藉此可以研究，严复在接受西学时的困难在哪里，原因是什么，并进一步研究中国人接受西学中的一般性问题。在很长时期里，这项工作尚未开始，但已经有人作了下面两个有价值的提示。

其一，张君劢于1923年说："严氏译文，好似中国旧观念，译西洋新思想，故失科学家字义明确之精神。"他举《天演论》中的例子，例如把"不断变迁之过程"（a process of incessant change）译作"运会"，把设有"某行政机关"（some administrative authority）译作"立君"。[1]他提醒我们注意到了一个重要问题，即严复的儒家思想以及他在译著中使用的儒家语言所造成的对西方思想的歪曲。

其二，贺麟于1945年说："他所译述的学说，不是他服膺有心得的真理，而只是救时的药剂"，"他介绍进化论以弱肉强食、物竞天择等观念以警惕国人，他介绍英国的功利主义，以策勉国人努力富强之术；对前说忽略其生物学研究，及其发生的方法，对后者忽略其提倡放任、容忍、自由平等的民主思想，和注重社会福利、改善平民实际生活的生活改革思想。"[2]这大约是关于严复的西学译介受救时和寻求富强的心态之支配的最早的明确提示。这方面的问题真正引起重视，是在美国学者史华兹于1964年出版其专著《寻求富强：严复与西方》之后，该书的基本论点是严复对于富强的关注导

---

1. 张君劢《严氏复输入之四大哲家学说及西洋哲学之变迁》。《论严复与严译名著》，第33页。
2. 贺麟《当代中国哲学》。《严复思想新论》，第76页。

致了他对西方思想尤其是自由主义理论的曲解，而此种关注始终是中国知识界的觉悟的基本特征。[1]史华兹的见解是富有启发性的，应该说是严复研究中的重大突破，但近年来在中国学界中也有人对之提出了较有分量的异议。[2]

---

1. 参看史华兹《寻求富强：严复与西方》，第 127、229、230 页。

2. 参看李强《严复与中国近代思想的转型》，《中国书评》，1999，总第 9 期。

第四章

对社会进化论的接受

一　斯宾塞是严复心目中的"西学圣人"

如果说严复在时人心目中享有"西学圣人"的声望，那么，在他自己的心目中，原汁原味的"西学圣人"就是斯宾塞。他对斯宾塞的崇拜是经常溢于言表的，也是时人所共知的。[1]

斯宾塞穷毕生之精力，构筑了一个包罗万象的庞大哲学体系，其基本思路是用进化论来说明自然、社会和人的一切现象。他的进化论思想不是来自达尔文。在他的早期著作《社会静力学》（1850）中，这一思路已经初步形成。在达尔文发表《物种起源》（1859）前几个月，他已拟订了他的《综合哲学体系》（System of Synthetic Philosophy）方案。他用三十五年时间实施这个方案，陆续出版了五大系列共十卷著作，包括阐述基本公理、作为整个体系的基础的《第一原理》（Frist Principles），以及把基本公理依次运用到各个领域的《生物学原理》（Principles of Biology）、《心理学原理》（Principles of Psychology）、《社会学原理》（Principles of Sociology）和《伦理学原

---

1. 胡汉民："严氏之学本于斯宾塞尔。"（《述侯官严氏最近政见》，《辛亥革命前十年时论选集》，第二卷下册，第 145 页）；蔡元培："严氏所最佩服的，是斯宾塞尔的群学。"（《五十年来中国之哲学》，《蔡元培选集》上卷，第 72 页）。

理》(Principles of Ethics)。完成这一宏大计划时（1893），他已年逾古稀。他的综合哲学实际上是十七世纪自然体系的十九世纪翻版，可视为一个时代错误。一般来说，在康德证明了作为科学的形而上学的不可能之后，构筑说明一切现象的哲学体系这个举动本身就有哲学门外汉之嫌。据说斯宾塞的确是一个不读哲学书的人，他的书房里没有霍布斯、洛克、休谟、康德的著作，他往往是从与朋友的交谈中和通俗读物中汲取知识。[1] 英国政治学家巴克说："由于他不曾系统地读过书，他便自认为颇具创造性，然而他却始终是受从阅读或交谈中得来的肤浅印象的摆布。"[2] 英国哲学家摩尔则从逻辑的角度评论说：斯宾塞自称他的伦理学"以科学为基础"，但一种科学的、有系统的伦理学应该对各基本原理作清晰的探讨，而他离这个要求"无限遥远"。[3] 这些评论也许刻薄了一些，斯宾塞对于社会学学科地位的确立以及通过社会学把政治学纳入文化历史的范围内是有贡献的，但他的哲学体系的确是失败的。那基本上是他所接受的不同思想来源的一个混合体，其中最主要的，一方面是英国的自由主义和功利主义，另一方面是先后从德国唯心主义得来的生命观念和从自然科学得来的普遍进化观念，二者之间存在着显著的冲突，而他便以一个自学者常有的粗率和自信加以抹平，也像一个自学者那样对自己构筑的体系中的自相矛盾和牵强附会之处视而不见。事实上，到十九世纪末二十世纪初，也

1. 参看科恩《十九世纪至二十世纪初资产阶级社会学史》，上海译文出版社，1982，第 36 页。
2. 欧内斯特·巴克《英国政治思想，从赫伯特·斯宾塞到现代》（1915），商务印书馆，1987，第 66 页。
3. 摩尔《伦理学原理》，商务印书馆，1983，第 61 页。

就是严复对他佩服得五体投地的时候，他在英语世界已经没有多大影响了。

然而，严复之所以崇拜斯宾塞，一个重要原因正是折服于斯宾塞建立了一个庞大完备的体系。根据他的自述，他在1881年读了他后来译作《群学肄言》的《社会学研究》一书。估计在此之后，他颇下了一些功夫读斯宾塞的著作。到了1895年及稍后，他在《原强》和《天演论》按语中多次叙述斯宾塞体系的宏大结构，每次都情不自禁地发出惊叹。他赞颂斯宾塞的书"精深微妙，繁富奥衍"。他说：斯宾塞"本天演著《天人会通论》（即《综合哲学体系》），举天、地、人、形气、心性、动植之事而一贯之，其说尤为精辟宏富。""以天演自然言化，著书造论，贯天地人而一理之，此亦晚近之绝作也。""其宗旨尽于第一书，名曰《第一义谛》（即《第一原理》），通天地人禽兽昆虫草木以为言，以求其会通之理，始于一气，演成万物。继乃论生学、心学之理，而要其归于群学焉。夫亦可谓美备也已。"他一再叹道："呜呼！美矣，备矣！自生民以来，未有若斯之懿也"；"呜呼！欧洲自有生民以来，无此作也"。[1] 严复熟悉中国哲学家用语录、章句、短文谈论哲学的方式，现在面对如此洋洋大观而又自成系统的巨著，这样一个看上去既宏伟又严密的体系，因而感到特具魅力。

当然，严复折服于斯宾塞的体系，不仅仅是因为它的大和全，更重要的原因是他从中发现了儒家政治理想的一个极其辉煌的现代版本。斯宾塞通过研究自然科学弄清基本原理，这不是格物致知吗？在弄清基本原理之后再来研究各具体领域的问题，这不是诚意正心吗？

1.《严复集》，第1册，第6、17页；《天演论》，第ix、5页。

把基本原理应用于道德和政治，这不是修身齐家和治国平天下吗？那么，斯宾塞的整个体系不是和《大学》、《中庸》提倡的格致诚正修齐治平的治国路径恰好符合吗？严复的确是这样看的，他说：斯宾塞"宗天演之术，以大阐人伦治化之事……又用近今格致之理术，以发挥修齐治平之事"；"约其所论，其节目支条，与吾《大学》所谓诚正修齐治平之事有不期而合者，第《大学》引而未发，语而不详。"[1]他追述初读《社会学研究》时的体会说："二十年以往，不佞尝得其书而读之，见其中所以饬戒学者以诚意正心之不易，既已深切著明矣。""不佞读此在光绪七八之交，辄叹得未曾有，生平好为独往偏至之论，及此始悟其非。窃以为其书实兼《大学》、《中庸》精义，而出之以翔实，以格致诚正为治平根本矣。"[2]

其实，斯宾塞体系最经不起推敲的部分正是它的哲学基础，他一开始是从谢林等人那里汲取超验的生命概念，形成生命有机体思想的，后来又竭力用自然科学语言来重新阐述这一思想。[3]他把力的持久性设定为第一原理，虽然他承认绝对是不可知的，这个原理只是一个公设，但他仍然通过极为牵强的步骤由之推导出了普遍进化规律，又进而用这个规律来解释一切现象。[4]在演绎和论证过程中，他依次涉及了数学、逻辑学、力学、化学、天文学、地质学、生物学、心理学各个领域，最后才进入社会学和伦理学领域，因此，他就觉得有理由要求他的读者，在学习他的社会学理论之前也首先把这个顺序走一遍。

1.《〈原强〉修订稿》、《原强》。《严复集》，第 1 册，第 16、6 页。

2.《群学肄言》，第 vii、xi 页。

3. 参看巴克《英国政治思想》，第 60、61 页。

4. 参看梯利《西方哲学史》，第 587—590 页。

在《社会学研究》中，他谆谆教导读者，以上这些科目的学习是进入社会学的不可缺少的训练和准备。事实上，如果说他在社会学和政治学领域中确有洞见，也和他搜集来的这些自然科学知识何尝相干。可是，严复却被这种科学的外表迷惑住了，在他眼中，这恰好表明斯宾塞的社会政治理论是以"格致之学"即科学为基础的。他列举了斯宾塞要求我们预习的这些学科，然后说："夫唯此数学者明，而后能修齐治平，用以持世保民，以日进于郅治馨香之极盛也……虽文、周生今，未能舍其道言治也。"[1] 在他翻译的《群学肄言》中，《缮性》《宪生》《述神》三篇是专讲这些自然科学学科的预习的，出于上述理由，他对这三篇给予极高的评价，誉为"真西学正眼法藏"[2]。

不过，斯宾塞是一个典型的西方学者，无论他所阐述的社会学与自然科学之间的联系多么牵强，他所注重的毕竟仍是学理上的联系。严复就不是这样了，在儒家思想的支配下，他之重视格致，最终的目的始终是修齐治平。斯宾塞是把社会学看作一门客观的科学的，严复对此也并非不知，如此写道："群学何？用科学之律令，察民群之变端，以明既往、测方来也。"[3] 但是，他更看重的是它对现实政治的功用，更强调群学能够"明治乱盛衰之由"，揭示"一国盛衰强弱之故，民德醇漓合散之由"，"故学问之事以群学为要归，唯群学明而后知治乱盛衰之故，而能有修齐治平之功。鸣呼，此真大人之学矣！"[4] 朱熹

1.《原强》。《严复集》，第1册，第6页。

2.《〈群学肄言〉译余赘语》。《严复集》，第1册，第126页。

3.《译〈群学肄言〉自序》。《严复集》，第1册，第123页。

4.《译〈群学肄言〉自序》、《〈原强〉修订稿》。《严复集》，第1册，第123、17、18页。

释《大学》为"大人之学"[1]，实即治国者的学问。在严复眼里，斯宾塞的社会学说真正是治国者的学问。

在严复的八部主要译著中，他如此推崇的斯宾塞的著作只占一部，这似乎是令人费解的。他在《天演论》按语中提到："人道始群之际，其理至为要妙。群学家言之最晰者，有斯宾塞氏之《群谊篇》，拍捷特《格致治平相关论》二书，皆余所已译者。"[2]拍捷特（Walter Bagehot，今译白哲特，1826—1877）的《格致治平相关论》即《物理学与政治》(Physics and Politics)，《群谊篇》大约是《伦理学原理》中的一编，这两种译著均未见流传。在《天演论》出版后一年（1899年），严复在给张元济的信中还表示想译拍捷特的《格致治平相关论》，照此推论，这两种书他事实上大约都没有译出，至少没有译完。在同一封信中，他还提到他有翻译斯宾塞《天演第一义海》（即《第一原理》）的计划。谈及什么书最值得译，在"最为出名众箸之编"的"大部政法要书"中，他单单举出斯宾塞《群学》（应指《社会学原理》）一书，但又表示："斯宾塞《群学》乃毕生精力之所聚，设欲取译，至少亦须十年，且非名手不办。"[3]最后的结果是清楚的，这两种大书都没有译出，原因当然是太大，也就是他在《天演论》按语中谈及《第一原理》时说的"其文繁衍奥博，不可猝译"[4]。除此之外，他还提到过，斯宾塞在五大《原理》之外有"杂著"数十篇，"而《明

1.《宋元人注四书五经》，中国书店，1985，上册，《大学章句》第 1 页。

2.《天演论》，第 30 页。拍捷特，英国保守的自由主义者，在《物理学与政治》中运用进化论分析社会，着重阐述了渐进主义观念。

3.《与张元济书》(1899 年 4 月 5 日)。《严复集》，第 3 册，第 527 页。

4.《天演论》，第 6 页。

民论》、《劝学篇》二者为最著"。[1]《明民论》应是斯宾塞1859年发表的《论教育》，看来也是他想译而没有译的。《劝学篇》实即《群学肄言》的前二篇，后来他译出了这整本书，并且仅仅译出了这一本书。

二 进化论与自强保种

在中国现代思想史上，《天演论》的出版是最有戏剧性的事件之一。这本书的原著是赫胥黎的《进化与伦理》，内容本是赫胥黎对社会达尔文主义的批评，可是，经严复译成《天演论》出版之后，竟成了进化论风靡中国思想界的导因，也一举奠定了严复的西学第一人地位。书出版前，梁启超、康有为等一班维新人士即已兴奋地传阅译稿，称羡不已。书出版后，更是迅速誉满全国，以至于小学教师拿来做课本，中学教师用"物竞天择，适者生存"做作文题，人们竞相翻刻，十多年内竟出现了三十多种版本。[2]对当时情景叙述得最生动的是胡适的一段被广泛引用的回忆：《天演论》出版之后，不上几年，便风行到全国，竟做了中学生的读物了。读这书的人，很少能了解赫胥黎在科学史和思想史上的贡献，他们能了解的只是那'优胜劣败'的公式在国际政治上的意义。在中国屡次战败之后，在庚子、辛丑大耻辱之后，这个'优胜劣败，适者生存'的公式确是一种当头棒喝，给了无数人一种绝大的刺激。几年之中，这种思想像野火一样，延烧着

1.《〈原强〉修订稿》。《严复集》，第1册，第17页。

2. 参看王栻《严复传》，第43、44页。

许多少年人的心和血。'天演'、'物竞'、'淘汰'、'天择'等等术语都渐渐成了报纸文章的熟语,渐渐成了一班爱国志士的口头禅。"[1]蔡元培也说:"自此书出后,'物竞'、'争存'、'优胜劣败'等词,成为人人的口头禅。"[2]当时许多人用"竞存"、"天择"之类给自己或子女起名,胡适自己也是在这时候改名为"适"的,可见一时风气之盛。

　　严复为什么要翻译《进化与伦理》?据我看,这有很大的偶然性。赫胥黎的原著出版于1884年,而严复开始译这本书是在同一年[3],所以是刚刚读到,趁印象十分新鲜就动手翻译的。这本书篇幅小,翻译不需太多时间,这是促使他立刻动手的一个理由。他在译作出版后谈到过这一点:"若仅取小书,如复前译《天演论》之类,固亦无难"。[4]在内容上,这本书也有足以使他发生兴趣的地方。首先,赫胥黎是当时英国进化论学派的重要代表,此书的主题是进化论适用于社会领域的限度,在展开这个主题时,他一方面必然对进化论的基本思想有所阐述,另一方面又在与相反的观点进行论战,论战的主要对象实际上就是严复所崇拜的斯宾塞。不管严复自己对进化论学派内部的这一争论持何种立场,对此书的翻译和评论都提供了一个机会,使他得以交代他在进化论方面所积累的知识和感想。其次,原书有相当篇幅涉及西方哲学、婆罗门教、佛教的内容,严复对这些内容尤其佛教颇有兴趣和心得,事实上在按语中做了许多发挥。不过,这些都不是他非要

1. 胡适《四十自述》。《胡适自传》,黄山书社,1986,第46页。

2. 蔡元培《五十年来中国之哲学》。《蔡元培选集》上册,第71页。

3. 从王栻说,他曾看到光绪乙未三月(1895年4月)陕西味经售书处重刊的《天演论》本,据此推测严复很可能在1894年就已译成。见《严复传》,第41页。

4.《与张元济书》(1899)。《严复集》,第3册,第527页。

翻译这本书的充足理由。从他的翻译方式看，原始文本是什么其实并不太重要，他通过改写、添加和大量按语所表达的是自己的观点，我们完全可以设想他用别的文本也能达到同样的目的。

应该说，当时国人读《天演论》只读出了"优胜劣败，适者生存"或"物竞天择，适者生存"八个字，未免太简单化了。对于这一点，上引胡适的话已含批评的意思。蔡元培也指出，严复在按语中谈到了自由主义的某些原理，但"大家都不很注意"。[1]可是，公平地说，严复自己对于国人的普遍误读要承担一定的责任。他在译《天演论》自序中说：赫胥黎的这本书"于自强保种之事，反复三致意焉"。[2]读过原书的人知道，赫胥黎一次也没有谈到"自强保种之事"，遑论"反复三致意焉"。这明显是误导。《天演论》中的确有这方面的内容，但或者是严复自己添加的，或者是他在按语中说的。我们无法否认，无论是严复翻译《天演论》的动机和方式，还是国人接受《天演论》的动机和方式，都直接受着甲午战败后民族存亡的强烈危机感的支配。人们常说，《天演论》敲响了祖国危亡的警钟。的确，严复通过《天演论》真正想做的事是敲响这一声警钟，国人分明听到的也是这一声警钟。

"物竞天择，适者生存"这八个字出自达尔文《物种起源》（1859）第三章的标题"生存斗争"和第四章的标题"自然选择；即最适者生存"。在《天演论》尚未出版的1895年，严复就已在《原强》中介绍《物种起源》。该文开篇设问："今之扼腕奋舌，而讲西学，谈洋务者，亦知五十年以来，西人所孜孜勤求，近之可以保身治生，远之可以利

---

1. 蔡元培《五十年来中国之哲学》。《蔡元培选集》上册，第71页。
2.《天演论》，第 x 页。

民经国之一大事乎？"然后通过介绍《物种起源》告诉我们，这件大事就是进化。他特别概述了原书第三、四章的基本思想，把标题分别译作"争自存"和"遗宜种"，在修订稿中译作"物竞"和"天择"。"物竞者，物争自存也；天择者，存其宜种也。意谓民物于世，樊然并生，同食天地自然之利矣。然与接为构，民民物物，各争有以自存。其始也，种与种争，群与群争，弱者常为强肉，愚者常为智役。及其有以自存而克遗种也，则必强忍魁桀，矫捷巧慧，而与其一时之天时地利人事最其相宜者也。""动植如此，民人亦然。民人者，固动物之类也。"[1] 在《天演论》"导言一"中，结合原书谈到生存斗争和自然选择的地方，严复在译文中加进自己的话，也对"物竞天择"的含义作了内容相似的解说。[2]

　　众所周知，达尔文提出进化理论，是为了解释地球上多样化物种的起源，"生存斗争"和"自然选择"又是解释进化的动力和机制的。他认为，一切生物都有通过繁殖高速率增加的倾向，而生存的条件是有限的，因此必然发生生存斗争。同时，由于环境的变化，生物个体必然不断发生变异。这样，在生存斗争中，那些有利于某一生物在特定环境中生存的变异就会得到保存和积累，相反的则遭到毁灭，如此缓慢地朝性状和物种多样化的方向发展，这个过程就叫自然选择。就我们这里讨论的问题而言，达尔文学说有两点最值得注意。第一，在《物种起源》中，达尔文仅限于谈生物界中的物竞天择，没有把这个理论应用于社会。后来，在《人类的由来及性选择》(1871) 中，他虽然谈到了自然选择在社会中的作用，但始终强调这种作用是次要

1.《严复集》，第 1 册，第 5、16 页。

2. 参看《天演论》，第 2—3 页。

的。[1]第二，在《物种起源》中，变异、生存斗争和自然选择都是在生物个体的层次上发生的，只有其后果可能会显现在种群的变迁上。[2]在《人类的由来及性选择》中，达尔文谈到了人类部落与部落之间的斗争，以及其成员具有较强社会本能的部落在此斗争中的有利地位，并认为这大概是一种自然选择。在做这种延伸的时候，他主要限于人类早期，而且口气是不肯定的。[3]斯宾塞把进化论应用到了社会领域，不过，他倾向于认为，生存斗争和自然选择理论只宜用于社会内部的个体之间，在文明达到一定阶段后不宜用于种族之间。[4]可是，严复在介绍《物种起源》中的思想时，第一把物竞天择扩大到了"民人"即社会领域里，第二把它解释成了一开始就是"种与种争，群与群争"乃至"国与国争"[5]。我们虽可理解导致这样曲解的心情，却不能否认这毕竟是曲解。一般来说，达尔文、斯宾塞、赫胥黎这些西方思想家对于物竞天择尽管有不同理解，但大致都能把它作为一个理论问题来处理，无须牵动感情。严复就不然了，作为备受列强侵略的民族的一员，这个话题不能不牵系着他对民族命运的深刻忧虑。

在《天演论》中，通过按语或在译文中的添加，严复也常常表达他的这种忧虑，下面略举几例。

原书导论第一节第十段谈到：所有生物都倾向于无限制地进行繁殖，而维持生命的手段是有限的，由此造成的生存斗争是选择的动

---

1. 参看达尔文《人类的由来及性选择》，科学出版社，1982，第 167、172 页。

2. 参看达尔文《物种起源》，第一分册，商务印书馆，1963，第 92、99 页。

3. 参看达尔文《人类的由来及性选择》，第 158、161、173 页。

4. 参看斯宾塞《社会静力学》，张雄武译，商务印书馆，1996，第 230、231 页。原书 1850 年初版，该译本依据的是 1892 年节略修订版。

5.《原强》。《严复集》，第 1 册，第 5 页。

力，从而也是进化的动力。[1] 这完全是对达尔文的物竞天择原理的转述。严复在此（《天演论》导言三）加按语说："资生之物所加多者有限，有术者既多取之而丰，无具者自少取焉而啬，丰者近昌，啬者邻灭。此洞识知微之士，所为惊心动魄，于保群进化之图，而知徒高睨大谈于夷夏轩轾之间者，为深无益于事实也。"[2]

原书导论第二节讨论园艺过程与宇宙过程的对抗关系，其中第一段谈到：人造的园地一旦停止管理，本地原有的植物又会占据优势。[3] 严复在此（导言四）借题发挥，发了一大篇议论，大意是说：赫胥黎所说的情况只适用于封闭的环境，环境一旦开放，外种闯入，就会发生剧烈的竞争。"往往年月以后，旧种渐湮，新种迭盛。此自舟车大通之后，所特见屡见不一见者也。"不但动植物是这样，人种也是这样，美洲、澳洲的土著大幅度减少就是显例。结论是："物竞既兴，负者日耗，区区人满，乌足恃也哉！乌足恃也哉！"[4]

在原书导论第十二节中，赫胥黎强调生存斗争和自然选择的原理在社会内部不能适用，并且尖锐地批判和讽刺了相反的主张。[5] 严复在这一节的末尾（导言十五）添加了一段原书中没有的话："虽然，今者天下非一家也，五洲之民非一种也，物竞之水深火烈，时平则隐于通商庀工之中，世变则发于战伐纵横之际。是中天择之效，所眷而存者云何，群道所因以进退者奚若？国家将安所恃而有立于物竞之余？

---

1. 参看赫胥黎《进化论与伦理学》，科学出版社，1971，第5页。

2. 《天演论》，第12页。

3. 参看赫胥黎《进化论与伦理学》，第7页。

4. 《天演论》，第13—14页。

5. 参看赫胥黎《进化论与伦理学》，第26页。

虽其理诚奥博，非区区导言所能尽，意者深察世变之士，可思而得其大致于言外矣夫。"[1]

这三处按语或添加，恰好是"于自强保种之事反复三致意"，不过行此"反复三致意"的不是赫胥黎，而是严复自己。

三　进化与进步

现在我们来讨论赫胥黎《进化与伦理》一书的基本思想，以及严复通过《天演论》所表达的相应观点。赫胥黎的原书分两部分，一是他在牛津大学的讲演，另一是在出版时加上的导论。这本书有明显的论战性质，虽然没有指名道姓，但从所批驳的论点看，斯宾塞显然是反方主要代表。争论围绕着两个问题，一是进化是否就是进步，有没有一个作为其目的的至善境界，二是社会过程与自然过程是不是一回事，物竞天择在社会领域内是否也适用。这两个问题有着紧密的联系，因为如果自然过程总是在向着一个至善的境界演进，我们当然就没有必要把社会过程从自然过程中区分出来，大可听任物竞天择的法则在社会领域内自动发生这个美好的作用。

我们先来看所争论的第一个问题上的情况。

把进化等同于进步无疑是一种目的论观念。目的论是一种古老的宇宙观，在十九世纪后半叶，因为进化论的产生，这种宇宙观再度兴起并以科学的面目出现，而且向社会历史观领域延伸。不过，责任不

1.《天演论》，第 35 页。

在达尔文。达尔文本人仅在有限的范围内和有限的意义上承认进化是一种进步，他认为，在生物界，自然选择能够导致大多数生物对于外界条件的关系日益改进，其体制逐渐进步，进步的标准是生物器官的分化量和机能的专业化。但是，由于自然选择所利用的生物的那些变异是偶然发生的，因此，在生物个体对环境的适应中和整个生物界的进化中都不存在目的性。大量低等生物仍继续存在，这正说明了"自然选择即最适者生存不一定包含进步性的发展"。[1]

与达尔文不同，斯宾塞是一个目的论的进化论者，这在很大程度上也许可以归因于他的进化论完全是一个演绎体系。从力的持久性这个第一原理出发，经过一番我们不必深究的复杂的推理过程，他终于把整个宇宙描述为一个从不确定的、无联系的同质状态向确定的、有联系的异质状态发展的进化过程。[2] 对于有机体来说，这是一个个体化的过程，有机体越高级，个体化就越完全。个体化变得完满是整个宇宙所趋向的状态。[3] 有机体进化的决定因素不是达尔文所说的对偶然变异的自然选择，而是有机体本身对外界的适应，它不断在有机体中产生新的平衡。最终的理想状态是完全适应亦即绝对平衡。在人类社会中，在同样的进化规律支配下，人类的机能最后必然也会被训练成完全适应，从而使人变得完美无缺。[4] 摩尔正确地指出：达尔文的理论只是说明了某种生物学效果即最适者生存的原因，对此效果是善是恶并不妄加判断。"进化的"不等于"高级的"、"好的"，"最适者"只是

---

1. 《物种起源》，第一分册，第 143、144 页。

2. 参看梯利《西方哲学史》，第 590 页。

3. 参看《社会静力学》，第 245、249 页。

4. 参看《社会静力学》，第 24、27、28 页；巴克《英国政治思想》，第 64 页。

最适于生存者，不等于最适于达到一个善的目的者，而斯宾塞把两者混为一谈了。[1]

"适应"并无道德上的含义，"最适"不必是"最好"，因而"适者生存"未必导致进步，这正是赫胥黎在《进化与伦理》中一再强调的论点。[2] 但是，我们看到，在涉及这个论点的地方，严复往往没有把原意译出，有时甚至译成了相反的意思。

例如，原书导论第一节第五段中写道："在生物界，这个宇宙过程的最鲜明特征之一是生存斗争，每一物种与所有其他物种之间的竞争，其结果是选择，这就是说，那些总体上最适应于任一时期所遇上的环境的形态得以继续生存，所以，在这方面，也仅仅在这方面，它们是最适者。"[3] 在严复的译文（导言一）中，添加了许多话阐述物竞天择的道理，却把最后所强调的对"最适者"的含义加以严格限制的话删去了。[4]

原著导论第十四节谈到，所谓"社会中的生存斗争"实际上是争取享受资料而非生存资料的竞争，唯有在社会最底层中才存在着类似于自然状态中的生存斗争，其人数不超过二十分之一，但他们在素质上决不是最弱者和最劣者。然而，即使争取享受资料的竞争能够公平地进行，这个过程与自然状态中的生存斗争也并无真正相似之处。"竞争的幸存者，即继续形成政体之主体的人，将不是那些达到最高峰的

1. 参看摩尔《伦理学原理》，第54—56页。
2. 参看《进化论与伦理学》，第56—57页。
3. Thomas H. Huxley. Evolution and Ethics and Other Essays. London，1903. P.4. 参看《进化论与伦理学》，第3页。
4.《天演论》，第3页。

'最适者'，而是中等'适者'大众，他们的数量和超常的繁殖力使他们总能压倒有杰出天赋的少数。"[1]严复把引号内的这段话译为（导言十七）："是故任天演之自然，而去其牵沮之力，则一群之众，其战胜而亨，而为斯群之大分者，固不必最宜，将皆各有所宜，以与其群相结。其为数也既多，其合力也自厚，其孳生也自蕃。夫以多数胜少数者，天之道也，而又何虑于前所指二十而一之莠民也哉，此善群进种之至术也。"[2]赫胥黎其实是在遗憾地表示，即使在贯彻自由竞争原则（它与生存斗争是两回事）的民主政体下，社会上的"适者"主体也是平庸者而非优秀者。严复显然把他的意思弄反了，一则仍说"任天演之自然"亦即生存斗争是"善群进种之至术"，二则把"多数胜少数"中的"少数"由原文所指"有杰出天赋的少数"改成了"前所指二十而一之莠民"，也就是赫胥黎认为不该沦到最底层的那些不幸者，于是平庸多数压倒优秀少数的遗憾也就变成了多数良民战胜少数"莠民"的大好事。

在自然界的生存斗争中，"适者"仅是对于特定环境的适应者，而未必是优秀者，这证明了宇宙过程并没有一个道德目的。正是基于这个理由，赫胥黎才强调必须把社会进程从宇宙进程中区分开来，社会进程意味着用合作取代生存斗争，用"自我约束"取代"自我伸张"，用伦理过程对抗宇宙过程。但是，他承认，人类毕竟处在宇宙过程的大范围内，从长远看，伦理过程终究敌不过无比强大的宇宙过程。因此，"进化论并不鼓励对千世盛年的预测。"总有一天，我们的

---

1. Evolution and Ethics and Other Essays. P.42. 参看《进化论与伦理学》，第 29 页。
2.《天演论》，第 43 页。

地球会由上升道路转入下降道路。[1]对于赫胥黎的这种悲观主义宇宙观，严复尤感抵触，进行了激烈的反驳。

在导言十五的按语中，严复概括说："赫胥黎氏是书大指，以物竞为乱源，而人治终穷于过庶。此其持论所以与斯宾塞氏大相径庭，而谓太平为无是物也。斯宾塞则谓事迟速不可知，而人道必成于郅治。"然后转述斯宾塞在《生学天演》（《生物学原理》）第十三篇"论人类究竟"中的观点："体合者，进化之秘机也……盖恶劳好逸，民之所同，使非争存，则耳目心思之力皆不用，不用则体合无由，而人之能事不进。是故天演之秘，可一言而尽也。天惟赋物以孳乳而贪生，则其种自以日上，万物莫不如是，人其一耳。进者存而传焉，不进者病而亡焉……"[2]他对这个观点深表赞同。

原书讲演部分第九节是集中论述自然状态中进化过程的非道德性及其不能用于人类社会的理由的，严复的断语是："通观前后论十七篇，此为最下。"然后又详述斯宾塞关于进化必导致进步的观点："夫斯宾塞所谓民群任天演之自然，则必日进善不日趋恶，而郅治必有时而臻者，其竖义至坚，殆难破也。何以言之？一则自生理而推群理。群者，生之聚也，今者合地体、植物、动物三学观之，天演之事，皆使生品日进……然于物竞天择二义之外，最重体合，体合者，物自致于宜也。彼以为生既以天演而进，则群亦当以天演而进无疑。而所谓物竞、天择、体合三者，其在群亦与在生无以异，故曰任天演自然，则郅治自至也。"[3]

1. 参看《进化论与伦理学》，第56—60页。
2.《天演论》，第37页。
3.《天演论》，第89—90页。

在上述两段按语中，严复和赫胥黎针锋相对，旗帜鲜明地拥护斯宾塞的两个论点：一、进化即进步，天演必使生品日进；二、这一道理同样适用于社会，天演也必使人道臻于郅治。若问进化何以有此奇效，则秘密在于"体合"即适应，无论生物还是社会都能通过适应的机制提高其品质，向完善的目标发展。斯宾塞的适应理论集中体现了他的进化论的目的论性质，而严复对之是全盘接受的。

在原书中，赫胥黎四次（导论一有两处，导论十五、讲演九各一处）论及地球上的进化过程既包括前进发展的阶段，也包括倒退蜕变的阶段，并声明这是他二十多年来反复坚持的论点。[1]在译文中，严复删去了前二处（导言一、二），保留了后两处（导言十八，论十七）。[2]在导言十八这一处，他加上了一句话："我曹何必取京垓世劫以外事，忧海水之少，而以泪益之也哉？"这当然是他自己的感叹，大有杞人忧天之讥。可是，对于赫胥黎来说，这可不是杞人忧天，用漫长的地质年代的眼光来看地球上生命和人类生存的短暂性，这足以使我们保持清醒，不再盲目主张进化仿佛是以人类的诞生为目的的，甚至是以人类的完美境界为目的的。

自严复引入进化论思想以来，把进化等同于进步是一种普遍的误解，而这种误解又顺理成章地为人们后来接受目的论的社会历史观准备了条件。因此，考察这种误解的由来和影响，应是中国现代思想史研究中一个值得注意的课题。

---

1. 参看《进化论与伦理学》，第3、4、31、59页。
2.《天演论》，第45—46、94页。

四 自然过程与社会过程

从总体上说，人类本身，包括人类的社会生活，终究是宇宙的一个组成部分，是自然进化过程的产物。对于这一点，所有的进化论者都不会有异议。争论在于，人类社会一旦形成以后，或者至少在达到一定的文明程度以后，进化规律在社会生活中是否还起作用，如果起作用，这种作用究竟有多大。换句话说，是否如同在自然过程中那样，生存斗争仍是维系和推动社会过程的基本力量，抑或另有一种基本力量，那种力量是要限制甚至排除生存斗争的。

在《天演论》中，严复把这一争论概括为"任天为治"与"与天争胜"之争。他在自序中说："赫胥黎氏此书之旨，本以救斯宾塞任天为治之末流"。[1] 从这句话看，他似乎不赞成斯宾塞过分强调"任天为治"的立场，而对赫胥黎"与天争胜"的观点是比较肯定的。人们常常据此断定，严复的立场是会通两种对立观点。但是，如果考察他所发表的具体意见，我们会看到，他基本上仍是站在斯宾塞立场上批评赫胥黎的。

人身上除了有求自己生存的生物本能之外，还有一种对他人的生存要求也予以承认和理解的倾向，这种倾向也许可称作社会本能。如果只有前一种本能，没有后一种本能，社会就必然解体。亚当·斯密在《道德情操论》中首先提出，"同情"也是人的一种本性，他用这个概念指对他人任何一种强烈情感的同感。[2] 英国进化论者大致上都

1.《天演论》，第 x 页。

2. 参看亚当·斯密《道德情操论》，商务印书馆，1997，第 5—7 页。

采用斯密的说法，把同情视为人的道德情感的根源和社会本能的基础。作为进化论者，他们大致上也都认为，同情和社会本能最初是进化的产物，是人类的动物祖先和早期人类在生存斗争的过程中逐渐形成的。

在《进化与伦理》中，论及人的社会本能的起源时，赫胥黎指出了两点，一是因为人的幼年期较长而造成的强烈的亲子之爱，另一是由善于模仿的特性发展而来的同情，二者都属于人的官能上的需要。[1]对于后一点，严复批评说："赫胥黎保群之论，可谓辨矣。然其谓群道由人心善相感而立，则有倒果为因之病，又不可不知也。盖人之由散入群，原为安利，其始正与禽兽下生等耳，初非由感通而立也。夫既以群为安利，则天演之事，将使能群者存，不群者灭：善群者存，不善群者灭。善群者何，善相感通者是。然则善相感通之德，乃天择以后之事，非其始之即如是也。其始岂无不善相感通者，经物竞之烈，亡矣，不可见矣。赫胥黎执其末以齐其本，此其言群理，所以不若斯宾塞氏之密也。"[2]在这里，严复的批评实际上是无的放矢的。赫胥黎强调"善相感通"即同情对于保群的重要性，但并未否认同情是进化的产物。关于同情——确切地说，造成同情的善于模仿的特性——一开始是怎样通过漫长的生物进化过程在人类祖先身上形成的，这个问题过于复杂，赫胥黎没有涉及。严复所说的是另一个问题，即同情特性初步形成之后，在群与群之间的生存斗争中，这一特性发挥得好因而能群善群者生存下来了，反之则灭亡了。这已经是以同情的存在为前提，进一步论述这一特性在人类早期生存斗争中发挥

---

1. 参看《进化论与伦理学》导论 10、12。
2.《天演论》，第 32 页。

作用和继续进化的问题。而这恰恰是赫胥黎作了充分论述的问题，他一再谈到，在与自然状态及作为自然状态一部分的其他社会的生存斗争中，那些其成员有足够的同情心因而合作得好的社会处于有利地位，往往是生存者。[1]

斯宾塞的社会学也是以确认人的同情特性的存在为前提的。他认为，人一方面有"个人权利本能"，要求实现自己的能力，为此需要自由作为其条件，另一方面有同情心，因而能够认知他人的同等权利，尊重他人的自由。他承认后一论点得自斯密，但他做了一个补充，强调同情心是由个人权利本能激发的，是个人权利本能的一种同情的影响。同情心是道德的根源，由之产生出了公正、仁慈等一切美德。[2] 他还提出过一个引起达尔文和穆勒重视的论点：人类世代的功利经验可能会产生相应的变异，并通过积累和遗传而成为道德直觉的能力，它在个人功利经验方面没有明显基础。[3] 这实际上是谈在同情心的基础上人类道德能力的继续进化问题，并不涉及同情心本身的起源问题。

人及其社会本能是自然进化过程的产物。在人类早期，人的社会本能还要经历也许相当长期的自然进化过程，这主要是通过群与群之间的生存斗争实现的。对于这两个论点，进化论者大约都不会不同意。但是，能不能因此得出结论说，人的社会特性的发展就一直受着自然进化规律的支配，社会过程在性质上与自然过程没有区别了呢？

---

1. 参看《进化论与伦理学》，第 24 页。
2. 参看《社会静力学》，第 47 页。
3. 参看达尔文《人类的由来及性选择》，第 150 页；梯利《伦理学概论》，中国人民大学出版社，1987，第 47 页。

这才是赫胥黎与斯宾塞发生严重分歧的地方，也是《进化与伦理》试图阐明的中心问题。

在序言中，赫胥黎把他的观点概括为一句话："伦理本性虽然是宇宙本性的产物，但它必然是与产生它的宇宙本性相对抗的。"[1] 要判断伦理本性是否与宇宙本性相对抗，当然首先必须对宇宙本性下一界定。赫胥黎对宇宙本性的理解，用一个概念来表达，便是"自我伸张"（self-assertion）[2]。与之相对应，他把伦理本性概括为"自我约束"（self-restraint）。他用以区分二者的标准实际上是对生存斗争的关系，"自我伸张"是生存斗争原则的贯彻，是一切个体在此斗争中不择手段坚持自己生存权利的秉性，"自我约束"则是对这种秉性的约束和对生存斗争的抑制。生存斗争只以对环境的适应为标准来选择适者，它不知道道德为何物。如果说道德情感一开始也是进化的产物，那么，这种情感之被选择并不是因为它合乎道德，而仅是因为它有利于生存。正像赫胥黎所指出的，不道德的情感同样也是进化而来的，宇宙进化只能说明我们称之为善的倾向和我们称之为恶的倾向是怎样来的，不能说明为何前者比后者可取。[3] 也就是说，只能说明一定特性的来源，不能说明我们用以对这些特性做出道德评价的那种内心尺度的来源，后者是不同于宇宙过程的另一种过程的产物，他把这个过程称作伦理过程。虽然造就人类社会极大部分原始结合的情感是在自然进化过程中形成的，但宇宙过程能做的事仅止于此，唯有在后来的伦理过程中，这种原始情感才逐步发展成为"良心"，即"有组织的和人

1.《进化论与伦理学》，第ⅲ页。

2.《进化论与伦理学》中译本译作"自行其是"。

3. 参看《进化论与伦理学》，第 56 页。

格化了的同情心"。[1]

社会进程意味着伦理过程一步步取代宇宙过程。"社会的文明越幼稚，宇宙过程对社会进化的影响就越大。社会进展意味着对宇宙过程每一步的抑制，并代之以另一种可以称为伦理的过程。""如果这种伦理过程进展到能保证社会中每个成员都获得生存资料的程度，那么在那个社会中人与人之间的生存斗争事实上就结束了。"[2]赫胥黎认为，在他的时代，包括英国在内的最文明的国家已经走到了这一步。严格地说，为获得享受资料而进行的竞争不再属于生存斗争的范畴，因而也就不再允许实行"适者生存"的原则。不过，既然人类始终是自然界的一部分，广义的生存斗争仍然是存在的。这主要是指人类与外部自然状态的斗争，可能还包括一个社会群体与其他社会群体之间的斗争。由于伦理过程在一个社会的内部制止了生存斗争，加强了社会结合，因此，它有利于增进这个社会作为一个共同体在上述斗争中的生存机会。[3]但是，人从动物祖先那里继承来的"自我伸张"天性依然是在与外界自然状态斗争中取胜的基本条件之一，如果伦理过程对之约束过多，又会使一个社会在上述斗争中处于不利地位。所以，看来问题是如何在"自我伸张"与"自我约束"这两种相反的倾向之间达成一种平衡，目标是既抑制住一个社会内部的生存斗争，又不损害它在外部的生存斗争中的竞争力量。

事实上，斯宾塞也并不否认社会状态与自然状态的区别。在《社会静力学》修订版中，他谈到，人类经历着从野蛮阶段的掠夺性生活

1.《进化论与伦理学》，第21页。

2.《进化论与伦理学》，第57、25页。

3. 参看《进化论与伦理学》，第25页。

到社会性状态的过渡，后者要求每人在满足其机能时不侵犯其他个人的类似满足。社会性状态遵循"同等自由的法则"，即："每个人的自由只受一切人同样自由的限制"。"自由是个人正常生活的先决条件，而同等自由则成为社会正常生活的先决条件。"因此，他又把这一法则称作"正确的社会关系的法则"、"社会有机体的重要法则"。[1]在《社会学原理》第一卷的结尾，他甚至明确区分了两种进程：在自然界的生命进程中，每一个单位都尽量扩充其个体自我维护的权利；在人类社会的伦理进程中，每一个单位通过放弃自我维护以使其自身与其他单位相协调。然而，正如巴克在引述了这一论点之后所指出的：不管多么自相矛盾，斯宾塞与此同时仍然谈论着作为社会法则的适者生存。[2]

斯宾塞清楚地知道社会过程具有不同于自然过程的性质，但是，出于体系的需要，他必须把这两种过程统一在进化论的原理之下，这使他不可避免地会陷入自相矛盾。他把同等自由原则确立为社会学的第一原理，按照他的解释，社会性状态是受同等自由原则支配的状态，而社会过程就是这种状态从产生逐步走向完全实现的过程。同等自由包含两个方面，一方面是基于"个人权利本能"的个人的自由，另一方面是基于同情心的对他人自由的尊重。这两个方面与赫胥黎所说的"自我伸张"和"自我约束"其实很接近。前一个方面似乎不难用进化论来解释，斯宾塞把它解释为个人运用和发展其机能的过程，而机能得到满足的状态就叫做幸福。无数个人争相满足机能的过程受适应法则的支配，机能运用和发展得好的适者得以生存，不适者被淘

---

1. 参看《社会静力学》，第 27、42、43、52、228、251 页。

2. 参看巴克《英国政治思想》，第 90 页。

汰，这样逐渐使社会由个体素质高的人组成。用进化论解释后一个方面应该说是十分困难的，但斯宾塞自有应付这个困难的诀窍，这个诀窍仍是他的万能的适应法则。他的逻辑是这样的：既然对他人同等权利的尊重是自己权利得到保证的必要条件，那么，只有服从同等自由法则亦即适应社会性状态的人才有权生存，不适应者也应被淘汰。因此，适者生存的原埋在社会领域中同样适用。他强调："让我们永远不要忘记，法则是适应环境，不管环境是什么样的。"[1] 也就是说，既包括自然性质的环境，也包括社会性质的环境。为此他主张，对于那些不能适应社会环境的人，包括缺乏自制能力的人，有犯罪倾向的人，都不要试图用教育改变他们，而只应把他们交给大自然去训练，承受其缺陷的恶果。

我们当然同意，那些不能适应社会性状态——即对他人的权利构成威胁——的人应该受到惩罚，而那些完全不能适应的人也确实会通过各种方式遭到淘汰。但是，这和自然状态中的"适者生存"完全不是一回事。社会性状态的本质就在于对生存斗争的限制，即不允许为了维护自己的生存而剥夺他人的生存权利。因此，那些不能适应社会性状态的人并不是生存斗争中的不适者，相反是不能适应对生存斗争的限制。他们之受到惩罚或淘汰，也就不是通过类似于自然选择的机制实现的，而主要是通过法律实现的。斯宾塞凭借"适应"这个概念把进化规律引入社会领域，但此"适应"不是彼"适应"，他实际上是偷换了概念。只是依靠这样偷换概念，他才能宣称同等自由的信仰与最大幸福借以实现的适应法则是一致的。在斯宾塞那里，"适应"

1.《社会静力学》，第 169 页。

概念始终被悄悄赋予了价值的涵义。他为社会进程设计了一幅理想蓝图：在经过两种不同含义的漫长的适应过程之后，社会的所有成员一方面达到个人机能的最大满足和发展，另一方面将发生对同等自由法则的普遍服从，于是，最高的个体化与最大程度的互相依赖二者密切结合，个人自由和对他人自由的尊重两个方面达到最高度的统一，从而实现"最大幸福"的理想。[1]撇开适应的法则不说，这幅蓝图实际上是一切自由主义者的终极的价值目标。但是，向这个目标接近的途径决不是进化论意义上的"适应"或"适者生存"，而是正确的政治安排和法律安排。

斯宾塞无疑是一个坚定的自由主义者，他的问题出在执拗地要把自由主义纳入进化论的框架之中。认真追究起来，按照自由主义的一般原理，个人自由始终受着不可侵犯他人自由这个界限的限制，是法律下的自由，因此，即使这一个方面也与自然状态中的生存斗争有着完全不同的性质。斯宾塞固执地要把适者生存原则用于社会，也许是出于一个强烈的动机，就是为了反对国家干预，担心国家干预会阻止适应的过程，在他眼中，这个过程也就是向社会理想状态发展的自然过程。但是，既然他承认国家有实行同等自由法则的基本职能，那么，他所信奉的放任主义与生存斗争仍是两回事。然而，正因为他把二者等同起来了，所以，他以一种极端的态度反对济贫法和卫生监督，甚至主张听任穷人以及因为贫困和无知而受庸医之害的病人死亡，用冷酷的语调断言，凡体质和智力差的人都是大自然的败笔，理应由大自然将其收回。[2]赫胥黎对于这种社会达尔文主义的论调是极其

---

1. 参看《社会静力学》，第 44、250 页。
2. 参看《社会静力学》，第 197、198 页。

厌恶的，在《进化与伦理》中一再加以痛斥。在他看来，这种做法也不是什么自然选择，而是试图把园艺过程中的人工选择用于社会。他坚决反对这样做的理由是：它必将削弱甚至毁灭社会纽带；人类没有足够的智力对人类中的最适者做出选择；在大多数情况下，犯罪和贫困与遗传无关，一部分是因为环境，一部分是因为具有某种特质，此种特质在另一种条件下还能引起尊重和赞赏。[1]

综上所述，我们可以看到，赫胥黎与斯宾塞争论的中心问题是能否用进化论解释社会过程，亦即社会进化论是否成立。然而，严复看来并没有把握住争论的这个焦点，他在《天演论》中对此未做任何实质性的讨论。他的讨论大致有三类。

其一，在导论三，赫胥黎以园艺为例说明，人类在自然状态中所创造的人为状态如不加以维护，必回复自然状态。人是自然的一部分，是宇宙过程的产物，这并不能抹杀这个事实：人工东西与自然东西之间存在着对抗性。在译文（导言五）中，严复把赫胥黎的观点概括为"天行人治相反"，评论道："于上二篇，斯宾塞、赫胥黎二家言治之殊，可以见矣。斯宾塞之言治也，大旨存于任天，而人事为之辅，犹黄老之明自然，而不忘在宥是已。赫胥黎氏他所著录，亦什九主任天之说者，独于此书，非之如此，盖为持前说而过者设也。"然后转述了斯宾塞的一段话，大意是说，觉饥思食，爱子之情，都是人的本能。如果废弃本能，代之以用理论来指导，人类早就饿死和绝种了。凡人生保身保种、合群进化之事都是这样。这就是"任情"或"任天"。那些任情而过者，例如饱而犹食的人，实际上是违情，并且

---

1. 参看《进化论与伦理学》，第15、16、24、25、27页。

违久而成习，所以不是任情，而是任习。[1]根据上下文，严复引述这段话的用意只能理解为是要说明：斯宾塞的任天之说本身没有错，持任天之说而过者其实不是任天（任情），而是任习。这样，所谓"为持前说而过者设"就丝毫没有了赞成赫胥黎的意思，赫胥黎所"设"即使不是找错了对象，至少也无损于任天之说。

其二，在导论十一，赫胥黎谈到"自我约束"虽然是每个社会存在的基本条件，但约束过多也会对社会起破坏作用。严复（导言十四）针对此评论道："赫胥黎氏之为此言，意欲明保群自存之道，不宜尽去自营也。然而其义隘矣。"随后批评他不了解"太平最大公例"，并举出斯宾塞《群谊》中所释"太平公例"："人得自由，而以他人之自由为界。"以及亚当·斯密经济学中的"最大公例"："大利所存，必其两益"。在导论十五，赫胥黎谈到，人有"自我伸张"本能，因此"自我约束"并非幸福，尽管它也许比幸福好得多。严复（导言十八）针对此讲了一番苦乐决定善恶的功利主义道理，然后批评道："由此观之，则赫胥氏是篇所称屈己为群为无可乐，而其效之美，不止可乐之语，于理荒矣。"[2]这两处是批评赫胥黎不懂自由主义和功利主义的基本原理，但都有断章取义、借题发挥之嫌。赫胥黎当然是了解这些原理的，至少还是赞同自由主义原则的，他在该书中强调的"自我伸张"与"自我约束"二者的平衡，其实也就是个人自由与尊重他人自由二者的平衡。

其三，联系中国哲学史上关于天人关系的理论，来解释赫胥黎的观点和进化论的思想。这方面的讨论集中在论十三和论十六。在论

1.《天演论》，第 16 页。

2.《天演论》，第 34、46 页。

十六按语中，他说："前篇皆以尚力为天行，尚德为人治，争且乱则天胜，安且治则人胜。此其说与唐刘、柳诸家天论之言合，而与宋以来儒者以理属天，以欲属人者，致相反矣。"[1]在《天演论》手稿同一节的按语中，他引了刘禹锡《天论》中阐述"天与人交相胜"观点的两段话，以证赫胥黎观点与之相合。其中一段说："天之道在生植，其用在强弱；人之道在法制，其用在是非……故人之能胜天者，法大行，则是为公是，非为公非，蹈道者赏，违道者罚，天何予乃事耶？故曰：天之所能者，生万物也；人之所能者，治万物也。"严复评论道："案此其所言，正与赫胥黎氏以天行属天，以治化属人同一理解，其言世道兴衰，视法制为消长，亦与赫胥黎所言，若出一人之口。"另一段以一群旅行者竞争食宿条件作譬，说如果在野蛮地区，圣贤竞争不过强有力者，如果在文明地区，强有力者竞争不过圣贤。严复评为"尤为若合符节"，并感慨说："地睽七万余里，时隔千有余年，而所言相合如此，故备录之，以为观者互考也。"[2]刘禹锡所论的确触及了社会状态与自然状态之间的对立，但在中国思想史上似乎未受重视，严复大约是首先注意到的人。

严复在《天演论》手稿中还引了朱熹《中庸章句》序中的一段话，大意是说要以天理胜人欲，作为与赫胥黎观点相反的一个例子。他做出了一个一般性的结论："大抵中外古今，言理者不出二家，一出于教，一出于学。教则以公理属天，私欲属人；学则以尚力为天行，尚德为人治。"[3]赫胥黎无疑属于"学"这一派。但是，不能想当

1.《天演论》，第 92 页。

2.《严复集》，第 5 册，第 1471—1472 页。

3.《天演论》，第 92 页。

然地把作为赫胥黎的对立面的斯宾塞归于"教"那一派，认为在严复眼中他与朱熹接近。[1]严复在引用朱熹那一段话以后，举出与朱熹"若相合"的西方哲学家是斯多葛派而不是斯宾塞。其实，在严复看来，无论以理属天以欲属人，还是以欲属天以理属人，都是"分理气为两物"，他都不太赞同，合理的看法是理和欲都属天。他说（论十三按语）："然惟天降衷有恒矣，而亦生民有欲，二者皆天之所为。"这实际上就是斯宾塞把社会和自然统一于宇宙过程的观点。其实进化论者都是承认这个总的观点的，赫胥黎也不例外，严复清楚地看到了这一点："赫胥黎氏以理属人治，以气属天行，此亦自显诸用者言之。若自本体而言，亦不能外天而言理也"。[2]

就整个宇宙过程来说，进化是一个非人格的自然过程，对之不可作道德评价。严复对此也有深刻的理解。在导言一，他在译文中加了一句原书（导论一第五段）中没有的话："天择者择于自然，虽择而莫之择，犹物竞之无所争，而实天下之至争也。"这句话很好地表达了达尔文曾经提醒过的意思，即物竞天择的用语只是比喻，不可作人格化的理解。在原书讲演五，赫胥黎谈到自然在道德上是漠不关心的，严复在按语（论五）中说："此篇之理，与《易传》所谓乾坤之道鼓万物，而不与圣人同忧，《老子》所谓天地不仁，同一理解。老子所谓不仁，非不仁也，出乎仁不仁之数，而不可以仁论也。"[3]后来在《老子》评语中，他在"天地不仁，以万物为刍狗；圣人不仁，以

1.参看本杰明·史华兹：《寻求富强：严复与西方》，第102—103页。

2.《天演论》，第85页。

3.《天演论》，第3、61页。

百姓为刍狗"之语下也批道："此四语括尽达尔文之新理。"[1]严复把进化论与黄老作比较，是着眼于它们都主张天道独立于人事，与人类的道德观念无涉。这一比较适用于所有的进化论者，在比较时他不只提到了斯宾塞，也提到了达尔文和赫胥黎。有些论者在诠释这一比较时认为，严复是把斯宾塞与老子相联系，把赫胥黎与荀子相联系，而一方面肯定斯宾塞和老子的"任天为治"，另一方面用赫胥黎和荀子的"与天争胜"纠正其偏或补充其缺。[2]这可能是一种误读。在论十三、十六的按语中，严复虽然两次提到荀子的性恶论，但都没有把赫胥黎和他划入同一阵营。在论十六的按语中，他还以赫胥黎的"天有理而无善"观点批评荀子说："荀子性恶而善伪之语，诚为过当，不知其善，安知其恶耶？"[3]亦即肯定了赫胥黎对自然不作道德评价的观点，批评了荀子性恶论所含的道德评价是没有根据的。

总的来说，在上面这些讨论中，严复关注的重点是"天"即宇宙过程的统一性质和它对于人类道德感情的中立性质。除此之外，他的讨论带有一种学术兴趣的特征。在把赫胥黎与刘禹锡的"天与人交相胜"思想作比较时，这一特征十分明显，他为发现二者的相合而兴奋，但并没有对这一思想本身加以褒贬。对于赫胥黎与斯宾塞争论的那个中心问题，即伦理过程是否具有与宇宙过程对抗的性质，能否用进化论解释社会进程，他始终未作深入的讨论。不过，从全书看，他的基本倾向是清楚的，是赞成斯宾塞的"大旨存于任天，而人事为之

1.《严复集》，第 4 册，第 1077 页。

2. 参看本杰明·史华兹《寻求富强：严复与西方》，第 102—103 页；《严复思想新论》，第 389—390 页。

3.《天演论》，第 92 页。

辅"的立场的。这里的"人事为之辅"不能理解为用"与天争胜"补充"任天为治"。如果我们把"任天为治"和"与天争胜"视为解释社会过程的两个对立的公式，那么，严复的立场就决不是调和二者，而是支持"任天为治"而反对"与天争胜"。

五　社会有机体论与渐进主义

斯宾塞的社会学有两个最主要的观点，一是社会进化论，另一是社会有机体论，这二者并不是一回事。如果说社会进化论是普遍进化论在社会领域的演绎，那么，社会有机体论则是通过把社会与生物有机体进行类比而得出的。对于这一建立在类比基础上的理论，严复表示衷心接受。《群学肄言》中说："非生学之理明者，群学之理无由明也。盖二学为用，实相表里。"[1] 他对自己译述的这句话深信不疑。在《原强》修订稿中，他已解说过此中道理："一群之成，其体用功能，无异生物之一体，小大虽异，官治相准。知吾身之所生，则知群之所以立矣；知寿命之所以弥永，则知国脉之所以灵长矣。一身之内，形神相资；一群之中，力德相备。神贵自由，国贵自主。生之与群，相似如此。此其故无他，二者皆有官之品而已矣。"[2] 在《天演论》按语中，他又说："夫群者，生之聚也，合生以为群，犹合阿弥巴而成体。斯宾塞氏得之，故用生学之理以谈群学，造端此事，粲若列眉矣。"[3]

1.《群学肄言》，第 260 页。

2.《严复集》，第 1 册，第 17—18 页。

3.《天演论》，第 90 页。

可见他对斯宾塞依据生理学谈社会学这一理路十分信服，赞扬它有眉目鲜明之效。

斯宾塞把社会比作有机体，一个重要用意是为了强调社会作为有机体有它自身的生长过程，对之不可加以人为的干预。他说："文明并不是人为的，而是天性的一部分；它和一个胎儿的成长或一朵鲜花的开放是完全一样的。"一切社会安排都"不是制造出来的，而是生长出来的"。[1] 依据这一观点，他有力地反对国家对社会过程的控制。就此而论，社会有机体论是为他的激进自由主义立场服务的。他试图用"适应"概念把社会有机体论与社会进化论统一起来，将社会有机体的生长过程同时描绘成漫长的适应过程。不过，这样理解的社会进化论应是广义的，不是指把生存斗争和自然选择原理运用于社会，而是指把社会过程看作不可加以人为控制的自然演进过程，而这往往也就是一个渐进的过程。这个含义上的进化论后来在哈耶克那里也成为激进自由主义的理论基础，斯宾塞的问题是把进化论的两种不同含义混为一谈了。

对于社会有机体的自然生长性质的观点，严复有所领会，但他把国家当作社会有机体的主要形式。在《政治讲义》中，他引萨维宜的话："国家非制造物，乃生成滋长之物。"并由之推论说："夫既属生成滋长之物，则天演涂术不能外矣。"[2] 这首先表现在国家亦即政府的起

---

1. 《社会静力学》，第27—28、110页。另参看巴克《英国政治思想》，第77页。
2. 《严复集》，第5册，第1249页。萨维宜，严复原文说他是"近世最大政治家"，注明是"法人"，国别可能有误。与此名发音相近的西方"近世"大政治家有二人。一是英国的哈利法克斯侯爵萨维尔（George Savile, 1633—1695），二是德国十九世纪最大法学家萨维尼（F.K.v.Savigny, 1779—1861）。估计严复的引文出自前者。萨维尔主张：国家具有自我发展的内在生命，是国家创造政府而不是政府创造国家。（参看《政治学说史》下册，第584页）

源上，他赞成进化论，明确反对"言政治而乃主民约"的契约论。他说："盖既以国家为有机体，斯其演进之事，与生物同。生物受自然之陶铸，本天生之种性，与平外力逼拶之威，而一切之官体渐具，由此有以自立于天地之中，不亡于物竞之剧烈也。人群亦然，其始本于家族神权之相合，逼之以天灾人祸，相救以图自存，于是其形式渐立，其机关渐出，而成此最后之法制。凡此皆演于自然者也。""自然有机体之国家，其初成国也，大抵由外力之逼拶，而后来之演进亦然。盖因外患，而求合群并力；因合群并力，而立政府之机关。"这个观点与苏格兰启蒙思想家的主张基本相合，他大约是从甄克思那里接受过来的。其次，国家产生之后，其体制的演进仍要遵循一定的程序，不可人为地跳跃和加快。"国家是天演之物，程度高低，皆有自然原理"。"公例曰：万化有渐而无顿。凡浅演社会之所有者，皆深演社会所旧经者也。"如果为求快而打乱步骤，就会有严重的后果："夫人类之力求进步固也，而颠阶瞀乱，乃即在此为进之时，其进弥骤，其涂弥险，新者未得，旧者已亡，伥伥无归，或以灭绝。"所以，明智的做法是因势利导，耐心等待："其立事也，如不得已，乃先之以导其机，必忍焉以须其熟……夫而后有以与时偕达，有以进其群矣。"[1]

社会作为有机体，乃是一个由许多紧密联系的部分组成的联合体，其中任何一个部分的情形又都与整体的情形密切相关。因此，不但它的生长有确定的程序，而且在生长的过程中，它的各个器官和功能互相制约，呈现复杂的关系。这是必须采取渐进主义的又一个理由。严复在《群学肄言》中如此译述这个论点：有机体的各肢各部皆

<hr>

1.《政治讲义》。《严复集》，第 5 册，第 1242、1249、1250、1265、1266、1291 页。

紧密联系，因而对一肢一部的改进有"不可逾"的界限。"使其逾之，不独一肢一部之形制，其故者必不可用也，将他肢他部之形制，其故者亦不可用，非革之而易其新者不能也。"然后在注解中感叹道："呜呼！观于此，而知吾国变法当以徐而不可骤也。"[1]严复对中国社会变革的复杂性有着鲜明的直觉认识，现在从斯宾塞的社会有机体论中找到了理论上的印证和解释，因而一拍即合。他在开始他的政论家和翻译家生涯之前就已经是斯宾塞的信徒，即使在他最为激进地鼓吹中国社会变革的必要性和迫切性之时，他在变革的途径问题上始终是一个渐进主义者。戊戌政变以后，鉴于普遍的急躁情绪，他更觉得必须让国人接受渐进改革的思想，于是翻译《群学肄言》。在译序和译余赘语中，他明确表示，他译介此书是针对那些"谓以旦暮之更张，将可以起衰"乃至"欲率一世之人，与盲进以为破坏之事"的革新派的，不过同时他也相信，此书"于近世新旧两家学者，尤为对病之药"。[2]总之是既治不肯改革的守旧派的病，尤其更治不肯渐进、一味盲进的革新派的病。

社会有机体论把一个社会、一个群体看作一个有自身演进过程的有机体，实际上也就是看作进化的一个单位。这就很自然地使人想到，一个社会不但在其内部、在它的成员之间存在着生存斗争，而且它作为一个社会有机体与其他社会有机体之间也存在着生存斗争。也就是说，涉及了种与种、群与群、国与国之间的斗争。这正是严复最关心的问题。他一直想弄清，与西方列强相比，为何中国如此落后，在世界范围的生存斗争中处于如此严重的弱势地位。他觉得他从斯宾

1.《群学肄言》，第50页。

2.《群学肄言》，第vii、XI页。

塞的社会有机体论中找到了解开这个谜的钥匙，因而对之格外重视。

斯宾塞的社会有机体论有一个特别的观点，就是认为单位（unit）的性质决定全体（total）的性质。按照一般的有机体理论，情形正好应该相反。斯宾塞做出这个有悖于一般有机体理论的论断，乃是根据他的普遍进化论原理。按照这个原理，力是宇宙的终极和进化的根源，而力是由质点承载的。他据此推论，在社会中，个人是质点，力就是个人的能力，因此个人能力之竞争是社会进化的动力。这个论点显然也是为自由主义作论证的，为了坚持这个论点，就只好牺牲一般有机体理论的逻辑，把全体决定单位改为单位决定全体。当然，单位与全体、个体与群体之间原是互相制约的，但不同的理论强调的重点是不同的，进化论强调个体，有机体论强调全体。不管这两种理论之间存在怎样的冲突，严复接受了斯宾塞的单位决定全体的观点，因为这恰好印证了他的另一个强烈感觉，便是国民素质是中国社会变革的关键之所在。其中，斯宾塞关于民力、民智、民德之重要性的观点尤其给他留下了鲜明的印象，成为他的国情分析中的一个中心论点。他始终深信，种与种之间，国与国之间，强弱存亡取决于民力、民智、民德，中国的命运将取决于这三者有无根本的改善。

在《原强》修订稿中，严复在分析种群之强弱立废的原因时，明确地把单位决定全体的观点作为出发点："其本单之形法性情，以为其总之形法性情，欲论其合，先考其分"，这是"亘天壤不刊之大例"。然后说："夫汝是，则一种之所以强，一群之所以立，本斯而谈，断可识矣。盖生民之大要三，而强弱存亡莫不视此：一曰血气体力之强，二曰聪明智虑之强，三曰德行仁义之强。是以西洋观化言治之家，莫不以民力、民智、民德三者断民种之高下，未有三者备而民生不优，亦未有三者备而国威不奋者也。反是而观，夫苟其民契需佝偻，各奋其私，则其群将涣。以将涣之群，而与鸷悍多智、爱国保种之民遇，小则虏辱，大则灭亡。"[1]

在《天演论》中，他常借题发挥这一话题。例如，原书导论五虚拟殖民之例，他便在按语（导言七）中实论殖民现象说："由来垦荒之利不利，最觇民种之高下。"认为英国在殖民业上之所以能够后来居上，重要原因是"其民能自制治，知合群之道"。原书导论六继续谈虚拟的殖民，谈到虚拟的行政长官应该在移民身上培养勇敢、勤劳的品质和集体智慧，才能有利于社会。这个内容在译文（导言八）中变成了："且圣人知治人之人，固赋于治于人者也。凶狡之民，不得廉公之吏，偷懦之众，不兴神武之君，故欲郅治之隆，必于民力、民智、民德三者之中，求其本也……而后其国乃一富而不可贫，一强而不可弱也。"这些文字与原文完全不能对应，应视为严复的添加，但他大约为了引起读者对所述思想的重视，在按语中赞道："此篇所论，如'圣人知治人之人，赋于治于人者也'以下十余语最精辟。"原书讲演八论述印度思想和希腊思想在源头上都是富有生气的，后来在文明的影响下又都转入悲观。严复在按语（论十四）中牵强地断言："此篇所论，虽专言印度希腊古初风教之同异，而其理则与国种盛衰强弱之所以然，相为表里。"然后列举今日欧洲、日本国民素质胜于中国人的优点，叹道："呜呼！隐忧之大，可胜言哉！"[2]这些例子表明，在翻译《天演论》时，严复怀着深刻的忧虑，多么急于让国人明白国民素质对于国家兴亡的决定性作用。

1.《严复集》，第 1 册，第 18 页。
2.《天演论》，第 20、21—22、87 页；参看《进化论与伦理学》，第 11、13、54 页。

比较多地涉及斯宾塞社会有机体论的著作无疑是《群学肆言》。该书几乎没有按语，严复是通过译述来介绍相关观点的。下面摘录重要的译文，以观大体。

其一，单位决定全体，由之推论民性决定群性。"凡群者皆一之积也，所以为群之德，自其一之德而已定，群者谓之拓都（totel），一者谓之幺匿（Unit）。拓都之性情形制，幺匿为之。""故群之变也，视民德之进退，群性与民性，群德与民德，相待为变，其例则群学之所有事也。""群学之开宗也，以幺匿之所有，定拓都之所有。群之能事，必视其民，常于二者之间，求其对待之公例。"在译余赘语中又概述这一基本观点："大抵万物莫不有总有分，总曰拓都，译言全体，分曰幺匿，译言单位……国，拓都也；民，幺匿也。社会之变化无穷，而一一基于小己之品质。"[1]

其二，民品决定群制，国家体制必须与国民素质相适合，超越国民水平的制度和变革均属徒劳。"民品既卑，虽有胜制，无益于治。""为国之道，治具不足恃，而制治之原，存乎一群之民品，虽有良法，不能自行，必得天演之自然。民品既臻，本其性情风俗，修之以为成法，夫而后有相得益彰之效。假令民品与所行之法度，绝不相谋，若革命一时之所立，抑变法更始之所为，宪法固甚高，民品则甚下，将视之政俗相睽之程度，终于回循故辙而后已，立法良固无益也。"[2]在《庄子》评语中，严复又转述这一节大意并以《庄子》中寓言为之作譬："斯宾塞《群学肆言》政惑篇言，宪法甚高，民品甚卑，则将视其政俗相睽之程度，终于回循故辙而后已。立法虽良，无

1.《群学肆言》，第 38、40、41、XI 页。
2.《群学肆言》，第 211、208 页。

益也。夫以卑劣之民品，而治以最高之宪法，即庄所谓'取猿狙而衣以周公之服'，彼必龁啮挽裂尽去而后慊者也。"[1]《群学肄言》中还谈到，君主专制与民德之间有对应关系，严复在注解中概括这一段的意思为："尊上忠主之民，不知重法而重立法之权，不知懔度而懔制度之主，种种情督，缘是以生。然使民德未优之日，猝然去其如是之心习，则其群有立散之忧。"译文中还说："夫谓天演益深，治化加进，斯民智德力三者，皆有甚高之程度，于是移其畏威尊上之情，而形为好礼乐群之意，本其爱国敬天之隐，而发为循理守畔之思，重夫法，而非重行政之权，懔夫度，而非懔制度之势，此诚郅治无疆之休……"[2]严复在这些译文中肯定掺进了自己的语汇和见解，但是，强调制度是由人体现的，能否站得住最终取决于人的性质，不公正的机构与生活于其下的人民道德上的缺点相对应，确是斯宾塞的一贯思想。[3]

其三，虽然民品决定群制，但二者之间亦是互相制约和促进的。"化有深浅，而群无幸立，一民之所崇信持守，必与其所居之群制相和，群制高于民品者废，民品优于群制者忧，皆不为最宜之存者也。是故群制上下，常依乎民品之自然，各有时宜，而无凝滞。""群制之于民品，有交相进之功，群制待民品之美而后隆，而民品亦待群制之隆而后美，消息往复，莫定其孰后先焉"。[4]

对于社会有机体的状况和进化来说，个体即国民的素质是决定的

1.《严复集》，第 4 册，第 1129 页。

2.《群学肄言》，第 128 页。

3. 参看《社会静力学》，第 110、132 页。

4.《群学肄言》，第 130、262 页。

因素。然而，国民素质的改变是极其缓慢的。严复引斯宾塞的话说："民之可化，至于无穷，惟不可期之以骤。"[1] 渐进主义在这里又找到了一个有力的论据。事实上，按照斯宾塞的看法，改造人民素质决不能靠通常所说的教育或人为机构的设计，其唯一途径是通过生存斗争所实现的漫长进化过程。他在《社会静力学》中说："不改造人们的天性就不可能改造他们的行为；而期待他们的天性的改造可以通过正在缓慢使我们变得文明的力量以外的方式，那是幻想。训练或培育的计划只有与它们有机地改变国民性格相称才有用处，而它们做到这一点的程度决不会很大。主要不是通过人类设计的机构——尽管这些机构也许各有其益处——而是通过环境加于人们的无休止的作用——通过新条件加于人们的经常压力——所需的变化才得以实现。"[2] 在《社会学研究》中，有一段意思相近的话："劣等的政治阴谋家以为通过立法机关的适当设计和应有的明智工作，就会产生有益国家的作用而无任何有害的反作用。他期待愚者变成聪明人，劣者逐渐养成高尚的品质。"史华兹指出，严复的译文与之大有出入。[3] 严复的译文是："恃吾法制，弱民可使为强国，贫民可使为富国，愚民可使为智国，此何异梦食求饱者乎！"[4] 斯宾塞强调的是，靠机构和设计改变不了国民素质；译文强调的是，在国民素质不变的情形下，单靠立法和制度不能使国家文明富强。二者的意思显然是不同的。不过，严复的改变不只是如史华兹所说加进了国家富强的意思，而且也回避了斯宾塞否定机构设计的作

1.《〈原强〉修订稿》。《严复集》，第 1 册，第 25 页。

2.《社会静力学》，第 167 页。

3. 参看史华兹《寻求富强：严复与西方》，第 89 页。

4.《群学肄言》，第 4 页。

用的论断。严复虽然也认为国民素质的改变是一个漫长的过程，但他不愿把这件事完全交给进化过程去处理，而仍希望人为的努力对之有所促进，例如通过建立开明君主统治对人民进行教育，通过实行地方自治对人民进行训练，而这些正属于斯宾塞所反对的机构设计。其实，严复对于通过机构设计改变国民素质并没有多少信心，实在是因为情势危急，所以虽然明知这是一个缓慢的渐进过程，也必须想办法加快它，以避免亡国灭民之祸。

六　进化论框架中的自由主义

斯宾塞是一个坚定的、激进的自由主义者。他之所以要构筑一个庞大的体系，本意是要对自由主义原则做出最严密的论证。然而，正如一些论者已经指出的，在他的社会学理论与他的自由主义观念之间存在着明显的矛盾，他的论证是不成功的。[1]

自由主义理论的核心是对个人自由的尊重，它源于自然法的天赋权利观念，为近代自由主义理论奠基的洛克就明确地把这一观念当作前提。但是，由于对天赋权利无法作经验的论证，洛克的后继者们便转向功利主义，试图把自由主义完全建立在经验论哲学的基础上，而对暗中仍充当前提的天赋权利观念讳莫如深。斯宾塞的自由主义思想其实也是立足于功利主义的，不过，他不讳言天赋权利这个前提，从

---

1. 参看巴克《英国政治思想》，第58、88页；史华兹《寻求富强：严复与西方》，第70页。

这个前提出发对功利主义作了修正。区别于一般经验论的功利主义，他的经过了修正的功利主义可称为唯理论的功利主义。经验论的功利主义认为，快乐和痛苦作为动机决定人的行为，借助此一动机引导一切个人去追求自身的幸福，便可实现最大多数人的最大幸福。斯宾塞接受了最大幸福原则，但对之进行了重新解释。他认为"幸福"概念的含义太不确定，有必要加以澄清。按照力是终极的原理，他把幸福解释为"人体各种机能都能得到满足的状态"。一切人都拥有"要求最好地运用他们机能的权利"，因而人是"天生自由"、"天生有权利"的，而且"一切人生而平等"。由此他推论："假如人们对于运用其各种机能所需的自由有同样的要求权，那么每个人的自由必然受到所有人的相似自由的限制。"于是导出了"同等自由的法则"："每一个人都有权要求运用他各种机能的最充分的自由，只要与所有其他人的同样自由不发生矛盾。"由此又推导出国家的基本职能是确保同等自由法则的实行。[1]

事实上，无论斯宾塞怎样改变表述方式，我们仍可清楚地看出，上述思想是从英国传统中接受过来的自由主义基本思想，和他那一套社会学理论没有什么关系。但是，他竭力把二者联系起来，用他的社会学理论来为自由主义论证。在作此论证时，他的社会学理论中有两个观点扮演了重要角色。一是社会进程也受生存斗争法则支配的观点。在生存斗争与趋乐避苦之间似乎不难找到相似之处，因而这个观点似乎支持了个人自由的论点。但仅仅是似乎，因为生物争生存的斗争和人类争快乐和幸福的斗争——或者用赫胥黎的说法，争享受资料

1.《社会静力学》，第 3、33、43、54、113 页。

而非生存资料的斗争——毕竟是两回事。至于这个观点之不利于个人自由受他人自由限制的论点，则是一目了然的，正如前面已经指出的，斯宾塞试图用"适应"概念把二者协调起来是多么牵强。二是社会有机体的自然生长性质的观点，它为斯宾塞反对国家干预的立场提供了依据。功利主义者皆主张利用趋乐避苦的动机来协调人们的行为，但边沁认为其手段是立法的强制，斯密、李嘉图等经济学者则认为要靠"看不见的手"。斯宾塞激烈地批评了边沁的立场，他显然是站在经济学者一边的，只是对于他来说，"看不见的手"不单是市场，而是整个生存斗争法则。

斯宾塞理论中的自相矛盾还突出表现在，按照社会有机体论的固有逻辑，应是全体决定单位，而这与作为自由主义核心的个人主义原理是背道而驰的。因此，为了论证在个人与社会的关系中，个人是决定因素和目的价值，斯宾塞不得不对社会有机体论做出违背逻辑的修正，在理论上陷入混乱。

为了弥补理论上的漏洞，斯宾塞不断改变观点，这种情况使他在晚年大受非议。不过，希勒尔·斯坦纳在《布莱克维尔政治学百科全书》中撰写的有关条目对此有一个客观的公平的解释："他关于国家作用的消极的或最低纲领的概念，以及他对自由放任的政府工业政策的提倡，无疑始终是他政治著作中的永恒主题。有所变化的，是为这一立场所提供的理由的类型，以及这些理由本身的状况。"[1] 也就是说，不管斯宾塞的理论如何自相矛盾和前后改变，他的自由主义立场始终如一，而那些矛盾和改变体现了他为这一立场作理论论证的过于执拗

1.《布莱克维尔政治学百科全书》，邓正来主编，中国政法大学出版社，1992，第733页。

110

的努力。

严复是把英国自由主义引入中国的第一人。由于斯宾塞的影响，他在很大程度上是在进化论的框架中接受自由主义的。他对弄清理论的内在脉络没有兴趣，因而不关心、也没有看出斯宾塞的社会学体系与自由主义之间的矛盾。相反，斯宾塞把政治学纳入普遍进化论的体系之内，这使他对于政治是一门科学形成了鲜明印象。他据此反省中国的情况，发现虽然政治是"儒者专门之业"，但是在中国从来没有成为一门科学。那么，为了使之成为科学，现在就应该用"西学最新最善之涂术"即"天演之涂术"来研究政治，其中当然包括用进化论观点来理解自由主义政治学说。[1]

在接受自由主义这方面，斯宾塞的社会进化论对严复的影响主要表现在，他在一定程度上也把生存斗争看作社会进化的动力，而又把自由看作生存斗争得以充分展开、从而社会进化得以顺利实现的必要条件。他说："惟与以自繇，而天择为用，斯郅治有必成之一日。""今日之治，莫贵乎崇尚自由。自由，则物各得其所自致，而天择之用存其最宜，太平之盛可不期而自致。"[2]在这两句话中，自由都是被当作物竞的同义词的，所以才有后面的天择为用之说。贯穿其中的逻辑是，自由即充分的物竞，在物竞的基础上天择，由天择而实现进化，最后必然达于社会最佳状态。

不过，同是在进化论框架中理解自由主义，严复和斯宾塞之间却有重要的差别。在斯宾塞那里，自由是进化的条件，更是进化的目

---

1. 参看《政治讲义》。《严复集》，第 5 册，第 1242、1248 页。
2.《〈群己权界论〉译凡例》；《〈老子〉评语》。《严复集》，第 1 册，第 133 页；第 4 册，第 1082 页。

标。他所设想的社会进程是，通过生存斗争的充分展开（作为条件的自由），同等自由法则会逐渐占据支配地位，最后达于一切人都自由的状态（作为目标的自由）。但是，在严复这里，自由似乎只是进化的条件，不是进化的目标。他虽然也谈到作为进化之终极目标的"郅治"、"太平之盛"，但那是儒家对于理想社会的笼统提法，肯定不是以个人自由为最高价值的。他的基本倾向毋宁说是把个人自由看作实现群体进化的手段，目的是使群体强大，从而在与其他群体的生存斗争中处于有利地位。当然，之所以会有这种倾向，无疑是因为民族存亡的危机意识对他起了支配作用。

严复向国人介绍自由主义的主要著作是《群己权界论》，译自约翰·穆勒的《论自由》。穆勒的原著完全没有把自由与群体进化挂钩的意思，但是，在严复的译著中，我们发现他常常加进了这样的意思。仅举二例。在原著第一章第十段，穆勒谈到：强制之用于个人只有为了他人安全，才可证明为正当。严复把这个内容译为：因一己之事而加刑罚，"不徒于公理为背也，而其群之不进可以决"。在原著第三章第六段，穆勒批评人们遵循习俗生活，丧失了自己的本性，然后质问："这样的人性状态是不是值得想望呢？"严复把这个问句译为："而人道之所以为人道，与夫人群强种争存之义，果不刺谬否耶？"[1] 史华兹曾批评严复在翻译《论自由》时，把穆勒的思想塞进了斯宾塞主义范畴的框架中，这个论点后来遭到了中国论者的反驳。[2] 我们无法否

---

1. 原著内容参看 John Stuart Mill. Three Essays. On Liberty etc. Oxford University Press. 1924.P.16、76；J.S. 穆勒《论自由》，程崇华译，商务印书馆，1959，第11、66页。译文见：《群己权界论》，商务印书馆，1981，第12、66页。
2. 参看史华兹《寻求富强：严复与西方》，第126页；《严复思想新论》，第401页。

认，严复在翻译时掺入了原著中没有的种群进化争存的内容，给穆勒的自由主义抹上了社会进化论色彩。而且，严格地说，种群之间的生存斗争从来不是斯宾塞关心的重点，因而严复的社会进化论框架还只是一种被片面化了的斯宾塞主义。

在严复接受自由主义时，斯宾塞社会有机体论中单位决定全体的观点也发生了重要影响。根据这个观点，他把个体素质看作决定群体水平的因素，而又把自由看作解放个人德、智、体能力即提高个体素质的必要条件。这样，在自由（物竞）——天择——进化（强种）的三部曲中，插入了民德、民智、民力这个环节，即自由可使天择发生作用，天择又可使德、智、力强者胜，民德、民智、民力得到提高，而最后也是落脚在群体的进化和强盛上。在《天演论》按语中，他通过转述斯宾塞的话来说明生存斗争对于德、智、力的促进作用："宇宙妨生之物至多……人欲图存，必用其才力心思，以与是妨生者为斗。负者日退，而胜者日昌，胜者非他，智德力三者皆大是耳。三者大而后与境相副之能恢，而生理乃大备。"[1] 在《群己权界论》中，原书第三章的中心思想是阐述自由的必要性在于实现个性本身的价值，严复在注解中却把其中心思想概括为："不自繇则无特操，无特操则其群必衰"，"民少特操，其国必衰"，"特操之民，社会所待以进化，然国必自繇而后民有特操"。[2] 于是，自由的必要性就变成了使人民有"特操"，而人民有"特操"又是社会进化和国群不衰的条件。

总起来说，严复是带着探寻中国贫弱的原因这个迫切目的去接受

1.《天演论》，第 37 页。

2.《群己权界论》，第 62、68、70 页。

斯宾塞的社会进化论的，在很大程度上又是透过如此接受的斯宾塞理论去理解自由主义的。他的思路大致是：中国之所以贫弱，是因为进化过程受阻；进化过程之所以受阻，是因为人民不自由。这个认识既成了他引进自由主义的有力动机，也成了他理解自由主义的严重困难。

第五章

对自由主义的接受

一　西方政治以自由为体

在中国近现代思想史上，严复是第一个重视并且引进西方自由主义理论的人。他所推崇的西方思想家，从十八世纪的亚当·斯密、孟德斯鸠，到十九世纪的约翰·穆勒、斯宾塞，都是自由主义的重要代表人物。他把译介西学的重点也放在自由主义理论上，《原富》、《群己权界论》、《社会通诠》、《法意》四本书在篇幅上和耗费的时间上，在他的译业中占据了大半的比例。

严复之重视自由主义理论，当然不是偶然的。从他1885年发表的文章中可以看出，当时他就已经明确地意识到，在自由主义理论中隐藏着西方政治的秘密，中西政治的根本区别要到那里去寻找。其中，有两点见解最值得注意。

第一，西方政治以自由为体。他说：西方政治的优越之处在于，一方面人人自由平等，另一方面法律完备，二者的结合导致极为良好的社会秩序，其水平之高，说给中国人听简直难以置信。而之所以能够达到如此高的水平，"推求其故，盖彼以自由为体，以民主为用"。[1]"以

1.《原强》。《严复集》第1册，第11页。

自由为体，以民主为用"，这是一个精当的概括，表明他不但看到了西方民主政治的优越，而且已经认识到，自由主义是西方政治思想的核心，民主制度仅是这一核心思想的运用。这个认识无疑是十分深刻的。

第二，严复还认识到，自由主义同时也是西方政治和中国政治的根本相异之点，中国政治传统中最缺少的东西正是自由主义。当时他感慨：和中国人谈西方政治，常常苦于说不明白。一般人只看到西方人在经济、技术和自然科学方面的长处，而这些都不是西方人的命脉之所在。西方人的命脉是什么呢？扼要地说，不外乎两条，即"于学术则黜伪而崇真，于刑政则屈私以为公"。不过，就抽象的道理而言，中国人也是赞成这两条的，为什么西方人能够做到，而我们做不到呢？原因就在"自由不自由异也"。中国的传统不但不主张自由，而且害怕自由："夫自由一言，真中国历古圣贤之所深畏，而从未尝立以为教者也。"由这个根本的差异而产生了中西之间的一系列差异。例如，在政治上，中国专制而重三纲，西方民主而讲平等；在思想上，中国有许多禁忌，西方尚自由批评；在经济上，中国重节流，西方重开源；在生活方式上，中国追求俭朴，西方鼓励享乐；在文化上，中国夸多识，西方尊新知，等等。[1]

基于上述认识，在分析中国问题的症结时，严复比那些仅止于政治体制的人更前进了一步，揭示了导致政治体制弊病的价值观念缺损："中国之弱，非弱于财匮兵窳也，而弱于政教之不中，而政教之所以不中，坐不知自由平等之公理，而私权奋压力行耳。"[2]

1.《论世变之亟》.《严复集》第 1 册，第 2—3 页。

2.《主客平议》.《严复集》，第 1 册，第 116 页。

后来，严复也常常以自由为尺度对比中西政治。譬如，他借用孟德斯鸠的话评论道：在法律上，英国人民和东方国家人民处于两极，英国人民最自由，以最自由而平等，东方国家人民无自由，以无自由而亦平等。[1]他还说过一句话，意思与上面所引《论世变之亟》中的话相同，再次指出中国政治传统中最缺的是自由主义："政界自由之义，原为我国所不谈。即自唐虞三代，至于今时，中国言治之书，浩如烟海，亦未闻有持民得自由，即为治道之盛者。"[2]

甲午战败后，中国朝野都在谈论变法。所谓变法，就是变革政治制度。严复既已认识到，西方政治制度的理论基础是自由主义，而在中国传统中缺乏相关的思想资源，那么，我们可以相信，他在若干年后译介亚当·斯密、约翰·穆勒、孟德斯鸠等人的著作，致力于把西方自由主义理论引入中国思想界，就是一种十分自觉的行为了。

二 自由的含义：群己权界

严复知道自由主义的重要，但是，他在多大程度上把握了自由主义的基本思想？在他的接受中，哪些是符合原义的，哪些是误解和曲解？这是我们要着重讨论的问题。

首先的一个问题是，严复是否清楚自由主义所说的"自由"是针

1.《社会通诠》，商务印书馆，1981，第157页。原文为："盎格鲁之民，与泰东之民，法典之二极也。盎格鲁之民，最自由者也；泰东之民，无自由者也。故于用法也，盎格鲁以最自由而平等，泰东以无自由而亦平等。"

2.《政治讲义》，《严复集》第5册，第1279页。

对什么而言？作为一种政治理论，自由主义所说的自由不是哲学中那个与必然相对立的自由概念，也不是伦理学中那个内在自由概念，而是一个政治学概念。看来严复对此是清楚的，他所说中国历来不谈自由，明明白白是指"政界自由"。

政治学中的自由概念是指什么？从洛克到哈耶克，它都是指个人的外在自由，即个人在现实社会生活中的自由。任何一种理论要称得上是自由主义理论，都必须把保障这个意义上的个人自由看作政治的最基本原则。而要贯彻这个原则，就必定涉及个人与他人的关系。每个人的自由都不容他人侵犯，同样道理，每个人也都不可侵犯他人的自由。这样，就需要在个人可以自由的范围与个人不可以自由的范围之间划出界限，那不可以自由的范围原则上是指会对他人自由造成侵犯或损害的行为。从社会或政府的角度看，也就是在不容干涉的私人领域与应该干涉的非私人领域之间划出界限。事实上，如何具体划界是一大难题，自由主义各派有不同的甚至对立的看法。但是，共同的是，都承认划界是重要的，而划界的目标应是最大限度地保障一切个人的自由。

我们能够据以判断严复对划界问题的理解的主要文本是他1903年出版的《群己权界论》。约翰·穆勒的原著题为《论自由》，严复在发表译作时改为此名，这一点常常被解释为他回避"自由"这个词，从而被当作他的思想转向保守的一个证据。[1]其实，他自己在该书的《自

---

1. 最早这么说的大约是蔡元培，他在《五十年来中国之哲学》（1923）中说："严氏译《天演论》的时候，本来算激进派，听说他常常说'尊民叛君，尊今叛古'八个字的主义。后来他看得激进的多了，反有点偏于保守的样子。他在民国纪元前九年，把他四年前旧译穆勒的 On Liberty 特避去'自由'二字，名作《群己权界论》。"（《蔡元培选集》上册，第73页）附和者有周振甫（《严复思想述评》，中华书局，1940）、李泽厚（《中国近代思想史论》，人民出版社，1979，第283页）等。

序》和《译凡例》中已经说清了取这个书名的理由。他说，在中文里，"自繇"[1]一词常含放诞、恣睢之贬义，而实际上它无所谓褒贬，义训最宽，不过是指"不为外物拘牵"罢了。政治学中用这个词，必然牵涉人与人之间的关系。"但自入群而后，我自繇者人亦自繇，使无限制约束，便入强权世界，而相冲突。故曰人得自繇，而必以他人之自繇为界……穆勒此书，即为人分别何者必宜自繇，何者不可自繇也。"又说："学者必明乎己与群之权界，而后自繇之说乃可用耳。"[2]可见他用这个书名，是为了更加明确地表达他所理解的穆勒此书的主旨，乃至更加明确地表达他所理解的自由主义政治学说的主旨。应该说，他的理解基本上是对的，划分群己权界的确是穆勒此书和一般自由主义理论的核心问题，至少是核心问题之一。

从译文看，凡是涉及群己权界的内容，大体上也能够传达原文的意思。原书第一章是对这个题目的集中论述，我从中举几个例子。

原书第一章第五段："集体意见对个人独立的合法干涉存在着一个界限；找到这个界限，并维护它不遭侵犯，这如同防止政治专制一样，对于人类事务的良好状态是不可缺少的。"[3]严复的译文："是故以小己听命于国群，而群之所以干涉吾私者，其权力不可以无限也。必立权限，而谨守之，此其事关于民生之休戚，与世风之升降，实较所

---

1. 在《群己权界论》中，严复把 Liberty 译为"自繇"而非"自由"。他的理由是："由、繇二字，古相通假"，而在西文中，Liberty 是实名而非虚名，所以"写为自繇，欲略示区别而已"。(《严复集》，第 1 册，第 133 页) 可见他是想借此强调，政治学中的自由概念不是一个抽象概念，而是一个具体概念。当然，这不是一个好的译法，后来他自己也放弃了。

2.《严复集》，第 1 册，第 132 页。

3. On Liberty etc., P.9.

以折专制之淫威者，尤为重也。"[1] 把"人类事务"具体化为"民生"和"世风"，加进了道德的含义，但全句的主要意思是吻合的。

原书第一章第九段：关于社会对个人的强制，本文主张一条极其简单的原则。"这条原则是，人类有权个别地或集体地干涉其任一成员之行动自由的唯一目的是自卫。只有为了防止对他人的伤害，权力才能违背文明社会任一成员之意愿而被正当地使用于他。若说为了他本人的好处，不论是物质的还是道德的，都不是一个充足的理由。"[2] 严复的译文："今夫人类，所可以干人者无他，曰以保吾之生云耳。其所谓己者，一人可也，一国可也；其所谓人者，一人可也，一国可也；干之云者，使不得惟所欲为；而生者，性命财产其最著也。然则反而观之，凡国家所可禁制其民者，将必使之不得伤人而已。所据惟此，乃为至足。若夫与人为善之义，云欲为益于其人之身心，以此干之，义皆不足。"[3] 译文中混进了原文中没有的国群自由的思想，这个问题在后面再分析。

同一段："任何人的行为，只有涉及他人的那一部分，他才须为之对社会负责。在仅涉及自己的这一部分中，他的自主权是绝对的。对于他自己，对于他自己的身心，个人是最高统治者。"[4] 严复的译文："是故一人之言行，其不可不屈于社会者，必一己之外，有涉于余人者也。使其所于为人无与，于是其自主之权最完，人之于其身心，主权之尊而无上，无异自主之一国也。"[5] 这一句可以说译得相当准确。

1.《群己权界论》，第6页。

2. On Liberty etc., P.15.

3.《群己权界论》，第10—11页。

4. On Liberty etc., P.15.

5.《群己权界论》，第11页。

第一章第十三段："唯一名副其实的自由是在我们自己的道路上追求自己的利益的自由，只要我们不试图去剥夺他人的此种自由，或去阻碍他人获取此种自由的努力。"[1]严复的译文："自繇名实相应者，必人人各适己事矣，而不禁他人各适其己事，而后得之。"[2]这一句译得较差，把"在自己的道路上追求自己的利益的自由"简化为"各适己事"，缩减和模糊了个人自由的含义。

在第五章第二段，穆勒把全书的中心思想归纳为两条箴言："第一，只要个人的行为不影响到自己之外的任何人的利益，他就无须为之向社会负责……第二，对于损害他人利益的行为，个人要负责任，并可遭受社会的或法律的惩罚，如果社会认为某一惩罚是为保护自己所需要的话。"[3]严复的译文："则所谓二条之义何耶？曰以小己而居国群之中，使所行之事，利害无涉于他人，则不必谋于其群，而其权亦非其群所得与……此所谓行己自繇之义也。乃至小己所行之事，本身而加诸人，祸福与人共之，则其权非一己所得专，而于其群为有责。使国人权利，为其所见侵，则清议邦典，皆可随轻重以用事于其间，于以禁制其所欲为，俾其人无由以自恣，此所谓社会干涉之义也。"[4]

上面这些段落可以说是穆勒论述个人自由划界原则的经典段落，这个原则就是：凡是不涉及他人、不损害他人利益的行为，个人拥有主权，享有自由，相反则要按照涉及他人的程度而受到社会相应程度的干涉。我们看到，严复的译文虽然有毛病，但还是明白地传达了这

---

1. On Liberty etc., P.18.

2.《群己权界论》，第 14 页。

3. On Liberty etc., P.115.

4.《群己权界论》，第 101 页。

个原则的。

在严复的其他著译中，我们也可发现对这个原则的清楚表述。例如，在《天演论》按语中，他两次谈到斯宾塞的"群学太平最大公例"，实即同等自由法则："太平公例曰：人得自由，而以他人之自由为界。""其为公之界说曰：各得自由，而以他人之自由为域。"[1]《法意》的两段按语也是这个意思："盖民所不得自繇者，必其事之出乎己，而及乎社会者也，至于小己之所为，苟无涉于人事，虽不必善，固可自繇。法律之所禁，皆其事之害人者，而风俗之成，其事常关于小己。""夫泰西之俗，凡事之不逾于小己者，可以自由，非他人所可过问。而一涉社会，则人人皆得而问之。"[2]足见个人自由的划界原则是深深印了在了严复的脑子里。

思想自由和言论自由包括在个人自由的范围内，法律和政府的干涉只能针对损害他人的行为，不能侵入思想和言论的领域。对于这一点，严复也有清楚的认识。在《法意》中，他在译文"夫国法之所加，必在其人之所实行者，过斯以往，非法之所宜及也"后面写了这样一段按语："此法家至精扼要之言也。为思想，为言论，皆非刑章所当治之域。思想言论，修己者之所严也，而非治人者之所当问也。问则其治沦于专制，而国民之自由无所矣。"并举了一个例子：戊戌变法时，主张变法的某侍御上疏皇帝，要求惩治礼部尚书许应骙腹诽新政之罪，遭皇帝驳回和舆论讥笑。严复批评说：此人的所谓变法其实仍是要实行"无法之专制"。[3]

1.《天演论》，第34、90页。

2.《孟德斯鸠法意》，第407、417—418页。

3.《孟德斯鸠法意》，第271—272页。

三　自由的含义：限制政府之治权

《政治讲义》是严复1905年应邀在上海青年会做的系列讲演，在这篇讲演中，他针对当时朝野酝酿立宪的形势，比较系统地阐述了自己在政治学方面的知识和见解。我们可以发现，在论及自由的含义时，他强调的重点有了明显的改变。他说，他以前所译穆勒的《群己权界论》，其主题是个人对于社会的自由，而不是政界自由。那本书主要是要解决个人言行受舆论和习俗压制的问题，这个问题虽然很重要，并且和政府也有关系，但不是对政界自由的直接正面论述，因此可以缓谈。他好像认为，那应该是属于伦理学中的个人自由范畴。[1]

在《论自由》中，穆勒确实较多地把他的注意力放在防备社会上主流的意见、道德观念和生活方式对于个性的压制上面。全书共五章，其中第二、三章的全部和第四章的大部都贡献给了这个问题。在划分社会对于个人的干涉之权界时，他往往把社会当作一个笼统的实体，或者干脆等同于公众。仅在第五章谈划界原则的实际应用时，他才对限制政府权力的问题有所论及。哈耶克为此指责他把批评矛头指向思想专制而非政府行动，认为他不是一个标准的自由主义者。严复在一定程度上也发现了《论自由》一书的这个薄弱环节，可见他的敏锐。但是，把此书中的自由概念归入伦理学而非政治学，却是一种混淆。穆勒所说的自由完全是一个政治学概念，即使在谈论个人在道德

---

1. 原文为："盖政界自由，其义与伦学中个人自由不同。仆前译穆勒《群己权界论》，即系个人对于社会之自由，非政界自由。政界自由，与管束为反对……若夫《权界论》所指，乃以个人言行，而为社会中众口众力所劫持。此其事甚巨，且亦有时关涉政府，然非直接正论，故可缓言也。"（《严复集》，第5册，第1282页）

选择上的自由时，它也不是指与社会无关的内在自由，而是指不容社会干涉这一意义上的外在自由。《论自由》一书的主题是群己权界的划分，这个问题始终是自由主义政治理论的基本问题。然而，由这个问题引出了另一个基本问题，则是穆勒没有展开论述的，即：为了保证所划权界得到遵守，法律的制定和政府的存在就有了必要；政府一旦存在，它自身反而有可能逾越权界，侵损个人自由，如何限制政府权力就成了一个重大问题。这就是法治的问题。自由主义理论说到底是两大原则，一是个人自由原则即群己权界原则，二是法治原则。在《政治讲义》中，严复开始关注穆勒所忽略的法治原则，比《群己权界论》前进了一步。不过，如果因此把更为基础性的群己权界原则排除在政治学之外，却是不合逻辑的。

在《政治讲义》中，严复如此给自由一词下定义："自由者，不受管束之谓也；或受管束矣，而不至烦苛之谓也。"[1] 所谓"受管束"，是指受政府之管束。因此，完全的自由就是无政府。在政府有必要存在、事实上也存在的情形下，自由即在于对政府管束权力的限制。他列举了政治领域中自由一词三种通常的用法：一、"以国之独立自主不受强大者牵掣干涉为自由。"这是指民族独立和国家主权。二、"以政府之对国民有责任者为自由。"这是指民主制度尤其是议会制度。三、"以限制政府之治权为自由。"这是指法治和立宪政治。严复认为，第三种是科学的用法。[2]

严复清楚地认识到，法治主要是针对政府而言的。他说："立宪者，立法也，非立所以治民之刑法也。何者？如是之法，即未立宪，

1.《严复集》，第 5 册，第 1285 页。
2.《严复集》，第 5 册，第 1289—1290 页。

固已有之。立宪者，即立此吾侪小人所一日可据以与君上为争之法典耳。其无此者，皆无所谓立宪，君上仁暴，非所关于毫末也。"[1] 一个国家有法律，完全不等于已经实现了法治。法治的关键是，法律的制定是以保障国民的自由为宗旨和原则的，政府必须依据法律进行治理，倘若违背，国民可以依据法律进行追究。也就是说，在法治国家中，法律的权力至上，政府必须服从法律。西方政治的基本方针是"国民则必享宪法中之自由，而政府则必去无责任之霸权"[2]，亦即限制政府权力以保护个人自由。

在限制政府权力这一点上，中西的观念截然不同。中国人从来没有这个观念，对于政府的最高理想是仁政。在中国的政治语境中，对政府的评价只有仁政与暴政的区分。在仁政下，君民关系如父子；在暴政下，君民关系如主奴。在这两种情况下，人民都没有自由。一个仁爱的政府，当真把老百姓当作襁褓中的孩子一样，无微不至地加以照看，丝毫用不着老百姓自己费心思。这种情况发生在中国，老百姓就会感恩戴德，颂扬为"神明父母"，而庆幸自己身遭"千载一时之嘉遇"。如果西方人遇到这样的政府，却会觉得受了侮辱，恨它真正剥夺了自己的自由，把自己置于"无殊于奴隶"的地位。所以，"西语所谓父母政府者，非嘉号也。"[3]

以上是严复在《政治讲义》中表述的对自由与法治的关系的认识。他认为自由在法治，在制度，而不在政府的仁暴。这个看法是对的。他还认为，自由也不在政府的形式，例如议会，并举法国革命时

1.《严复集》，第 5 册，第 1284 页。

2.《政治讲义》。《严复集》，第 5 册，第 1269 页。

3.《严复集》，第 5 册，第 1283 页。

期的苛法为例证明议会也可能剥夺人民的自由。这个看法也是对的。然而，他把这些正确的看法发挥过了头，竟然说："但考论各国所实享自由时，不当问其法令之良窳，亦不当问其国政为操于议院民权，抑操于专制君权。盖此等歧异，虽所关至巨，而实与自由无涉。"又举蒙古帝国、突厥帝国极暴虐而对老百姓管束极少为例证明，暴虐政府也有不剥夺人民的自由的。[1] 我们凭常识就可以断定，虽然仁政不必是自由，但暴政肯定是不自由，虽然议院民权不必是自由，但专制君权肯定是不自由。按照法治原则，自由在于保障个人自由的立法以及所立法律对于政府的约束。保障个人自由的立法又是群己权界的划分在法律上的体现，严复在这里撇开群己权界谈政府与人民的关系，单从管束的多少着眼定义自由，就显出了片面性。专制君权和暴虐政府连保障个人自由的立法尚且没有，对人民管束之多少皆无法律约束，仅取决于其意志和客观条件，怎么能根据管束少就说人民是自由的呢？

四　自由的含义：用法治取代人治

《政治讲义》表明，严复对西方法治思想已有相当的理解。他的这种认识从何而来？在发表《政治讲义》之前，他于1904年译完和出版《社会通诠》，并开始翻译《法意》。读一读这两种书及书中的按语，我们便可相信，这两种书是他了解西方法治思想的主要文本。大

1.《政治讲义》。《严复集》，第 5 册，第 1288、1283 页。

体而论，甄克思使他懂得了法治的关键在于限制政府对人民的治权，孟德斯鸠使他懂得了法治的制度保证是把立法权、司法权从政府的权力中分离出来。在翻译二书的过程中，他还从所领会的法治观念出发，对中国的人治进行了相当深刻的分析和批判。

在《社会通诠》中，甄克思如此解释政府产生的原因：国家为了求自存，必须做两件事，一是"御外侮"，即抵御外部敌人对国家的侵犯，二是"奠内治"，即在国家内部防阻人与人之间的侵犯行为。政府的行政权肇始于这两件事，它们是政府存在的理由，也就构成了政府合法权力的基本范围。对于老百姓的生活和事业，除了涉及这两件事因而需要干涉的之外，应该"大抵任民自为，而不过问"。对于这一论点，严复在按语中发表感想说："读此则知东西立国之相异，而国民资格，亦由是而大不同也。"在西方，政府只管兵刑二项，其余包括经济、教育、宗教、道德等方面的事情，则"皆可放任其民，使自为之"。在中国，从帝王到守宰，都一身而兼"天、地、君、亲、师之众责"，结果，政府的责任无穷，而老百姓却什么也不能干。政府仁慈，就把老百姓看作儿子，政府暴虐，就待老百姓如同奴虏。"为儿子奴虏异，而其于国也，无尺寸之治柄，无丝毫应有必不可夺之权利则同。"他接着断言："由此观之，是中西政教之各立，盖自炎黄尧舜以来，其为道莫有同者。"因此，要寻找今日西方富强的原因，就必须"揣其本原"，而"本原"就在于上述与中国根本不同的政制。[1]

在另一则按语里，严复又对"中西言治根本之大不同"进行比较："西人之言政也，以其柄为本属诸民，而政府所得而操之者，民

1.《社会通诠》第133—134页。

予之也，且必因缘事会，而后成之。察其言外之意，若惟恐其权之太盛，将终不利于民也者，此西说也。中国之言政也，寸权尺柄，皆属官家。其行政也，乃行其所固有者。假令取下民之日用一切而整齐之，虽至纤息，终无有人以国家为不当问也，实且以为能任其天职。"[1]中国的政府实在太习惯于管老百姓了，老百姓也实在太习惯于被政府管了，哪怕把日常生活的一切细节都管起来，也没有人觉得政府不该管，反而认为是天经地义。相反，在西方，人们对于政府的权力总是怀有警惕，惟恐它太大而侵犯人民的自由。这种差异表明中西方对于政府权力的来源和性质有着完全不同的认识。

政府的行政权不受限制，过分扩张，其恶果是人民越来越不能自立，而由不能自立的人民组成的国家则越来越孱弱。这是甄克思指出的必须限制政府治权的理由之一。由此显出中西政治观念的又一重大差别：西方观念把人民的自立看得极其重要，人民愈能自立，就表明治制愈是完善；中国则相反，似乎政府愈是包办一切，治制就愈完善，结果是人民自立的能力愈被扼杀。严复用"西儒"的眼光来看中国历史，发现正是中国政治的"极盛"时代，"其去道也滋益远"。[2]

中西政制的根本区别，从政治角度看是专制与自由之别，从法律角度看就是人治与法治之别。这一认识在严复的头脑中印得相当深，在《法意》按语中也一再申论。孟德斯鸠论及英国政制时指出，在法庭上，法官与被告应处于平等的地位。严复因之回忆起留英时旁听法庭审判的经历，议论道："刑狱者，中西至不可同之一事也。"中国的刑狱一直是"以贵治贱"，无平等可言。"以贵治贱，故仁可以为民父

1.《社会通诠》，第 139 页。

2.《社会通诠》，第 141 页。

母，而暴亦可为豺狼。"在论及罗马共和国时期的情形时，孟德斯鸠谈到，由于客观情势的必要，当时派往被征服领地的总督往往兼掌行政、立法、司法三权，结果虽是共和国的派出官员，实行的却必然是专制。严复议论道："此惊心动魄之言也。"制度本身不仁，掌权者的仁就没有意义。"国之所以常处于安，民之所以常免于暴者，亦恃制而已，非恃其人之仁也。恃其欲为不仁而不可得也，权在我者也。"在论及赋税与自由的关系时，孟德斯鸠批评欧洲君主因滥用自由而导致过分的赋税，赞美东方帝王经常下诏免税。严复不赞成孟德斯鸠的褒贬，对所述现象提出自己的解释。他指出，西方的君民是真正的君民，各自都有受到法律保护的权利，形成互相抗衡之势，所以君不得不为自己争利益。东方的君民，世隆则为父子，世污则为主奴，君有权而民无权，君处在至尊无对不净的地位，民的苦乐生杀都掌握在他手中，所以必须体恤民生以维护自己的统治。"此东西治制之至异也。"然后引西哲之言下一论断："西之言伦理也，先义而后仁，各有其所应得也。东之言伦理也，先仁而后义，一予之而后一得也。"[1] "先义而后仁"，可理解为首先确定合理的规则，然后大家按照规则谋取自己的利益。"先仁而后义"，可理解为首先按照个人意志来分配利益，然后把这宣布为天经地义。这便是法治与人治之别。

　　我们看到，严复围绕人治和法治反反复复谈论中西治制的"大不同"、"至不可同"、"至异"，他强烈地感觉到，人民的权利在法治下有可靠保障，在人治下毫无保障。那么，对于法治的内涵，除了《社会通诠》中强调的限制政府治权之外，他通过翻译《法意》认识到了

1.《孟德斯鸠法意》，第224、258、301—302页。

什么？主要有两点。

其一，法律的普遍性和至上性。"孟氏之所谓法，治国之经制也。其立也，虽不必参用民权，顾既立之余，则上下所为，皆有所束。"相反，中国秦代法家的所谓"法"，只用来"驱迫束缚其臣民"，而"国君则超乎法之上，可以意用法易法，而不为法所拘"。"夫如是，虽有法，亦适成专制而已矣。"立宪政治不只是要"有恒久之法度"，还必须确立法律的至上地位，"法之既立，虽天子不可以不循"。不过，严复强调，要做到这一点，前提是"民权与君权分立并用"，君权真正受到限制。孟德斯鸠把君主政体与专制政体加以区别，说前者是君主遵照法律执政，后者是君主按照一己的意志执政。严复对此提出质疑，认为只要君主掌握全部权力，这种区分就没有意义。他指出："其专制也，君主之制，本可专也。其立宪也，君主之仁，乐有宪也。此不必其为两世也。虽一人之身，始于立宪，终于专制，可耳。汉成唐元，非其例欤？其法典非无常也，国之人皆有常，而在彼独可以无常也。夫立宪专制，既唯其所欲矣，又何必斤斤然，为谨其分于有法无法也哉。"真正的立宪应该是像现在的欧洲那样，君民皆有权，而最高权力在民，使君主不得违背法律。[1]

在另一篇文章中，严复讲了一个故事。英国报纸聚攻拿破仑，有不实之词，拿破仑为此与英国大使交涉。英国大使回答道："先生何不起诉他们？英国政府也不免遭到这类诽谤嘲骂，而对付的办法也只是通过法庭。"拿破仑听了无话可说。严复据此议论说："是知法权无上，不独下民之有所庇也，即为民上者，亦得此而后成其尊。而习于东方

1.《孟德斯鸠法意》，第25—27、95—96页。

之治者，不能知也。"并且又一次断言，中西政治在本源上的区别就在这里。[1]

其二，法治的制度保证是立法权、司法权与行政权的分立。孟德斯鸠在论及君主国的司法状况时指出，其弊病是君主既当原告，又当法官。严复联系中国的情况写道："中国以州县治民，以行法之官而司刑柄，其流弊正与此同。盖中国之制，自天子至于守宰，皆以一身而兼刑、宪、政三权者，故古今于国事犯无持平之狱。"刑曹法司只是皇帝的派出机构，真正的判决权在皇帝手中。相反，"今盎格鲁国民，其法廷咸称无上，示无所屈。虽必依国律，而既定之后，王者一字不能易也。"[2]《论法的精神》第十九章专论中国，其中，孟德斯鸠在论及中国政体的特点时指出，中国的立法者把宗教、法律、风俗、礼仪都混在一起，把它们都变成道德，其统一的箴规即礼教，并藉之实现了有效的统治。[3]这一见解十分深刻，揭示了中国专制统治的法宝是以"礼"治国，凭借无所不包的礼教而把一切权力集中在中央政府手中。既然法律也是包含于和从属于礼教的，毫无独立的地位，立法权、司法权对于行政权的独立就无从谈起了。严复对于孟德斯鸠的这一见解深表佩服，赞为"精凿"。他坦言："吾译此章，不觉低首下心，而服孟德斯鸠之伟识也。其于吾治也，可谓能见其大者矣。"他感到"大可惊叹"的是，孟德斯鸠生在康、乾之间，所见关于中国的资料不过是一些航海家、传教士的译介，竟能有如此中肯的剖析，眼光实在了得。中国的贤圣由于陷在以"礼"治国的传统里，对于法治

1.《读新译甄克思〈社会通诠〉》（1904）。《严复集》，第 1 册，第 147 页。

2.《孟德斯鸠法意》，第 113、116 页。

3. 参看《论法的精神》，上册，第 312、313 页。

毫无概念，所以听到西哲的平等自由之说，便目瞪口呆，"骇然不悟其义之所终"。[1]

由上可见，严复已经比较清楚地认识到，要使中国政制由专制变为自由，就必须用法治取代人治。关于法治的涵义，他较为明确的是法律的普遍性和至上性，对政府行政权的限制，司法权的独立。对于立法的原则和立法权的归属，则较为模糊，甚少论及。

五　用中国传统文化解释自由

虽然严复认为中国传统中没有政治学意义上的自由概念，但他有时又引用儒道典籍对这一概念进行解释。这样做自然有教学法上的考虑，为了便于中国士大夫理解，然而，在多数情形下，我们可发现一种基本含义的混淆，暴露出他对西方自由主义的认识误差。

用儒家思想解释自由大致有以下一些。

其一，用"恕"和"絜矩"解释自由。最早见之于《论世变之亟》："中国理道与西法自由最相似者，曰恕，曰絜矩。然谓之相似则可，谓之真同则大不可也。何则？中国恕与絜矩，专以待人及物而言。而西人自由，则于及物之中，而实寓所以存我者也。"[2] 在这里，他还只是说恕和絜矩与西方人的自由相似，而决非真的相同，并指出了两者的根本差异，在于恕和絜矩仅涉及待人处事，而自由则在待人

1.《孟德斯鸠法意》，第 410、411 页。

2.《论世变之亟》.《严复集》，第 1 册，第 3 页。

处事中包含了对自我的肯定。看到中西政治的根本差异在是否肯定个人，这是十分深刻的认识，可惜它只是灵光一闪，后来似乎看不到了。在其他著述中，恕和絜矩与自由基本上是被等量齐观的。例如，在《原强》中："是故富强者，不外利民之政也，而必自民之能自利始；能自利自能自由始；能自由自能自治始，能自治者，必其能恕、能用絜矩之道者也。"[1] 在《〈群己权界论〉译凡例》中："故曰人得自繇，而必以他人之自繇为界，此则《大学》絜矩之道，君子所恃以平天下者矣。"[2]

恕和絜矩是儒家的伦理范畴。《论语·卫灵公》中孔子对恕的解释是："己所不欲，勿施于人。"与此相对应的是《雍也》中子贡对仁的解释："己欲立而立人，己欲达而达人。"分别是从反正两面推己及人的意思。"絜矩"一词出自《礼记·大学》，其中说：治国者孝养老人、尊敬长辈、抚恤孤寡，老百姓就会跟着学样，"是以君子有絜矩之道也"。接着解释说："所恶于上，毋以使下，所恶于上，毋以事下"，如此等等，"此之谓絜矩之道"。"絜"是量度，"矩"是制作方形的工具，象征道德上的示范作用。按照朱熹的解释，"絜矩之道"的意思是：根据人心之所同，推以量度事物，使我和他人的愿望都得到满足，大家都遵循规矩，于是天下太平。[3] 可见絜矩之道也就是恕道，

1.《原强》。《严复集》，第 1 册，第 14 页。

2.《〈群己权界论〉译凡例》。《严复集》，第 1 册，第 132 页。

3.《大学》原文为："所谓平天下在治其国者。上老老而民兴孝，上长长而民兴弟，上恤孤而民不倍。是以君子有絜矩之道也。"朱熹原文为："所谓家齐而国治也，亦可以见人心之所同……是以君子必当因其所同，推以度物，使彼我之间，各得分愿，则上下四旁，均齐方正，而天下平矣。"（《宋元人注四书五经》，上册，《大学章句》第 6 页）

都包含将心比心、推己及人的意思。严复应该是在这个意义上把恕和絜矩比附为自由的。但是，二者毕竟不可混为一谈。作为自由主义之核心的对个人自由的肯定，恰恰是恕和絜矩所阙如的。也正因为此，在推己及人时，自由主义得出的是自己自由也尊重他人自由的群己权界，个人自由被视为目的本身，絜矩之道的内容却是养老、尊长、恤孤这些仁政举措，其作用则完全是作为齐家治国平天下的工具。严复把二者相提并论，说明在他的思想中仍有混淆儒家仁政与西方自由政治的成分。

其二，严复两次引证汉代扬雄《法言》中"周人多行，秦人多病"一语，证明中国历史上也有人懂得政界自由之义。在明确说"政界自由之义原为我国所不谈"之后，他举出扬雄作为一个例外。据他解释，扬雄所说的"行"就是自由的意思。[1]扬雄此语诚然有对比周秦管束宽严的意思，但因此说扬雄懂得政界自由之义，不免牵强。

其三，在论及言论自由时，严复举出韩愈赞美伯夷特立独行、王安石说圣贤不徇流俗、朱熹说虽孔子之言亦须讨个是非等例子，证明中国学界中也有言论自由。他如此解释言论自由的含义："须知言论自繇，只是平实地说实话求真理，一不为古人所欺，二不为权势所屈而已。使理真事实，虽出之仇敌，不可废也。使理谬事诬，虽以君父，不可从也。此之谓自繇。"[2]他这里所说的显然是伦理学意义上的内在自由，但却把它和政治学意义上作为外在自由的言论自由相混淆了。

1.《政治讲义》。《严复集》，第 5 册，第 1279 页。另一处见《译〈群己权界论〉自序》。《严复集》，第 1 册，第 131 页。

2.《〈群己权界论〉译凡例》。《严复集》，第 1 册，第 134 页。

以上是用儒家政治伦理思想解释自由的例子，在作此种解释时，严复或者有较大的保留，或者仅取其一点，近于类比。在总体上，他是清楚儒家政治与西方自由主义政治的根本不同的。相反，在用道家思想解释自由时，他保留甚少，往往是实质性的。他差不多是认为，老庄早已说出了自由民主政治的精髓，只是中国历来的统治者不肯采用，现在倒被西方人付诸实现了。

在《政治讲义》中，论及中国历来不谈政治自由时，他不但把扬雄算做例外，实际上还把道家算做了例外。使他感到可惜的是，黄老清静无扰之术不但不被历来统治者采用，而且现在的新学人士也不懂得它与西方自由学说是一致的。他批评说："最可异者，近世新学之士，一边于西国自由之说，深表同情，一边于本国黄老之谈，痛加诋毁，以矛陷盾，杳不自知。笃而论之，此等论家，于两义均无所知而已。"[1]当时他正研读《老子》，在评语中屡屡把老子的无为而治思想定性为"民主之说"、"纯是民主主义"、"民主之治之所用"，而把老子所描绘的小国寡民比附为"正孟德斯鸠《法意》篇中所指为民主之真相"。据他分析，中国历来统治者之所以用儒术而不用黄老之术，是因为儒术是"君主之利器"，而黄老之术只适用于民主之国，不适用于君主之国。[2]

后来，在大约写于1916年的《庄子》评语中，他再次发挥这种看法。他在《庄子》和郭象注中不断发现"与挽近欧西言治者所主张合"的地方，感慨道："挽近欧西平等自由之旨，庄生往往发之。详

1.《政治讲义》。《严复集》，第5册，第1279页。

2. 参看《〈老子〉评语》(1905)。《严复集》，第4册，第1079、1091、1092、1095、1097页。

玩其说，皆可见也。"最显著的，一是《应帝王》，他看出此篇讲的是"治国宜听民之自由、自化"的道理，这个道理就是："为帝王者，其主治行政，凡可以听民自为自由者，应一切听其自为自由，而后国民得各尽其天职，各自奋于义务，而民生始有进化之可期。"另一是外篇中的《在宥》，此篇第一句为："闻在宥天下，不闻治天下也。""在"即自在，"宥"即宽松，全篇的主旨是教统治者让老百姓自在宽松，而不要去统驭他们。也许因为"在宥"的发音与自由接近，新学人士多喜加引申。例如，谭嗣同说：在宥即"无国之义"，"人人能自由"。[1] 康有为说："庄周言在宥天下，大发自由之旨"。[2] 梁启超说："在宥云者，使民绝对自由之谓也。"[3] 严复在《天演论》按语中也用"在宥"解释斯宾塞的政治理论："斯宾塞之言治也，大旨存于任天，而人事为之辅，犹黄老之明自然，而不忘在宥是已。"[4] 在《庄子》按语中，他又将此篇所论统治者对于天下"无为也而后安其性命之情"的思想，与"卢梭之摧残法制，还复本初，以遂其自由平等之性"的思想作比较，认为二者"有合"。他还认为，此篇中为我而任物的思想相当于西方政治哲学中的个人主义。[5]

老庄政治哲学与西方自由主义确有相似之处，最大的相似之处是都反对政府对人民生活的干涉，至少是反对过多的干涉，在不同程度上都怀有某种"最小政府"的理想。但是，它们提出这种主张的根据

---

1. 谭嗣同《仁学》。

2. 康有为《论语注》。

3. 梁启超《先秦政治思想史》，东方出版社，1996，第 129 页。

4.《天演论》，第 16 页。

5.《〈庄子〉评语》。《严复集》，第 4 册，第 1124—1126 页。

是不同的，因而所主张的内涵也是不同的。老庄的根本出发点是自然，就是要让事物按照自己本来的样子存在。和自然相反的是人为，一切人为的东西都被看作对事物本来样子的扰乱，都是要坚决避免和反对的。我们视为文明的一切，包括知识、技术、道德、制度、法律，都属此列。老子说："大道废，有仁义；智慧出，有大伪"（十八章）；"天下多忌讳，而民弥贫；人多利器，国家滋昏；人多伎巧，奇物滋起；法令滋彰，盗贼多有"（五十七章），就是这个意思。所以，他主张"常使民无知无欲"（三章），"少私寡欲，绝学无忧"（十九章），以收到"不欲以静，天下将自正"（三十七章）的效果。庄子也说："同乎无知，其德不离，同乎无欲，是谓素朴，素朴而民性得矣。"（《马蹄》）他们所说的"欲"，不是人的自然欲望，而是使人超出原始的自然状态走向文明的欲望，这个"欲"是和"知"连在一起的，"无欲"与"无知"是不可分的。在这一点上，西方自由主义恰恰相反，其出发点是肯定文明，肯定人的追求幸福的欲望和能力。由于这个出发点不同，二者的内涵也就不同。老庄的无为而治是要求君主不做任何会刺激起人民的欲望的事情，西方的自由政治却是要做出一种制度的安排，使得政府不能侵犯公民实现其合理欲望的自由。肯定欲望意味着肯定竞争，有竞争就需要有规则，使人人不得侵犯他人的自由。因此，自由主义的必有之义是法治而非无为而治，国家须制定保障一切个人自由的法律并且通过法律进行治理。相反，老庄的政治理想却是要消灭竞争，所以法律不但不需要，反而被当作引起是非纷争的根源之一遭到了排斥。

其实，作为社会进化论的信徒，严复是不赞同老庄的反文明立场的。他说，老子要强使人类从文明状态返回自然状态，这本身也是一种"违自然，拂道纪"，即违背进化规律的。《老子》十八、十九章集中谈论废除知识、道德、利益的必要，他指出这是"老子哲学与近世哲学异道所在"。[1]他没有深入想一想的是，这不是一个孤立的差异，由于对人性和社会发展的看法根本对立，道家和西方自由主义所提出的治国方案也必然是根本对立的。

中国儒道二家哲学所谈自由基本上都属于内在自由，其中，儒家重个人独善其身的道德自由，道家重个人超然物外的精神自由。至于政治学意义上的个人的外在自由，是二家都不谈的。严复看到了这一点，但仿佛不甘心，仍然做了一些似是而非的比附。

六　自由的根据：个性还是民德？

我们可以承认严复对于自由的含义大致上是清楚的，但是，论到自由的根据问题，即为何个人自由是可欲的，就不能这么说了。他在自由的含义问题上发生的较小混淆，在这里就成了他理解西方自由主义之实质的严重障碍。西方政治哲学家对于自由为何可欲的论证有两条路径，一是人道主义和个人主义的路径，另一是功利主义的路径。我们先来看前一条路径方面的情况。

人道主义和个人主义是自由主义政治学说的主要哲学基础。个人自由之所以是一切合理的政治安排应当保护的目标，首先的理由是个人本身就是价值，个人充分发展其禀赋和能力这件事本身就是可欲

1.《〈老子〉评语》.《严复集》，第 4 册，第 1082 页。

的。对于这个道理，严复并非完全不知。他知道"今世政治哲学"中有"个人主义"一派。[1] 他看到西人自由中包含着"所以存我者"的核心。[2] 他了解个人禀赋的不同和发展此不同禀赋的权利是西人主张自由的重要根据："彼西人之言曰：唯天生民，各具赋界，得自由者乃为全受。故人人各得自由，国国各得自由，第务令毋相侵损而已。"[3] "自由者，各尽其天赋之能事，而自承之功过者也。"[4] 针对王安石在《上仁宗皇帝言事书》中提出的陶冶人才以供皇帝所取任的主张，他指出：今世文明国家的做法与此完全不同，所强调的是"人道有宜完之分量"，教育应当"完为人之量"，即让每个人充分发展自己的禀赋，做适合其禀赋的事，而不是仅仅培养修政临人的官僚。[5]

西方思想家在为自由辩护时，还常常把人的理性能力作为根据。理性能力的运用属于内在自由，但理性能力的存在本身则是外在自由不容剥夺的重要理由。把每个人当作有理性的精神性存在予以尊重，这也是人道主义和个人主义的基本含义之一。在这方面，康德的观点最有代表性并且被广泛引用。康德认为，人一方面属于现象界，拥有感性，受制于自然法则，无自由可言，另一方面属于本体界，拥有理性，能够为自己建立道德法则，它证明人是自由的。看来严复对康德的这个观点是知道的。他说："西哲又谓：'真实完全自繇。'形气中本无此物，惟上帝真神，乃能享之。禽兽下生，驱于形气，一切不

1.《〈庄子〉评语》。《严复集》，第4册，第1126页。

2.《论世变之亟》。《严复集》，第1册，第3页。

3.《论世变之亟》。《严复集》，第1册，第2—3页。

4.《主客平议》(1902)。《严复集》，第1册，第118页。

5.《〈古文辞类纂〉评语》(1911—1917)。《严复集》，第4册，第1210页。

由自主，则无自繇，而皆束缚。独人道介于天物之间，有自繇亦有束缚。"这段话基本上是康德上述观点的转述。但是，康德进一步提出：人的尊严就在于这个能够作普遍道德律的立法者的资格，由于具有这样的尊严，所以，人是目的，永远不可把人用做手段。这是在为外在自由做哲学的论证。对于康德这个进一步的观点，严复就未必理解了。他接下来说的是："由此可知自繇之乐，惟自治力大者为能享之，而气禀嗜欲之中，所以缠缚驱迫者，方至众也。"结论仍落在了内在自由上面。不过，虽然如此，他毕竟懂得，自由之所以必要，是与人作为道德行为的主体这一点有关的。他说："斯宾塞伦理学，《说公》一篇，言人道所以必得自繇者，盖不自繇则善恶功罪，皆非己出，而仅有幸不幸可言，而民德亦无由演进。""自繇云者，乃自繇于为善，非自繇于为恶。特争自繇疆域之时，必谓为恶亦可自繇，其自繇分量乃为圆足。必善恶由我主张，而后为善有其可赏，为恶有其可诛。又以一己独知之地，善恶之辨，至为难明，往往人所谓恶，乃实吾善，人所谓善，反为吾恶。此干涉所以必不可行，非任其自繇不可也。"[1]他认识到，唯有在自由的情形下，个人才能按照自己的意愿行动，并承担相应的责任。但偏差仍是明显的，道德被狭隘地归结为善恶功罪，自由的必要落脚在使赏罚有合理依据，始终没有从人作为精神性存在的尊严这个角度思考自由的根据问题。这一弱点在《群己权界论》中表现得格外清楚。

由于穆勒既是英国自由主义的哲学代言人，又是一位著名的功利主义者，因此，一般认为，功利主义就是其自由主义政治学说的哲学

1.《〈群己权界论〉译凡例》。《严复集》，第1册，第133—135页。

基础。在《论自由》第一章中，他也确实如此宣布："应当说明，凡是可以从抽象权利观念——作为脱离功利而独立的一个东西——中引来做我的论据的任何有利条件，我一概都放弃。我把功利看作一切伦理问题上的终极裁判；但是，它必须是最广义的功利，所根据的是作为一种前进存在的人的永久利益。"[1] 然而，我们应该注意，正因为他对功利作了最广义的解释，他所主张的功利主义与边沁主义已经相距甚远了。在《功利主义》一书中，他像边沁一样，也把快乐看作行为的唯一动机，把最大幸福看作人类的目标，不同的是，他提出快乐不但有量的大小，而且有质的高低，精神的快乐因其本性而高于肉体的快乐。[2] 经过这样的重新解释，作为人类目标的幸福概念已经吸纳进了人类一切最基本的精神价值。正像摩尔从逻辑角度所批评的："快乐的质"如不仍是快乐的量，就必是暗指"某种并不在一切快乐中出现的、作为目的也是善的东西"，因而与快乐主义相矛盾。[3] 也因为此，他的功利主义常被批评为在经验论与直觉论、快乐论与至善论之间摇摆。哈耶克则批评他的自由主义在英国传统与欧洲大陆传统之间摇摆，并且指责《论自由》一书深受德国知识传统中狂热的个性崇拜之影响。[4] 事实上，穆勒在此书中为自由所作论证的主要论据就是个性的价值。虽然由于他把个性看作幸福的一个因素，而幸福是功利主义哲学的基本范畴，人们尚可把这一论证与功利主义勉强联系起来，但

---

1. On Liberty etc., P.16.

2. 参看约翰·穆勒《功用主义》，唐钺译，商务印书馆，1957，第 8 页。

3. 摩尔《伦理学原理》，第 88 页。

4. 参看哈耶克《个人主义与经济秩序》，邓正来译，复旦大学出版社，2012，第 23—24 页。

是，第一，他所使用的幸福概念是极其广义的和精神性的，第二，他始终强调个性本身即是目的价值而非工具价值，因此，我们完全有理由认为他的论证在实质上是人道主义和个人主义的。他对个性价值的申述酣畅淋漓，警语迭出，足以使此书成为人文经典中的千古名篇。他把矛头主要指向了公众和习俗而非政府，是因为他痛感商业时代平庸化趋势对于个性的严重压制，然而，他藉此所做的是对个人自由的一般性辩护，其论据是普遍适用的。

在严复所译《群己权界论》中，如果说对自由的含义即群己权界这方面内容的翻译基本上能传达原义，那么，对自由的根据即个性价值这方面内容的翻译就大成问题了。一个总的倾向是，他常常用道德色彩强烈的语汇来翻译这些内容，结果，"特操"、"修身成物"、"民德"之类取代个性价值成了自由的根据。为了说明这一点，最好的办法还是把译文与原著进行对照。

在原书开头，穆勒引洪堡（Wilhelm von Humboldt）《统治权的范围和责任》中的一段话作为卷首题词："本文所展开的所有论证都直接汇总到一个最主要的伟大原则上，便是人类发展中最丰富的多样性对于人类发展具有绝对的、根本的重要性。"[1] "人类发展中最丰富的多样性"也就是不同个性的自由发展，因此，这一"伟大原则"亦即肯定个性的至高价值。穆勒借用这段话表明，《论自由》的主旨同样是阐明这个原则。在译本中，这段题词被删略了。[2]

原书第一章第五段谈到，要防止社会束缚与之不合的个性的发展

---

1. On Liberty etc., P.2.
2. 程崇华的译本（商务印书馆，1959）也没有译这段题词。

乃至阻止其形成。"个性"（individuality）一词被译作"小己之特操"。[1]在全书中，这个词通常译作"特操"，Individual 则译作"特操异撰之士"、"非常之人"或"小己"。

第一章第十二段谈到自由的适当领域，第一项是"意识的内在领地"（the inward domain of consciousness），这个词有个人的精神领域神圣不可侵犯的强烈意味，穆勒以之论证思想自由和言论自由。在译本中，被译作"意念自繇"，原有的意味丧失殆尽。[2]

第一章第十三段："每个人是他自己的健康——不论是身体的，还是智力的和心灵的——的适当监护人。和强迫每个人按照其余人觉得好的样子生活相比，彼此容忍各人按照自己觉得好的样子生活，人类的所获更大。"[3]严复的译文："民自成丁以上，所谓师傅保三事，各自任之，其形体，其学术，其宗教，皆其所自择而持守进修者也。是故自繇之义伸于社会之中，其民若各出于自为，而究之常较用怀保节制之主义，而人人若各出于为人者，其所得为更多也。"[4]译文与原文出入甚大，并添加进了"持守进修"的道德意味。

第二章第四十段："基于四个清楚的理由，我们现在已经认清意见自由和表达意见的自由对于人类精神幸福（人类其余一切幸福都依赖于它）的必要性了……"[5]严复的译文："不佞所为思想言论自繇言者此此，庶几闻者知求诚意正心之实（诚意正心，为一切人类幸

1. On Liberty etc., P.9;《群己权界论》，第6页。

2. On Liberty etc., P.18;《群己权界论》，第13页。

3. On Liberty etc., P.18.

4.《群己权界论》，第14页。

5. On Liberty etc., P.65.

福根本），必先除意念之囚拘，与夫言辞之羁勒。"[1]把"精神幸福"（the mental well-being）译作"诚意正心"，原文的意思完全改变，被纳入了儒家伦理的轨道。

原书第三章是穆勒集中论述个性价值的一章，相应的译文也就集中表明了严复对于这一观念的无法接受，几乎无例外地做了道德化的曲译。该章的标题是"论个性作为幸福的因素之一"（of individuality, as one of the elements of well-being），严复译作"释行己自繇明特操为民德之本"。[2]把"个性"译作"特操"，"幸福"译作"民德"，这一改变极有代表性，为全章的翻译定下了调子。

在第二段中，穆勒批评人们对于个性自由发展这个目的本身漠不关心，指出："个性的自由发展是幸福的最重要因素之一"。[3]译文做了同样的改变："人道民德之最隆，在人人各修其特操，在循异撰而各臻乎其极。"[4]

同一段："但是可恶的是，按照通常的思想方式，个人自发性很难被承认具有任何内在的价值，或值得为它自身的缘故予以注意。"[5]严复的译文："悲夫，常人之心，彼不知所谓特操异撰者也，即知之，亦不谓其物为可宝贵。"[6]原文强调个人自发性的内在价值，即个性的自由发展本身就有价值，就是目的，而这个重要思想在译文中被"特操异撰"一个词打发掉了。

1.《群己权界论》，第 57 页。

2. On Liberty etc., P.69；《群己权界论》，第 60 页。well-being 直译为"良好生活"，与汉语"幸福"义近。

3. On Liberty etc., P.70.

4. 6. 《群己权界论》，第 61 页。

5. On Liberty etc., PP.70—71.

第三段的大意是论述人的智力的和道德的能力唯有得到自由的运用，才能发展，严复却把它概括为："以下言不自繇则无特操，无特操则其群必衰。"[1]

第四段谈到真正重要的不仅在于做了什么，还在于做了这事的人会是怎样的，然后说："在人正当使用其生命以求完善化和美化的各项工作中，第一重要的肯定是人自己。"[2]严复的译文："今夫生人之业，所谓继善成性以事天者，能理万物而整齐修美之也，然其事必以修身成物为之本。"[3]人自身的完善化和美化这个目标被偷换成了儒家"修身成物"的伦理规训。

第九段："相应于其个性的发展，每人变得对于自己更有价值，因此对于别人也能够更有价值。"[4]严复的译文："故特操异撰者，兼成己成物之功，明德新民，胥由于此。"[5]仍是典型的儒家伦理，完全没有表达出原文的意思。一个人的个性越是得到发展，他对自己就越有价值，这与"成己"是两回事；他因此对别人也能够更有价值，这与"成物"和"明德新民"亦是毫不相干。

同一段中："但是，如果在并不影响他们利益的事情上，只因为他们不喜欢就要受到束缚，便发展不了任何有价值的东西，除了能在反抗束缚中展开自己的这样一种性格力量。如果顺从，就会使整个天性消沉迟钝。为了给每个人的天性以任何公平的机会，最重要的事情

1.《群己权界论》，第62页。

2. On Liberty etc., P.73.

3.《群己权界论》，第64页。

4. On Liberty etc., P.78.

5.《群己权界论》，第68页。

是不同的人可以被允许过不同的生活。"[1] 严复的译文："独至行己自繇之屈，非以有损他人之权利也，而以咸触其人之忌讳，则于民德无所进也。无所进，则二恶果见焉。使民而强梁，则启戎心，而以逆吾禁，然则法不行也。使民而荏弱，则毁其刚德，而以入于邪，然则民无赖也。民无赖，法不行，于其国皆大病。故曰所失必多也。"[2] "发展不了任何有价值的东西"变成了"于民德无所进"。"能在反抗束缚中展开自己的这样一种性格力量"原是穆勒认为在不自由情况下唯一能够发展的有价值的东西，在译文中变成了所谓"法不行"这种"恶果"。原文谈的是不自由对于人的天性的有害影响，完全没有涉及对国家的影响，译文无中生有地加进了"于其国皆大病"。"给每个人的天性以公平的机会"是这一段落中为自由辩护的基本理由，在译文中却不见了。

第十四段："何时何地性格的力量丰足，特异性也总是丰足"。[3] 严复的译文："民德最隆之日，在在皆有不苟同不侪俗之风。"[4] 把"性格的力量"译成了"民德"。

同一段中："如果一个人拥有数量上多少说得过去的常识和经验，他自己设计他的存在的方式就是最好的，不是因为这方式本身是最好的，而是因为这是他自己的方式。"[5] 严复的译文："第使其人具中智之质，有耳目心思之为用，则言行之间，自用权衡，为章则以自循

1. On Liberty etc., P.78.
2.《群己权界论》，第 69 页。
3. 5. On Liberty etc., P.83.
4.《群己权界论》，第 73 页。

守，乃最善耳。最善云何？以己出故。"[1]这是穆勒为个人自由辩护的精彩名言，译文不能说是歪曲，但完全没有把原文的精彩和力量传达出来。

现在我们来做一个简单的分析。在《论自由》中，穆勒为自由辩护的核心论据归结为一句话，就是第三章标题所说的"个性是幸福的因素之一"。展开来说，其思路是这样的：自由之所以可欲，是因为能够使个性得到发展；个性发展之所以可欲，是因为个人和人类藉之而幸福。到了严复的译本中，这个论据变成了"特操为民德之本"，展开来说便是：自由之所以可欲，是因为能够使人修特操，修特操之所以可欲，是因为民德藉之而提高。

在原书中，相关的概念分两类，一类涉及个性，另一类涉及个性发展的效果即幸福。在译本中，涉及个性的概念，例如个性、个人自发性、人的智力的和道德的能力，基本上都译成了"特操"，而个性的自由发展译成了"人人各修其特操"。"特操"一词出自《庄子·齐物论》，意为独立的操守。[2]通俗地说，就是做人有自己的一贯原则。这个概念与庄子思想没有必然联系，儒家也可以用，《礼记·儒行》中"特立独行"一词近之。特操基本上可以被视为个人的一种道德品质和道德修养，而个性却是一个内涵丰富的概念，包括个人在身心一切方面的禀赋和能力，二者相差甚远。而且，用特操论证自由是说不通的，因为倘若没有外在自由，个人仍可以修特操，但个性发展则一定会受到压制。

1.《群己权界论》，第 74 页。

2.《庄子·齐物论》："罔两问景曰：'曩子行，今子止，曩子坐，今子起，何其无特操与？'"

涉及幸福的概念，严复除了译作"民德"外，还译作若干典型的儒家伦理范畴，例如精神幸福译作"诚意正心"，人自身的完善化和美化译作"修身成物"，个性发展提高了人对己对人的价值译作"成己成物"、"明德新民"。这几个概念都出自《大学》、《中庸》。"明德新民"是《大学》提出的施政纲领，意思是统治者要明了天性所指明的德行（"明明德"），然后用它来更新老百姓的精神面貌（"新民"）。这叫做"明明德于天下"或"平天下"。要达到这个目标，必须从"修身"做起，"修身"又必须从"诚意"和"正心"做起。然后，就可以依次做到齐家、治国、平天下了。[1]《中庸》以"诚"为最高境界，"诚"就是与"道"合一，达到这个境界的人不但"成己"，自己合于道，而且"成物"，使道行于万物。天下普遍的道是君臣、父子、夫妇、昆弟、朋友五伦，在五伦中履行智仁勇三德便是"修身"，而这实际上就是"成己"。知道怎样修身，也就知道怎样治人、怎样治天下国家了，而这些实际上就是"成物"。[2] 我们可以看到，所有这些概念所表达的都是儒家以德治国的政治理想，一以贯之的是修治齐平的

1.《大学》："大学之道，在明明德，在亲（新）民，在止于至善。""物有本末，事有终始，知所先后，则近道矣。古之欲明明德于天下者，先治其国；欲治其国者，先齐其家；欲齐其家者，先修其身；欲修其身者，先正其心；欲正其心者，先诚其意；欲诚其意者，先致其知；致知在格物。格物而后知至，知至而后意诚，意诚而后心正，心正而后身修，身修而后家齐，家齐而后国治，国治而后天下平。由天子以至于庶人，壹是皆以修身为本。"

2.《中庸》："天下之达道五，所以行之者三。曰君臣也，父子也，夫妇也，昆弟也，朋友之交也：五者天下之达道也。智仁勇三者，天下之达德也……知斯三者，则知所以修身。知所以修身，则知所以治人。知所以治人，则知所以治天下国家矣。""诚者，天之道也；诚之者，人之道也。""诚者，非自成己而已也，所以成物也。成己仁也，成物知也……"

逻辑。严复用特操译个性，用这些概念译个性发展的效果，两方面合并来看，自由的根据就变成了由提高个人的道德而提高国民的道德，从而实现以德治国的政治理想。

也许严复在使用这些现成的概念时赋予了某些新的含义。我们知道，他所说的"民德"的内涵并不限于儒家道德规范。但是，把自由的价值归结为个人道德和国民道德的提高，不管所说道德的内涵是什么，都是对自由主义的误解。同时，系统地用儒家语汇取代西方人文主义语汇，至少表明他在接受自由主义时缺少相应的文化资源，因而不可避免地发生了理解和表达的错位。有人认为，儒家思想的背景有利于严复对自由之内在价值的理解，使他成功地把穆勒对个人尊严与个人自由的看法翻译了出来。[1]我对这种说法只能表示惊讶。一个人惟有看不到儒家伦理与西方人文主义的根本差异，才可能赞同这种说法。西方人文主义把个性自由发展看作人类幸福的基本因素，儒家伦理把个人修身看作治理国家的基础，二者的出发点和目标都全然不同。事实上，正是由于儒家思想的背景过于强大，严复才几乎完全无法进入穆勒赖以为自由论证的那个人文主义思想背景。在他的头脑中，儒家那一套以个人修身为起点然后推己及人治理天下的观念植根太深了，使他自觉不自觉地把西方的自由政治理解为这一观念的圆满实现。他把穆勒所论自由的根据曲译为能够促进个人修特操从而提高民德，他有时把絜矩之道比附为自由，根源都在这里。对自由的所以然发生误解，必定会影响到对自由本身的理解。也许他自己也没有意识到，如果他心目中那种理想的政治秩序能够实现，那也不会是他在

1. 参看黄克武《自由的所以然——严复对约翰弥尔自由思想的认识与批判》，上海书店出版社，2000，第118、120、186页。

英国看到并衷心羡慕的自由政治，而很可能是他常常加以抨击的儒家仁政。

七　自由的根据：小己还是国群？

现在我们来看一看对自由的功利主义论证方面的情形。这里是在最宽泛的意义上使用功利主义这一概念的，只要不是把个人自由本身当作目的，而是当作手段，用它对于实现别的目的的助益来证明它的价值，这样的论证路径都可归入此列。功利主义论证与个人主义论证并非不能相容，一个思想家崇尚个人自由本身的目的价值，并不妨碍他承认自由还可带来别的好处。就严复来说，由于他不能理解个人自由本身的目的价值，从逻辑上说，他对自由的根据之理解就只能落入功利主义的路径。事实上，当他认为自由的价值在于使人修特操从而提高民德之时，他是把自由看作了提高个人道德进而提高国民道德的手段，因而已经走在这条路径上了。再进一步，依照他对民德的作用的理解，提高民德又是实现种群进化和国家富强的关键。这样，在自由的根据问题上，个人与国群的关系就成了他思考的一个中心问题。

史华兹指出："假如说穆勒常以个人自由作为目的本身，那么，严复则把个人自由变成一个促进'民智民德'以及达到国家目的的手段。"[1]这个论点近来遭到了一些人的反对[2]，但我仍认为它基本上是符合

---

1. 史华兹《寻求富强：严复与西方》，第 133 页。
2. 参看《严复思想新论》，第 117、401 页。

事实的。在个人与国群的关系问题上，不能说严复完全是轻个人而重国群，他在二者之间摇摆，但总的倾向是把个人自由视为实现国群利益的手段。

在社会与个人的关系问题上，斯宾塞是一个旗帜鲜明的个人主义者。他明确主张，社会为了其成员的利益而存在，而不是成员为了社会的利益而存在。为了替这个立场辩护，他又违背社会有机体理论的一般逻辑，不但认为单位的性质决定全体的性质，而且认为全体是为了单位而存在的。他的理由是，与自然有机体不同，社会有机体不存在一个单一的感觉中枢或意识中心，每一成员都是一个感觉和思维机构，因此，聚合体的幸福不是目的，每一个人的幸福才是目的。[1]对于自己老师的这个著名论点，严复当然是知道的，在一篇文章中述说了斯宾塞关于生物是细胞无觉性、全体有觉性，社会是个体有觉性、全体别无觉性的理论，并从中引出结论："是故治国是者，必不能以国利之故，而使小己为之牺牲。盖以小己之利而后群立，而非以群而有小己，小己无所利则群无所为立。"他指出，这是十八世纪以来的纯粹民主学说，而与古希腊罗马及中国的学说、治道根本相反。他还让一个假设的论敌提出，"国立所以为民"与"民生所以为国"二说不可偏废，然后反驳道："子云民生所以为国固矣，然子所谓国者，恐非有抽象悬寓之一物，以为吾民牺牲一切之归墟。而察古今历史之事实，乃往往毁无数众之权利安乐，为一姓一家之权利安乐，使之衣租食税，安富尊荣而已，此其说之所以不足存也。"[2]在这里，不可为国家利益牺牲个人的观点十分明确，理由有二，一是在道理上，个人利

1.参看巴克《英国政治思想》，第79页。
2.《天演进化论》。《严复集》，第2册，第315页。

益是社会得以成立的基础，二是在历史事实上，国家利益只是皇帝为一己一姓利益毁灭无数人幸福的借口。应该注意的是，理由中没有包括个人本身是目的的思想。

对于不可为国家利益牺牲个人这个观点，严复从孟德斯鸠、卢梭那里也有所了解。《法意》中有一段译文："议者或曰，小己之利益，宜牺牲之以为国群之利益。此真诐辞，不知所谓国群利益，即合小己之自由幸福而为之，舍小己性命之长保、言行之自由二者而外，无可言也。"严复在按语中引卢梭的一段话来与之相印证："独至主治当国之人，谓以谋一国之安全，乃可以牺牲一无罪个人之身家性命以求之，则为违天篾理之言。"[1] 他未作更多评论，只是说卢梭这样极其主张公益的人，在这一点上的意见也与孟氏正相合。

不可为了国家牺牲个人，对这一立场可从两方面进行论证，一是个人本身的价值，二是个人对于国家、社会的价值。前一观念在严复头脑里即使不是完全没有，至少也是十分淡漠的，他基本上着眼于后者。这一点支配了他对自由的根据之理解，表现在《群己权界论》的翻译中，便是常常改变原著的意思而把个人自由与国家利益联系起来。除了第六节中已提及的之外，再举二例。

原书第三章第五段中写道："使得个人冲动活泼有力的这同一强烈的感受性，也正是对美德的最充满激情的爱和最严肃的自制由之产生的源泉。唯有通过对它们的耕耘，社会才是既履行了它的义务，又保护了它的利益。"[2] 严复的译文为："亦惟其嗜欲深至，哀乐过人，故其好德之诚，克己之勇，非庸众人所敢望也。有国家者，必

1.《孟德斯鸠法意》，第 640、641 页。

2. On Liberty etc., P.74.

知扶植如是之秀民，而后为尽其天职，而其种之名贵、其国之强盛视之，盖圣智豪杰必出于此曹。"[1] 穆勒谈论的是个人感受性的巨大价值，而认为通过保障个人自由开发这种感受性是社会的义务和利益之所在。严复把原文中广义的社会利益缩减成了种族的名贵和国家的强盛。

原书第五章结尾谈到："长远地看，一个国家的价值在于组成它的那些个人的价值"；而如果国家不去提高他们的心智，哪怕为了有益的目的而阻碍他们的发展，那么，它终将看到，"用渺小的人是不能真正做成伟大的事情的"。[2] 两处引号中的话，严复的译文是："不知处今物竞之世，国之能事，终视其民之能事为等差"；"不悟国多愚暗选软之民者，其通国之政令教化，未有能离屡稚而即明盛者也"。然后他自己加上一句话："善为国者……乃积其民小己之自繇，以为其国全体之自繇，此其国权之尊，所以无上也。"[3] 穆勒强调的是，国家的价值在于使个人得到自由发展，具备良好素质，能成就伟大的事业；严复强调的却是，个人自由和国民素质提高的价值在于增强国家的竞争力，维护国家主权的尊严。

在上述严复加进的这句话中，从上下文可知，"其国全体之自繇"是指国家主权受到充分尊重的状态，因而"积其民小己之自繇，以为其国全体之自繇"一语可理解为个人自由是建设主权国家的条件和途径。《原富》按语中有一段意思相近的话："乃今之世既大通矣，处大通并立之世，吾未见其民之不自由者，其国可以自由也；其民之无权

1.《群己权界论》，第65页。

2. On Liberty etc., P.141.

3.《群己权界论》，第119页。

者，其国之可以有权也。"[1] 严复的意思是说，在当今开放时代，要维护国家主权的尊严，就必须改革政体，建立人民自由和有权的民主制度。这个观点当然是对的。但是，如果看不到个人自由本身的价值，仅把它当作实现某种国家目的的手段，就很难把这个观点坚持到底，因为一旦认为二者之间发生了冲突，为了国家利益放弃个人自由就会被视为理所当然。

在《法意》中就有这样的倾向。在该书的译文和按语中，时常出现"小己自由"和"国群自由"这一对概念，但其含义相当混乱。在原书第十一章第三节，孟德斯鸠谈到："在民主国家里，人民仿佛愿意做什么就做什么，这是真的；然而，政治自由并不是愿意做什么就做什么。在一个国家里，也就是说，在一个有法律的社会里，自由仅仅是：一个人能够做他应该做的事情，而不被强迫去做他不应该做的事情。"[2] 严复（第十一卷第三章）把这一段话译作："夫庶建之制，其民若得为其凡所欲为者，是固然矣，然法律所论者，非小己之自由，乃国群之自由也，夫国群之自由非无遮之放任明矣。政府国家者，有法度之社会也，既曰有法度，则民所自由者，必游于法中，凡所可愿将皆有其自主之权，凡所不可愿将皆无人焉可加以相强，是则国群自由而已矣。"并在按语中说："此章孟氏诠释国群自由之义，最为精审。不佞译文，亦字字由戥子称出。学者玩之，庶几于自由要义，不至坠落野狐禅也。"[3] 原文的意思很清楚，主要陈述政治自由是法律下的自由这个道理。严复把法律下的自由命名为"国群自由"，

1.《原富》，第735页。

2.《论法的精神》上册，第154页。

3.《孟德斯鸠法意》，第219页。

作为"小己自由"的对立面隆重推出，明显是一种歪曲。原文并未涉及这两种自由的对立，孟德斯鸠所说的政治自由既关涉政制，也关涉公民，而无论在哪种情况下，都是法律下的自由。因此，严复说法律所论者仅国群自由，把小己自由与不受法律约束的放任相等同，显然不合原义。在原书第十一和十二章，孟德斯鸠的确把政治自由区分为两类，一类是与政制相关联的自由，相关的法律是政治法，另一类是与公民相关联的自由，相关的法律是刑法。[1] 在第十二章的译文（第十二卷）中，严复把这两个类别分别译成了"国群自由"和"小己自由"[2]，但含义已不同于第十一卷中的用法。如果说用"小己自由"译公民自由还勉强成立，不过已含有贬义，那么，用"国群自由"译与政制相关联的自由就完全走样了。这一自由指的是用三权分立的政制安排来限制政府权力，所要保障的仍是个人自由，而不是什么"国群自由"。到了第十七和十八卷的按语中，含义又发生变化。严复说："西士计其民幸福，莫不以自由为惟一无二之宗旨……特观吾国今处之形，则小己自由，尚非所急，而所以祛异族之侵横，求有立于天地之间，斯真刻不容缓之事。故所急者，乃国群自由，非小己自由也。""故前者妄言，谓小己自由，非今日之所急，而以合力图强，杜远敌之觊觎侵暴，为自存之至计也。"[3] 这里的"国群自由"在很大程度上是指国家主权了，并且主张"小己自由"要为之让路。《法意》中几次出现"国群自由"概念，含义皆不同，而实际上它是严复杜撰的一个概念，在原书中根本找不到它的对应词。在每一场合，这一概

<hr />

1. 参看《论法的精神》上册，第153、187、188页。
2.《孟德斯鸠法意》，第260页。
3.《孟德斯鸠法意》，第360—361、370页。

念都起了贬低"小己自由"的作用。其实，小己服从国群是严复的一贯思想。在《天演论》按语中，他两次提到斯宾塞群学的"保种公例"，其中第三条是"两害相权，己轻群重"或"群己并重，则舍己为群"。[1] 据他说出处是《群谊篇》，这一点有待核查，从道理上看不像是斯宾塞的思想，很可能也是他自己的发挥。

出于对个人自由的热烈信仰，斯宾塞对国家持有一种强烈的敌对态度，甚至主张公民有"无视国家的权利"。他把国家看作一种非自然的机器产品，是人类在社会演进过程中不得不用一下的权宜工具，我们必须慎用这一工具，严格限制和逐步缩小其使用范围，使它终于简单到不能存在。按照他的设想，社会的政治演化包括两个阶段。第一个阶段是军事阶段，国家是此一阶段的产物，其职能是防止内部的侵犯和外部的侵略。在这一阶段，起主要作用的是政府体系的机构。典型的军事社会把个人当作获取社会聚合体的幸福之手段，所以是不道德的低级社会。第二个阶段是工业阶段，国家的大部分职能将变得不必要，直至完全消亡。在这一阶段，起主要作用的将是工业体系的机构，这是一种自愿的合作体系，能够最好地满足一般的社会需要。工业社会把个人的幸福当作目的，其社会机构仅是实现这一目的的手段，所以是有道德的高级社会。[2] 奇怪的是，对于斯宾塞上述反对国家的观点，严复好像全然不知道，根本不予理会。

严复也从来不曾提起过斯宾塞的社会演化二阶段的理论，他所接受的并且津津乐道的是甄克思的社会演化三阶段的理论。在《社

1.《天演论》，第44、90页。

2. 参看巴克《英国政治思想》，第64、67、78、79、82页；萨拜因著、索尔森校订《政治学说史》下册，第794页；梯利《西方哲学史》，第596、597页。

会通诠》中，社会演化过程被划为三个阶段，即太古的图腾社会（Totemistic society），古代的宗法社会（Patriarchal or tribal society，家长制社会或部落社会），现代的军国社会（Military allegiance，军事效忠）。[1] 严复认为，这个三阶段理论"已成不易之说"。[2] 关于中国社会的性质，他有时断为宗法社会[3]，有时断为"宗法之社会而渐入于军国者，综而核之，宗法居其七，而军国居其三"，乃"宗法而兼军国者也"[4]。关于西方社会的性质，他认为"今日欧洲之列强"乃"出宗法而入军国之社会"，今日的英国则是"程度最高之军国国家"。[5] 他着眼宗法性质对中国社会进行分析，也有较深刻的见地。例如，他看到宗法制度是中国社会长期停滞的重要原因，导致"内竞"不行，"外竞则劣败之林"。令他感慨的是，中国从唐（尧）虞（舜）迄于周二千年，由秦迄今又二千余年，一直处于宗法阶段，达四千多年之久，欧洲国家处于宗法阶段的时间要短得多。这个差别的原因难以探寻，但对我们民族造成的害处已很明白，使得他在翻译《社会通诠》时"数番掷管太息，绕室疾走"。他还看到，孔子是宗法社会的圣人，其思想深入人心，使得中国人至今仍有强烈的民族主义情绪，新旧两派皆不能免。[6] 严复认为中国在很大程度上仍处于宗法社会并看到其弊端，这并没有错。现在的问题是，他把强化国家机器的军国社会视为中国的发展方向乃至社会的最高阶段，而对斯宾塞提出的国家机器

---

1. 参看《社会通诠》，第2—4页。

2. 《政治讲义》。《严复集》，第5册，第1245页。

3. 参看《社会通诠》，第ix页；《政治讲义》，第5册，第1265页。

4. 《社会通诠》，第16—17、115页。

5. 《孟德斯鸠法意》，第369页；《政治讲义》，《严复集》，第5册，第1265页。

6. 参看《社会通诠》，第ix—x、63、115页。

简化和消亡的更高阶段讳莫若深，无疑表明了他在国家问题上的取向。这就不难理解，对于限制政府治权和不可为国利牺牲小己这样的论点，为何他可以抽象地承认，但结果总是会具体地否定了。

八　功利主义与经济自由主义

在很大程度上，英国自由主义哲学是为资本主义市场经济奠基的理论，自由主义经济理论是其形成之开端和重要的组成部分，而亚当·斯密的《国富论》则被公认为自由主义经济理论的开山之作。严复十分了解这部著作的重要性，在《天演论》之后即开译，用《原富》的书名出版。他对经济自由主义的介绍和理解集中体现在此书的译文和按语中，然在别处也有涉及。

严复看重《国富论》，第一因为它是开山之作，第二因为它切中中国的弊端。关于后者，斯密在原著中多次直接论及中国的弊政，而所分析的当年欧洲和英国的弊政，在严复看来在今日中国也往往是有过之而无不及，为此他在按语中常感叹道："顾不佞之为译，乃独有取于是书者，则以其论之中于吾病者方多"；"斯密氏苏格兰人也，生于雍乾之际，而其言乃若为今之中国发者。时之相去，百有余年，地之相暌，十余万里，而烛照筹稽无以过其明如此。此吾所不得不低首而诚服也。"[1] 除了这两个主要考虑之外，他还谈到此书的另两个优点，一是"其书于欧亚二洲始通之情势，英法诸国旧日所用之典章，多所

1.《原富》，第 436、647 页。

纂引，足资考镜"，二是"标一公理，则必有事实为之证喻，不若他书勃窣理窟，不便浅学"。这本书实在写得太好了，他阅读时想必很享受，给出这样的评语："择焉而精，语焉而详，事必有征，理无臆设，而文章之妙，喻均智顽"。[1] 把这些优点梳理一下，便是：一、条理清晰，繁简得当；二、资料丰富，史实生动；三、摆事实，讲道理，通俗易懂，雅俗共赏。我们后来有了郭大力、王亚南的极好的白话译本，更可以约略赏析斯密原作的"文章之妙"，看到伟大的思想是如何用朴素的风格表达的。

在中国文化传统中，"食货"从来是不入流的末学。现在严复要让国人重视经济学的地位，就把它与富强和进化的目标联系了起来，强调它关系到"中国之贫富"和"黄种之盛衰"。[2] 不过他的认识不止于此。西方社会的进步和稳定系于两个东西，一是自由竞争的市场经济和从中生长起来的法治秩序，二是基督教信仰。斯密在原著中谈到：关于谷物的法律关系到现世生活的维持，关于宗教的法律关系到来世生活的幸福，二者是人民最关心的，为了确保公共的安宁，必须建立人民所赞成的制度。[3] 严复在按语中引述马歇尔的相似见解：经济学和宗教为"人本中最大之二支"，"民品之高下，风俗之醇漓，大抵此二者为之"。[4] 相隔一百多年的两位西方经济学家把经济制度的重要性与宗教信仰相提并论，严复敏锐地注意到了这一点，由此认识到，

1.《原富》，第 ix 页。

2.《原富》，第 xiii 页。

3.《国民财富的性质和原因的研究》下册，郭大力、王亚南译，商务印书馆，1974，第 111 页。

4.《原富》，第 433 页。

今天能否科学地处理经济事务，不但关系到国家的富强，而且关系到"国势之治安，民风之肆好"，亦即社会秩序和国民道德的好坏。[1]

如果说自由主义的论证路径有个人主义和功利主义之分，那么，由其性质决定，经济自由主义主要立足于功利主义。要让国人接受经济自由主义，就必须为功利主义正名。在《译事例言》中，严复预设对立面的论调："犹有以斯密氏此书为纯于功利之说者，以谓如计学家言，则人道计赢虑亏，将无往而不出于喻利，驯致其效，天理将亡。"然后提出两点反驳：一、经济学是科学，考虑的是诚妄而非仁义；二、经济学研究经济，并不意味着认为人道仅止于经济。[2]针对功利问题上的传统偏见，严复着重辨明两个问题，一是义与利的关系，二是利己与利他、私利与公利的关系。

关于义与利的关系，严复在《天演论》按语中即已谈到："大抵东西古人之说，皆以功利为与道义相反，若薰莸之必不可同器。"而随着西方市场经济的发展，这种观点已不能成立，"功利何足病，问所以致之之道何如耳"，在"开明自营"即有规则的市场经济中，义和利完全可以统一。[3]在《原富》按语中，他进一步指出：把义和利对立起来，这是"民之所以为仁若登，为不仁若崩，而治化之所难进"的病根之所在。如果建立一种秩序，使得任何人包括小人也必须遵守规则才能得到"长久真实之利"，就会产生"义利合，民乐从善"的结果，而这正是"计学家最伟之功"。[4]

1.《原富》，第 576 页。

2.《原富》，第 12 页。

3.《天演论》，第 92 页。

4.《原富》，第 91 页。

关于利己与利他、私利与公利的关系，在《原富》之前，严复也曾多次谈及。在《原强》中，他批评中国的人际交往，"知损彼以为自利，而不知彼此之两无所损而共利焉，然后为大利也"。[1] 在《天演论》按语中，他反复谈到斯密创立的经济学，其中的"最大公例"是"大利所存，必其两益"，而他之所以称颂此学为"亘古精义、人理极则"，为"近世最有功生民之学"，理由就是它阐明了"两利为真利"、"独利必不利"的道理。[2]

在《原富》的译文中，强调公私两利的词句更是频频出现。严复在《译事例言》中表示，他在翻译时力求忠实于原作："是译与《天演论》不同，下笔之顷，虽于全节文理不能不融会贯通为之，然于辞义之间无所颠倒附益。"[3] 译文"无所颠倒"，他是做到了的，虽然用的是文言文，我们仍可看出与原作的基本对应。但是，"融会贯通"却有问题，比如说，在原著中，斯密阐述的是，市场经济是达成个人与社会两利的最佳途径，而他的译文往往突出两利，却把市场经济相关机制的内容模糊掉了。下面我们略作比较。

原著："各个人都不断地努力为他自己所能支配的资本找到最有利的用途。固然，他所考虑的不是社会的利益，而是他自身的利益，但他对自身利益的研究自然会或者毋宁说必然会引导他选定最有利于社会的用途。"[4] 严译："然惟各适其事，而群之事大利，各遂其私，而公利存焉。故曰任民自趋，则最利之涂出，最胜之业兴，国者所以不

1.《严复集》，第 1 册，第 15 页。

2.《天演论》，第 34、46、92 页。

3.《原富》，第 xiii 页。

4.《国民财富的性质和原因的研究》下册，第 25 页。

劳而财生也。"[1] 原著中为资本找到最有利用途的意思没有译出。

原著:"由于他管理产业的方式目的在于使其生产物的价值能达到最大程度,他所盘算的也只是他自己的利益。在这场合,像在其他许多场合一样,他受着一只看不见的手的指导,去尽力达到一个并非他本意想要达到的目的……他追求自己的利益,往往使他能比在真正出于本意的情况下更有效地促进社会的利益。"[2] 严译:"彼之所各恤者皆己私,而国莫之为,遂享其大利……惟民恤其私而国以利,其利国乃愈实。"[3] 原著中管理产业云云被省略,著名的"看不见的手"也被省略,这个比喻最形象地表述了市场经济巧妙地使追求个人利益与整体利益相协调的作用,按理说是不应该忽略的。在上述两段译文中,原著中的"社会"多被"国"取代,则反映了他对国家富强的一贯关心。

原著批评英国垄断殖民地的烟草贸易,其后果是"不仅牺牲了它和一切其他国家本来能从此种贸易取得的绝对利益的一部分,而且使它自己几乎在一切其他贸易部门上,忍受一种绝对的不利和一种相对的不利"。[4] 严复把引号里的话简单地译作"盖真利者公利,公私固不两立也",然后在按语中感叹道:"斯密氏此论实能窥天道之全。盖未有不自损而能损人者,亦未有徒益人而无益于己者,此人道绝大公例也。"[5] 从这里又可看出,严复的兴奋点是在公私不两立上,而对市场

2.《国民财富的性质和原因的研究》下册,第27页。

4.《国民财富的性质和原因的研究》下册,第166页。

经济如何达成个人利益与整体利益一致的具体理路不甚了了，往往大而化之。

　　然而，尽管有这个毛病，我们仍应承认，严复对于经济自由主义的基本道理是了解和心悦诚服的。经济自由的体现，一是经营自由，二是贸易自由。关于经营自由，原著中有一段堪为经典的论述："一切特惠或限制的制度，一经完全废除，最明白最单纯的自然自由制度就会树立起来。每一个人，在他不违反正义的法律时，都应听其完全自由，让他采用自己的方法，追求自己的利益，以其劳动及资本和任何其他人或其他阶级相竞争。这样，君主们就被完全解除了监督私人产业、指导私人产业、使之最适合于社会利益的义务。要履行这种义务，君主们极易陷于错误；要行之得当，恐不是人间智慧或知识所能作到的。"[1] 严复的译文是："是故，保商重农伸此抑彼之方举无可用，而惟因任民生群理之自然，而生理自进。使其民不逐奸利而奋侵牟之私，则一切宜听民自为。以营生计，其用力役财以与外物为竞之术，民之自为虑最详，取而代之，乌有当耶？使为民上者必以是为己责，取民之所自谋而代之，以为如是而利，如是而损，则必少可而多误。盖其所为者，本一人神智所不能周者也。"[2] 译文虽非与原义丝丝相扣，但何以"一切宜听民自为"的道理表述得相当明确和准确。

　　在原著中，斯密详尽论述，政府的职能限于国防和司法，以及建设并维持某些个人无力承担或承担了弊大利小的公共事业和公共设施，其余皆可民营。严复对此印象深刻，在按语中反复强调："凡可以听民自为者，其道莫善于无扰"；"凡事之可以公司民办者，宜一切

1.《国民财富的性质和原因的研究》下册，第 252 页。
2.《原富》，第 558 页。

诿之于民……然则，舍兵刑二政而外，国几无事矣"。[1]斯密还详细分析了当时限制经营自由的种种举措的弊端，包括人为限制或增加不同职业中的竞争，限制劳动和资本自由活动，同业组合法规，等等，严复在按语中指出，这些"所以壅遏利权，使之不平不通"的"公政私约"，现在皆已废除，"此可以见英国政令之日以宽大，与其国富之所由来"。[2]总之，对于严复来说，个人的经营自由要尽量的多，政府的控制和干扰要尽量的少，这个原则十分明确。

在一国之内，经营自由与贸易自由可以说是一回事，倘若不能自由买卖，投资和生产的自由就毫无意义。然而，在国内实行贸易自由的国家，对外却未必实行。在斯密的时代，欧洲主要贸易国家都信奉重商主义，其重点即限制国际贸易。因此，在《国富论》中，斯密用了许多篇幅对之进行批判。重商主义的主要信条是以金储量来衡量国家的财富，在此信条下，政府严格调控经济，致力于保证出口大于进口，追求贸易盈余，为此采取对进口课以高额关税乃至禁止、对出口予以奖励的政策。在分析货币的性质时，斯密破除了金储量等于国民财富的信条，指出：构成社会收入的决不是金块，而是购买力，是可以购得的货物。[3]这个分析犹如釜底抽薪，使得国家依靠贸易盈余致富的方针失去了依据。

重商主义的要害在于，它是违背市场经济规律的。市场无国界，没有自由的进出口贸易，也就不可能有真正公平竞争的国内市场。政府对于进出口贸易的强力干涉，事实上使得国内消费者和大多数生产

1.《原富》，第 589、677 页。

2.《原富》，第 112 页。

3.《国民财富的性质和原因的研究》上册，第 267 页。

者的利益遭到严重损害，从而阻碍了经济的发展。斯密指出："消费是一切生产的唯一目的……但在重商主义下，消费者的利益，几乎都是为着生产者的利益而被牺牲了……对于凡能与本国产物和制造品竞争的一切外国商品，在输入时加以限制，就显然是为着生产者的利益而牺牲国内消费者的利益了。为了前者的利益，后者不得不支付此种独占所增加的价格。对于本国某些生产物，在输出时发给奖励金，那亦全是为了生产者的利益。国内消费者，第一不得不缴纳为支付奖励金所必要征收的赋税；第二不得不缴纳商品在国内市场上价格抬高所必然产生的更大的赋税。"在当时英国的商业条例中，"制造业者的利益受到了最特别的注意，消费者或不如说其他生产者的利益，就为着制造业者的利益而被牺牲了。"[1] 重商主义政策造成了若干受保护产业的事实上的垄断，其实质是国家为了自身或少数人的利益牺牲了绝大多数人的利益。所以，斯密愤怒地谴责："重商主义所要奖励的产业，都是有钱有势的人所经营的产业。至于为贫苦人民的利益而经营的产业，却往往被忽视、被压抑。"[2]

对于斯密破除重商主义谬误的功劳，严复极为重视，特意在一开篇的《译事例言》中加以评论。他说：二百年以往，泰西皆以金为财，自斯密出，始知其物为百货之一。"由于以金为财，故论通商则必争进出差之正负……争进出差之正负，斯保商之政，优内抑外之术，如云而起……自斯密论出，乃商贾亦知此类之政，名曰保之，实则困之。虽有一时一家之获，而一国长久之利所失滋多。于

1.《国民财富的性质和原因的研究》下册，第 227、228 页。

2.《国民财富的性质和原因的研究》下册，第 212 页。

是，翕然反之，而主客交利。"[1] 论及斯密对后世的影响，严复最看重和不吝赞美的也正是重商主义的废除，把英国的富强归因于进出口贸易的放开。在《原富》之前，他已谈到："道、咸以来，镯保商之法，平进出之税，而商务大兴，国民俱富。"[2] "顾英国负虽重，而盖藏则丰。至今之日，其宜贫弱而反富强者，夫非捨锁廓门，任民自由之效欤。"[3] 在《原富》的按语中，他更不厌其烦地反复强调："自护商之法既除，英之国财如川方至矣"；"汩斯密氏书出，英人首弛海禁……自此以还，民物各任自然……国用日侈富矣"；"独所谓保商权、塞漏厄之说，无所是而全非……泰西人怀此见者数千年，自斯密氏说行，而长夜始旦，民智之难开，可以见矣"；"英国自斯密氏之世以来，其所以富强之政策众矣……然自其最有关系者言之，则采是书之言，而弃其疾以从其利也。于是，除护商之大梗，而用自由无沮之通商"。[4] 在《原富》之后，他还谈到："独至斯密亚丹《原富》书出，风行全洲，其中于国家官府干涉工商民生之事，反复告诫，此风乃以渐戢。"[5]

这里之所以要较多引用严译的原文，是为了说明，严复反对重商主义的立场异常鲜明。史华兹曾提出一个论点，认为严复把斯密的经济自由主义歪曲为重商主义，用它为重商主义服务。其理由是，斯密主要关心的是从全社会一切个人的经济利益来考虑的公众幸福，严复

1.《原富》，第 x 页。
2.《天演论》，第 34 页。
3.《斯密亚丹传》。《严复集》，第 1 册，第 103 页。
4.《原富》，第 71、119、395、776 页。
5.《社会通诠》，第 138 页。

主要关心的却是国家力量。[1]已经有论者指出，这个论点极其牵强。[2]严复不理解个人自由作为目的本身的价值，把个人自由看作达到国家富强的手段，史华兹正确地指出了这一点，但是，把这当作原罪，将其印记盖在严复的一切见解上，无视他反对重商主义的大量的明确的言论，在关心国家富强和重商主义之间画等号，的确是再牵强也没有了。重商主义和反重商主义的分界，在于主张还是反对用国家力量干涉经济活动尤其是对外贸易，不在于主张或反对的动机是否为了增强国家力量。在自由的根据问题上，严复不能超越功利主义的论证路径，这是他的弱点，但就经济自由主义而言，功利主义原本就是斯密和其他经济学家的基本论证路径，没必要在这一点上上纲上线。

进而言之，严复反对国家干涉，主张放开民营，在此语境中谈论国家富强，得以富强的"国"自然包括了社会和民众，而不只是民族共同体意义上的国家，更不是政府意义上的国家。这不仅仅是推论，而是严复的明确认识，比如他在按语中说："自由贸易非他，尽其国地利民力二者出货之能，恣贾商之公平为竞，以使物产极于至廉而已……故凡贸易相养之中，意有所偏私，立之禁制，如辜较沮抑之为，使民举手触禁，移足犯科者，皆使物产腾贵而反乎前效者也。"[3]自由贸易惠及民生，贸易壁垒殃及民生，严复对此看得很清楚，而在他的概念中，民生之好坏不用说是国家之贫富的重要表现。

严复对自由贸易的真理是坚信不疑的。他如此概括："理财之道，

---

1. 史华兹《寻求富强：严复与西方》，第114页。
2. 参看《严复思想新论》，第392页。
3.《原富》，第519—520页。

通之一言足以蔽之矣。"[1] 孟德斯鸠有一个说法：通商对富国有利，对贫国有损。严复在《法意》按语中批评此论"与计学之理实未尽合"，是"十八世纪以前之故见"，提醒读者不要误读，倘若以为"锁国之政，虽不益富，犹足救亡，则为害甚矣"。当时留日学生正鼓动抵制外国资本流入，自开矿山，自造铁路，扬言"宁使中国之路不成，矿不开，不令外国资财于吾国而得利"，他针对此警告说："方今吾国，固当以开通为先，而大害无逾于窒塞。自开自造、抵制利权之说，日牢而不可破如此，他日恶果，必有所见。"[2]

总的来说，对内鼓励自由经营，对外放开自由贸易，通过市场来调节和发展经济，对于经济自由主义的这个基本主张，严复是认识和表述得相当清楚的，并且立场鲜明地向国人传播。这毫不足怪，既然经济自由主义立足于功利主义，与他对自由的根据之认识吻合，他理解起来就不会有多大困难，何况国内外市场的开放对于国家的富强会有直接的效果，他就更是衷心地拥护了。

九　民主的利弊：从肯定到否定

论及政治自由，民主是题中应有之义。个人自由的保护，须有法律的保证，为此须有一个最大限度代表民意的机构来制定法律和监督法律的执行。这样一个机构的产生，舍全体公民直接或间接选举之

1.《原富》，第 697 页。
2.《孟德斯鸠法意》下册，第 454、531 页。

外，没有更好的途径。一国之内，拥有立法权和监督权的最高权力机构以某种方式由民选产生，便可算是实行了民主政体。

在严复的早期论述中，我们可以看到，他对自由与民主的关系有比较清楚的认识，精当地概括为"以自由为体，以民主为用"。他还如此阐述自由、平等、民主三者的关系："故言自由，则不可以不明平等，平等而后有自主之权；合自主之权于以治一群之事者，谓之民主。"[1]自由就是人人有平等的自主权，大家都行使这个权利来决定公共事务就是民主。他肯定民主的立场也十分明确。他相信，英国之所以政治清明，国家富强，要归功于民主体制完备。"英之民非能使其君之皆仁，其吏之皆廉洁也，能为之制，使虽有暴君无所奋其暴，虽有贪吏无由行其贪，此其国所以一强而不可弱也。"[2]在专制体制下，人民无权，官吏只图眼前利益，国家必困窘。民主立宪国家不然，"盖立宪之国，虽有朝进夕退之官吏，而亦有国存与存之主人。主人非他，民权是已。民权非他，即以为此全局之画，长久之计者耳。"[3]欧美的商业公司，责权分明，管理有序，严复从中也看到了民主的好处，称赞"其制度之美备，殆无异一民主，此自以生于立宪民主国，取则不远之故"，而专制君主国家"本无平等观念，故公司之制，中国亘古无之"。[4]

然而，即使在赞美民主政体的时候，严复也严重质疑它是否适合于中国的国情。在《群学肄言》中，他译述斯宾塞之见：治制取决于

1.《主客平议》。《严复集》，第 1 册，第 118 页。

2.《原富》，第 493 页。

3.《法意》，第 27—28 页。

4.《孟德斯鸠法意》下册，第 440 页。

民品，"假令民品与所行之法度，绝不相谋，若革命一时之所立，抑变法更始之所为，宪法固甚高，民品则甚下，将视之政俗相睽之程度，终于回循故辙而后已，立法良固无益也。"以法国革命后的情形为例，"其阳号民主，而旧日专制霸朝之政，实阴行乎其中"。结论是："民品既卑，虽有胜制，无益于治。"[1] 时隔十余年，他再提及斯宾塞的这个见解，用庄子的话比喻说："夫以卑劣之民品，而治以最高之宪法，即庄所谓'取猿狙而衣以周公之服'，彼必齕啮挽裂尽去而后慊者也。"[2] 倘若民品卑下，民主制多么好，也会被糟蹋得不成样子。在《法意》按语中，他盛赞民主制是"治制之极盛"、"天下至精之制"，相信它之实行将"使五洲而有郅治之一日"，但随即强调，实行的前提是"民德足以副之"。[3] 在他看来，中国显然不具备这个前提。

在自由和民主的问题上，严复的思想经历了一个由温和的激进逐渐向彻底的保守转变的过程。陈宝琛在给他写的墓志铭中说："君以为自由、平等、权利诸说，由之未尝无利，脱靡所折衷，则流荡放佚，害且不可胜言，常于广众中陈之。"[4] 对自由主义学说越来越产生警惕之心，这个转变在 1905 年的《政治讲义》中已有明确的信号，值得分析一番。在那里，他对自由的概念做了重新解释，把它与政体脱钩。他说，自由与管束为反对，政治自由就是不受或少受政府管束，与政体是议院民权还是专制君权无关。政府权界的广狭，对人民管束的多少，乃"天演自然之事，视其国所处天时地势民质何如。当

1.《群学肄言》，第 208、211 页。

2.《〈庄子〉评语》。《严复集》，第 4 册，第 1129 页。

3.《孟德斯鸠法意》，第 158、202 页。

4.《清故资政大夫海军协都统严君墓志铭》。《严复集》，第 5 册，第 1542 页。

其应广，使为之狭，其国不安。当其应狭，而为之广，其民将怨。"要考虑的因素，包括外患的深浅、人民智德力程度的高下等。[1]自由本身未必是幸福。"自其本体，无所谓幸福，亦无所谓灾害，视用之者何如耳。使其用之过早，抑用之过当，其为灾害，殆可决也。"关键仍在国民的程度，"夫国民非自由之为难，为其程度使可享自由之福之为难。"[2]

进而言之，自由学说不适合于中国已是明显的事实，是否真正适合于西方国家，也很难说了。该学说提倡于十八世纪，从十九世纪前半叶起为欧洲国家普遍奉行，以至于今。然而，"昨日之所是，可为今日之所非；此际之所祈，可为后来之所弃。"情况在变化，自由不得立为死法，也不能以自由多寡来评价国家。即使专制政体，其建立也自有其道理。"盖专制之立，必有其所以立者。究其原因，起于卵翼小民，不使为强暴所鱼肉。"总之，自由未必是人民的幸福，专制未必没有保护人民的实效。[3]

在上述对自由的质疑中，有两个逻辑值得注意。第一，既然自由与政体无关，那么，就不能根据政体是民主还是专制来评定自由的多少。第二，既然作为"体"的自由已经成问题，那么，作为"用"的民主就更成问题了。事实上，严复正是顺着这两个逻辑对民主提出了比对自由更严重的质疑。顺着第一个逻辑，他断言，民权政府容易管束过多，君权政府容易较少管束，并引托克维尔的话作证。"其言曰：专制政府虽骄，实多胆怯，民权则不然。故专制之不事事，不独因

1.《政治讲义》。《严复集》，第 5 册，第 1288、1290、1292、1294 页。

2.《政治讲义》。《严复集》，第 5 册，第 1288 页。

3.《政治讲义》。《严复集》，第 5 册，第 1296、1297、1305 页。

其无所利也。高高在上，与民情悬隔，将有所为，又苦暗于情事，有似人夜行山泽间者。民权政府，既悉其情形矣，而又常常有一众之人为之后盾，此所以心雄胆奋也。"[1] 民权政府依仗熟悉民情和人多势众，更容易胆大妄为，侵犯公民的自由。

顺着第二个逻辑，严复对民主本身有何道理提出了质疑。自由本身不是幸福，用得过当反而是灾祸，而在严复看来这正是民主的情形。民主的实质是以众治寡，"夫以众治寡，实无公理可言"，因为它靠的不是智德的优秀，而仅是数量的优势。要之，认为民主才有公益可言，专制必定摧残下民，是莫大的谬误。[2]

这里涉及多数暴政的问题。在翻译《群己权界论》时，严复对之已有所了解。穆勒在原著中谈到，必须防止"多数的暴虐"（the tyranny of the majority），因为它比政治专制更可怕。[3] 严复的译文是："民以一身受治于群，凡权之所集，即不可以无限，无间其权之出于一人，抑出于其民之太半也。不然，则太半之豪暴，且无异于专制之一人。"[4] 在《政治讲义》中，他引用上述托克维尔的话，应该是读过其著作的。鉴于法国大革命的教训，托氏也确实十分警惕民主对公民自由的侵犯，在《旧制度与大革命》和《论美国的民主》中多有论述。从近代到现代，几乎所有自由主义思想家都极重视防范民主的这一弊端，大致确定了两条底线，一是多数人的意志也必须服从正义原则，二是民主仅限于政府的组织、决策和监督之领域，不可侵入私域尤其

1.《政治讲义》。《严复集》，第 5 册，第 1286 页。

2.《政治讲义》。《严复集》，第 5 册，第 1301、1310 页。

3. On Liberty etc., p.9.

4.《群己权界论》，第 6 页。

是思想言论领域。我们可以承认，在很大程度上，民主是保障自由的很笨的办法，但人类至今未能发明出更聪明的办法，因此只好作此不得已的选择。严复看到了民主的弊端，但他不是立足于防范弊端，而是否定民主本身，究其原因，不能说和他越来越怀疑自由本身的价值没有关系。

到了辛亥革命后，严复反对民主的立场就愈发鲜明了。他把世界民主潮流的汹涌归罪于卢梭的《民约》(《社会契约论》)，在给熊纯如的信中说："自卢梭《民约》风行，社会被其影响不少，不惜喋血捐生以从其法，然实无济于治，盖其本源谬也。"并表示准备写一篇题为《〈民约〉平议》的文章，"以药社会之迷信"。[1] 这篇文章发表于 1914 年，其中归纳《民约》的要点为民生而自由和天赋之权利皆同这两个原理，然后愤怒谴责道："夫指一社会，考诸前而无有，求诸后而不能，则安用此华胥、乌托邦之政论，而毒天下乎!"并且断言："今之所急者，非自由也，而在人人减损自由，而以利国善群为职志。"[2]

在这个时期，也是在给熊纯如的书信中，我们发现他转而对鼓吹强权政治的德国思想家发生了兴趣，一则说："盖自德国学者，如尼采、特来斯基[3]倡说以来，人知世间一切竞争，不视理而视力，力平而后理申。"据此得出结论：中国今日之事的关键在力，因此中华国体宜为君主而不宜为共和。另一则说："德之学说治术，其学者如叔

1.《严复集》，第 3 册，第 614 页。

2.《〈民约〉平议》。《严复集》，第 2 册，第 337 页。

3. Heinrich von Treischke（1834—1896），今译为特赖奇克，德国历史学家、政论家，强权政治的鼓吹者。

本华、尼采、特来斯基，皆原本性恶，而不以民主共和为然，与吾国之荀卿、商鞅、李斯最为相似"。[1] 对于这些极端反对民主的思想家的理论，他未必真正了解，但他对之发生兴趣表明，他的立场已经朝彻底否定民主的方向转移了。

与此相应，他对西方实行民主制的历史和现状也做出了否定的解释。对于当年民主制的创建，他极其牵强地断言："共和国体即在欧美诸邦，亦成于不得已，必因无地求君，乃行此制"。对于现状，他大放悲观之言："譬如平等、自由、民权诸主义，百年已往，真如第二福音，乃至于今，其弊日见，不变计者，且有乱亡之祸。"[2] 他曾经那样敬仰的英国治制，不过十几年，现在被他完全否定。当时正值欧洲大战，这应该是他对西方政制失望的重要原因。

即使在早期，严复也主张，民主制不合中国当时的国情，最应采用的是开明专制。其后他一再重申此见，强调专制本身不是坏东西，其好坏取决于是否开明，君主是关心国家和人民，还是只关心自己和家族。[3] 现在，共和制在形式上建立之后，很可能是军阀混战的现状令他痛心疾首，事实证明了他的忧虑，曾经有过的对民主制的向往彻底破灭，他把中国的希望完全寄托在君主制的复辟上了。在给熊纯如的书信中，他反复陈述："天下仍须定于专制，不然，则秩序恢复之不能，尚何富强之可跂乎？""共和之万万无当于中国，中外人士，人同

1.《严复集》，第 3 册，第 627、675 页。

2. 与熊纯如书。《严复集》，第 3 册，第 662、667 页。

3. "制无美恶，期于适时；变无迟速，要在当可。即如专制，其为政家诟厉久矣。然亦问专此制者为何等人？其所以专之者，心乎国与民乎，抑心乎己与子孙乎？"（《宪法大义》。《严复集》，第 2 册，第 240 页。）

此言。""现在一线生机，在于复辟"。"鄙人自始洎终，终不以为共和为中国宜采之治体，尝以主张其制者，为四万万众之罪人，九幽十八重，不足容其魂魄。"语气可谓凌厉，心情可谓沉痛，然而他也明白，复辟是"极危险"之事，而谁来当君宪之主乃"绝对难题"，因此这个希望也是十分渺茫的。[1] 从这些写于晚年的书信中可以想见，这位忧国忧民的思想家是以何等悲凉的心境告别人世的。

在严复看来，中国本来是有实行君主立宪制的大好机会的，但这个机会被康有为、梁启超毁掉了。早在戊戌变法失败次年，在给张元济的信中，他给康、梁下了"轻举妄动，虑事不周，上负其君，下累其友"的评语，认为中国时局若不可挽回，是此二人的罪过。[2] 十多年后，在给熊纯如的信中，他明确断言，康、梁扼杀了清末君主立宪的良机。据他分析，若无此二人，等到年事已高的西太后寿尽，光绪政权独揽，徐起更张，变法应可成功。他因此愤言：这师弟二人，"顾众人视之，则以为福首，而自仆视之，则以为祸魁。"是年袁世凯称帝失败，政局纷乱，他追溯"今日局面不可收拾之所由来"，仍归咎于康、梁，认为他们是"造成此势者"，而袁世凯"不过因其势而挺之而已"。当年梁启超的文章风靡天下，影响巨大，但严复对他大有非议，说他所持宗旨多变，"立言多可悔，追悔而天下之灾已不可救矣"，又说他"操笔为文时，其实心救国之意浅，而俗谚所谓出风头之意多"。[3] 关于清末君主立宪之良机及其改写中国近代史之可能性，这段公案今人多有谈论，其实严复早就指出了。

1.《严复集》，第 3 册，第 603、635、662、711 页。

2.《严复集》，第 3 册，第 533 页。

3.《严复集》，第 3 册，第 631—633、645、646 页。

人们常常争论，严复的思想是否由激进主义转变为保守主义。他后期的保守是公认的事实，分歧在于他前期是否激进，对此问题恐怕不能笼统地讨论，而须明确所谓激进和保守的含义。严复接受西学，是进化论打的底子，而这就决定了他在政治上必然主张渐进。我们可以把政治体制的改革分为两个层面，一是改革的目标，二是实现此目标的途径。那么，在目标上，早期的严复是明确主张用民主制取代专制的，因而可以视为激进主义。但是，在实现此目标的途径上，他主张先实行开明君主制，再逐步向民主制过渡，因而可以视为保守主义。综合二者，不妨称他为温和的激进主义者。如果说他在早期认为民主是个好东西，但暂时不能在中国实行，那么，到了中期，他对民主的目标发生了怀疑，认为民主即使在西方是个好东西，也未必适合于中国，而到了晚期，他就完全否定民主，认为它根本就是个坏东西了。因此可以说，他的思想经历了由温和的激进主义向温和的保守主义再向彻底的保守主义的转变。

第六章

严复眼中的中西文化比较

一　西方文化的命脉之所在

一个多世纪以来，在中国学人中，中西文化比较是一个经久不衰的话题。这个话题之开端，起于严复那一代人。当时人们并不孜孜于在中西文化之间决一高下，宣布何种文化将取得世纪的冠名权，倘有这样的论者出现，必被视为滑稽。严复思考的角度是，对于中国来说，西方文化的主要优点是什么，这个优点是中国最缺的，因此是最要学习的，学到了就能使中国有巨大而实质的进步。这是最对头的角度，如果说中西文化比较是一个有意义的话题，意义即在于此。

严复探究的重点是中西政治的差异，而若要发掘这差异的根源，就不能不进而探究中西文化的差异。这里所说的文化，是指贯穿一个民族的文化传统的基本精神，它必然体现在社会生活的各个层面，包括政治的层面。纵观严复的论述，他认为贯穿西方文化传统的基本精神是崇真求真的科学精神。

清末民初之际，国人向西方寻求富强之道，看到的往往只是经济和技术，至多还有自然科学的若干具体学科，严复指为"皆其形下之粗迹"，"非命脉之所在"。他把西方社会的"命脉"概括为两条，在"学术"即文化上是"黜伪而崇真"，在"刑政"即政治上是"屈私以为公"。[1] 这两条大致相当于后来五四运动倡导的科学和民主。不过，在严复的理解中，科学绝不限于各门具体学科，其最可贵者为一种认真对待真理的精神。他如此描述这种精神："且其为事也，又一一皆本之学术；其为学术也，又一一求之实事实理，层累阶级，以造于至大至精之域，盖寡一事焉可坐论而不可起行者也。"[2] 他还指出，"学"在西人乃"至不苟之事"，系统而可证，用这个标准衡量中国既有的学问，都不得称为"学"，而只是一些零散阅历和知识的堆积罢了。[3]

严复还认识到，有无科学精神，不只关系到科学技术的发展，而且必定影响到一国的政治秩序和国民素质。在《天演论》中，他加进一段赫胥黎原著中没有的话，引柏庚（培根）之言"学者何？所以求理道之真；教者何？所以求言行之是。然世未有理道不真，而言行能是者"，然后议论说："是故教与学相衡，学急于教，而格致不精之国，其政令多乖，而民之天秉郁矣。"[4] 首先要有求真的科学精神，具备了这种精神，国家才可能有好的治理，人民才可能有好的教化。

西方政治和科学的关系是什么？当时有一种论调，认为"西政为本，而西艺为末"，严复在《与外交报主人书》一文中斥为"颠倒错乱"。他指出，如果"艺"是指科学，那么，西方政治好就好在以科学为本，遵循通理公例，而中国政治之所以日形其绌，不足争存，原因就在不本科学，违背通理公例。他进而议论说："今世学者，为西人之政论易，为西人之科学难。政论有骄嚣之风（如自由、平等、民

1.《论世变之亟》.《严复集》，第 1 册，第 2 页。
2.《原强》.《严复集》，第 1 册，第 11 页。
3.《救亡决论》.《严复集》，第 1 册，第 52 页。
4.《天演论》，第 54 页。

权、压力、革命皆是），科学多朴茂之意，且其人既不通科学，则其政论必多不根，而于天演消息之微，不能喻也。此未必不为吾国前途之害。故中国此后教育，在在宜著意科学，使学者之心虑沈潜，浸渍于因果实证之间，庶他日学成，有疗病起弱之实力，能破旧学之拘挛，而其于图新也审，则真中国之幸福矣！”[1] 在上文中可以看出，他视为政治理论之基础的科学是进化论，这是斯宾塞那一套体系教给他的。不过，他说的科学又是广义的，即“浸渍于因果实证之间”，认真探究事情所以然的道理。中国学人好发政论，却不肯下功夫研究政治学的基本理论，严复提醒他们，政治以科学为本，本身是一门科学，这个提醒至今仍未过时。

具体来说，培养求真的科学精神，“第一要知读无字之书”，重视和善于获取直接经验。他引培根之言：“凡其事其物为两间之所有者，其理即为学者之所宜穷。所以无大小，无贵贱，无秽净，知穷其理，皆资妙道。”宇宙万物都是科学研究的对象，其中的道理都值得去探究。他又引赫胥黎之言：“能观物观心者，读大地原本书；徒向书册记载中求者，为读第二手书矣。”并断言“中西二学之不同”即在于此。[2] 他最痛恨的中国教育之弊端，就是教人只钻故纸堆，藉此猎取富贵功名，“使不改良，将吾人无进化之望”。[3]

严复在认识论上接受的是英国经验论，重视直接经验和归纳法，而在他看来，物理科学是入门的最佳途径。他有一篇文章，题目就旗帜鲜明：《论今日教育应以物理科学为当务之急》。他说：中国学人最

1.《与外交报主人书》.《严复集》，第 3 册，第 559、564—565 页。

2.《西学门径功用》.《严复集》，第 1 册，第 93 页。

3.《论今日教育应以物理科学为当务之急》.《严复集》，第 2 册，第 281 页。

缺的是尚实精神，而物理科学可使人尚实，惟此一学"可转变吾人之心习，而挽救吾数千年学界之流弊"。他说的物理科学是广义的："其治之也，首资观察试验之功，必用本人之心思耳目……且层层有法，必谨必精，至于见其诚然，然后从其会通，著为公例。"[1]这实际上指的是在实验基础上按照严格步骤得出原理的方法，即培根倡导的"真正的归纳法"。他把归纳译为内籀，演绎译为外籀，认为中国学术的重大缺点是外籀甚多，而内籀绝少。从书本到书本，从理论到理论，以不变的教条应万变的现实，正是他亟欲革除的"中国数千年学界之流弊"。在翻译生涯的后期，他致力于译《穆勒名学》和耶芳斯的《名学浅说》，显然是有意为之，因为此二书皆推崇归纳逻辑。

科学精神不但表现在求真，还表现在创新，二者有内在联系，正因为唯真理是求，所以能够不囿于陈说。严复指出：欧人之富强，由于其学问和政治。学问，始于一二人无用的实验和观察，比如加热金石，摩擦毛皮，以三角玻璃映日，蓄微虫，与禽兽同卧等，在中国，"必群目之曰呆子"。政治，始于一二人无畏的空言，在中国，"又必群议之曰病狂"。这呆狂二字，足以沮丧人材之进境，于是守旧，政教与人心皆敝。[2]这个分析一针见血。我们在这里可以打破学问和政治的分界，因为在实际上，西方人的求真和创新是既表现于学问，也表现于政治的。求真精神的特点是不问有用无用，唯真理是求，中国人目之为呆，这个"呆"字，道尽了中国人唯求实用、鄙视无用的心态。创新精神的特点是不受舆论、习俗、旧说之束缚，能见前人之未见，敢言前人所未言，中国人目之为狂，这个"狂"字，道尽了中国

1.《论今日教育应以物理科学为当务之急》，《严复集》，第 2 册，第 282、284 页。
2.《论中国之阻力与离心力》，《严复集》，第 2 册，第 466—467 页。

人墨守成规、明哲保身的心态。在这样一种普遍守旧的文化环境里，人人都不愿被目为呆狂，中国近代因之难出大师。

在《天演论》按语中，严复说：西人在学术上"贵独获创知"，而不看重"述古循辙"之人。然后他发了一通议论，怀念起先秦时期，三百八十年间中国也曾创知喷涌，大家迭出，其思想影响后世二千年不衰。令他惊奇不解的是，那个时代中西隔绝，却同时出现了这样的局面，必非偶然。他表示，世上若有人能解释明白其原因，他愿自带干粮和学费万里拜师。[1] 对于所谓轴心时代异地同时诞生大哲之现象，至今好像仍无人能够真正解释明白，姑且不论。到了二千年后的近代，何以西方仍贵创知而中国却一味守旧，倒是应该深思的。严复在这里没有展开谈，看他在别处的论述，大致认为原因在于先秦百家中的儒家本身的保守品格及其在后世的一家独大。

在评析西方文化之长的同时，严复实际上也评析了中国以儒家为主体的传统文化的相应之短。对儒家的批评，尚可补充两点。一是儒学仅局限于道德和政治，从《大学》、《中庸》，到《论语》、《孟子》、五经，"其中所言，大抵不外德行、政治两事——两事者，固儒者专门之业也。"[2] 中国的教育，也是偏于德育，体智二育皆太少。[3] 二是科目不分，皆混同于"礼"即道德。孟德斯鸠指出：中国政家"合宗教、法典、仪文、习俗四者于一炉而治之……一言以括之曰礼"。他补充说，不止于此，连学术和历史也被混在了里面。[4]

1.《天演论》，第 57 页。

2.《政治讲义》.《严复集》，第 5 册，第 1242 页。

3.《论今日教育应以物理科学为当务之急》.《严复集》，第 2 册，第 281 页。

4.《孟德斯鸠法意》，第 410—411 页。

中西文化之比较，宗教是一个回避不了的问题。对于宗教不同于科学的性质和作用，严复是有清楚的认识的。他说："西学之与西教，二者判然绝不相合。教者所以事天神，致民以不可知者也。致民以不可知，故无是非之可争，亦无异同之足验，信斯奉之而已矣。学者所以务民义，明民以所可知者也。明民以所可知，故求之吾心而有是非，考之外物而有离合，无所苟焉而已矣。"[1] 在西方，宗教管不可知领域，提供信仰，科学管可知领域，指导实践，各有各的功用，并行不悖。正因为此，无论科学多么发达，消除的只是迷信，真正的宗教必将长存。"学术日隆，所必日消者特迷信耳，而真宗教则俨然不动。然宗教必与人道相终始者也。盖学术任何进步，而世间必有不可知者存。不可知长存，则宗教终不废。"[2]

夏曾佑曾给严复写信，提出一个问题请教。信中说：中国的所谓宗教，"因其教之宗旨无上帝，无灵魂，无天堂地狱，亦无清净涅槃，毕生所希望皆富贵，外无他物"，所以不是真正的宗教。[3] 没有看到严复的直接回答，但他的观点在《支那教案论》按语中有明确的表达："中国儒术，其必不得与道、释、回、景并称为教甚明……然则中国固无教乎？曰有。孝则中国之真教也。百行皆原于此……"[4] 这个见解相当深刻：儒教不是宗教，中国真正的宗教是孝，即祖宗崇拜。当然，这其实谈不上是真正意义上的宗教，不过是中国人实际奉行的信仰罢了。对于宗教，严复看重的是其对一般民众的道德教育作用。中

1.《救亡决论》。《严复集》，第 1 册，第 52 页。

2.《天演进化论》。《严复集》，第 2 册，第 319 页。

3. 转引自《严复集》，第 5 册，第 1576 页。

4.《严复集》，第 3 册，第 850 页。

国没有本土的宗教，因此自古就没有对一般民众的教育，所以，在民智、民德、民力三者之中，新民德"尤为三者之最难"。[1]

二 用西学眼光读中国古书

人们常用学贯中西一语赞誉民国时期卓有建树的学者。事实上，当时西学水平高的人，如王国维、胡适、林语堂辈，国学底子也都好。严复同样如此，梁启超规劝青年学国学，就用严复做榜样。他说："但今日欲使外学之真精神，普及于祖国，则当转输之任者，必邃于国学，然后能收其效，以严氏与其他留学欧美之学僮相比较，其明效大焉。此吾所以汲汲欲以国学为我青年劝也。"[2]反过来说，在新的时代要在国学上有创见和造诣，也必须经受西学的洗礼。王国维之成为中国新史学的开创者，胡适之成为系统整理中国哲学史的开拓者，林语堂之成为中国传统文化在西方的最佳解说者，皆得益于对西学相当程度的通晓。严复本人在国学上没有留下专著，但他作为当年最了解西学的人，极力宣说西学对于发展中国学术的意义，自己也力图打通二者，用新眼光解释中国典籍。

中国人接受西学，会不会对国学造成威胁？西学兴会不会导致国学废？这是引进西学时首先要解除的一个忧虑。在给严复的信中，吴汝纶就表示了这个忧虑，而"先生曰，不然，新学愈进，则旧学愈益

1.《原强修订稿》.《严复集》，第1册，第30页。

2. 梁启超《论中国学术思想变迁之大势（续前）》.《饮冰室文集点校》，第一集，第284页。

昌明，盖他山之石，可以攻玉也"。[1]严复从来不是一个全盘西化派，他一开始就明确认为，中国传统文化的精华必须保存和发扬，不可丢失，如果丢失了，"则其民之特性亡，而所谓新者从以不固"。唯有立足于本民族的特性，把外来的新思想与传统中的精华对接，新思想才能生根，真正融为本民族的血肉。然而，这是极为困难的工作，不是囿于旧习者所能担任的，必须"统新故而视其通，苞中外而计其全"，全面把握中西学说的精髓并找到其相通之处，而后才能完成。为了实现这个目标，学西学是当务之急，而若能得西学之真谛，"吾旧有之经籍典章未尝废也"。[2]

西学不但不会废国学，而且必将有助于国学的复兴。"果为国粹，固将长存。西学不兴，其为存也隐；西学大兴，其为存也章。盖中学之真之发现，与西学之新之输入，有比例为消长者焉。"这里隐含一个严复没有明言但读者可以明辨的逻辑：越是通过学西学获得世界眼光，就越能发现中学中具有普世价值的真理，从而使其得到发扬光大。严复自己觉得，这个识见难以被时人理解，因此接下来说："不佞斯言，所以俟百世而不惑者也。百年以往，将有以我为知言者矣。"[3]他期待百年后会有人理解，这个期待没有落空，虽则至今不理解乃至执迷反对者仍大有人在。

"士生今日，乃转籍西学以为还读我书之用。"[4]用西学眼光读中国古书，严复是这样提倡的，自己也是这样做的。他反复讲这样一个

1. 王蘧常《严几道年谱》，第 63 页。

2.《与外交报主人书》。《严复集》，第 3 册，第 560、562 页。

3.《〈英文汉诂〉卮言》。《严复集》，第 1 册，第 156 页。

4.《〈天演论〉手稿序》。《严复集》，第 5 册，第 1412 页。

道理：唯有通西学才能悟国学之奥妙。"即吾圣人之精意微言，亦必既通西学之后，以归求反观，而后有以窥其精微，而服其为不可易也。"[1]"中文必求进步，与欲读中国古书，知其微言大义者，往往待西文通达之后而后能之。"[2]这是他的切身体会，在译《天演论》自序中做了详细的说明。古书中的微言大义，是古人殚毕生精力从事于一学的心得，将之著为文字，而后人未尝为此学，读时就难有切肤的感受。何况历时久远，文字沿革，风俗变化，情境殊异，使得古书中表达的那一点心得更加隐晦不现了。所以说，读古书难。虽然如此，那一点心得仍在那里，并未消失。"使其理诚精，其事诚信，则年代国俗无以隔之，是故不传于兹，或见于彼，事不相谋而各有合。"真正有价值的心得，一定反映了某种普遍真理，不受时代和国别的限制，在本国失传了，又可能在外国出现。这就要说到通外语读外国书的好处了。"考道之士，以其所得于彼者，反以证诸吾古人之所传，乃澄湛精莹，如寐初觉，其亲切有味，较之觇毕为学者，万万有加焉。此真治异国语言文字者之至乐也。"严复深切感到，读西书时突然领悟到中国古书中表达的类似道理，如梦初醒，豁然贯通，这是通西语的最大快乐。"是以生今日者，乃转于西学，得识古之用焉。"然而，这种快乐必须亲自体会，"此可与知者道，难与不知者言也"。严复这种中西贯通的快乐感受，基于一个认识，就是人类共同真理的存在。如果有人由此得出结论，说西学的精华中国皆古已有之，用国学附会西学，则是荒谬的。"虽然，由斯之说，必谓彼之所明，皆吾中土所前有，甚者或谓其学皆得于东来，则又不关事实，适用自蔽之说也。"

1.《救亡决论》。《严复集》，第 1 册，第 49 页。

2.《论今日教育应以物理科学为当务之急》。《严复集》，第 2 册，第 286 页。

另一方面，严复在西学中看到并且重视的，也正是人类共同真理的表达，因此，对于那种无视西学的真正精华之所在，认为"彼之所精，不外象、数、形下之末，彼之所务，不越功利之间"的"逞臆"之谈，他更是十分不屑。[1]

辛亥之后，严复的思想趋于保守，但并不否定西学对于治中学的价值。他在给熊纯如的信中说："士生蜕化时代，一切事殆莫不然，依乎天理，执西中用，无一定死法，止于至善而已。""依乎天理，执西中用"，强调了人类共同真理是标准，以西学为参照，为发扬中学服务。他还说："能用新眼光看吾国习见书，而深喻笃信之，庶几近道矣。"[2]仍然要用"新眼光"，但重点放在对借之看出的国故精华的"深喻笃信"上了。

三　西学与中学之异同

严复主张西中会通，也深知其难，这个困难对于他同样存在，因为会通与附会之间的分寸是不易把握的。曾克耑说："自泰西之说入中国，国人初仅以形下之学目之，以为仅工制器械而已，以为仅能窥天察地而已。迨侯官严氏起，广译其书，而后知其于吾《易》、《春秋》之教，《大学》、《中庸》之精义，无二致焉。"[3]西学与国学之精义无二致，人们得出这个印象，不能不说和严复本人的解说大有干系。

1.《译〈天演论〉自序》.《天演论》，第 ii 页。
2. 与熊纯如书（1913、1916）.《严复集》，第 3 册，第 615、639 页。
3.《〈老子〉评语》序.《严复集》，第 4 册，第 1103 页。

比如他引司马迁之语"《易》本隐而之显，《春秋》推见至隐"，据此断言西人名学之外籀（归纳法）和内籀（演绎法）分别"固吾《易》、《春秋》之学"，进而断言"顾吾古人之所得，往往先之，此非傅会扬己之言也"，还举出了一个"灼然不诬"的例子，这个例子竟是说《易》已经包含了牛顿第一定律。[1]用《论语》、《大学》比附西学，典型的例子是用"恕"和"絜矩"诠释自由，虽则在总体上他认识到儒家政治思想与西方自由主义政治思想有根本的不同。

在先秦诸子中，严复偏爱道家，先后撰写《老子》评语（1905）和《庄子》评语（约1916）。在这两篇评语中，他用西学眼光读老庄，读出两个重要的相同点，一是进化论，二是自由民主的政治思想，二者正是他在西学中最看重的。

夏曾佑为《老子》评语作序说："老子既著书之二千四百余年，吾友严几道读之，以为其说独与达尔文、孟德斯鸠、斯宾塞相通。"[2]其中，与达尔文、斯宾塞相通即在于进化论。老子曰："天地不仁，以万物为刍狗；圣人不仁，以百姓为刍狗。"严复评论道："此四语括尽达尔文之新理。"[3]在《天演论》按语中，他也有类似说法，并指出："老子所谓不仁，非不仁也，出乎仁不仁之数，而不可以仁论也。"[4]天地是万物百姓生存斗争的场所，是超出仁不仁的评价的，这个解释颇得老子的精神。

不过，在严复看来，老子的进化论是不彻底的。"夫物质而强之

1.《译〈天演论〉自序》。《天演论》，第 ii 页。

2.《严复集》，第 4 册，第 1100 页。

3.《〈老子〉评语》。《严复集》，第 4 册，第 1077 页。

4.《天演论》，第 61 页。

以文，老氏訾之是也。而物文而返之使质，老氏之术非也。何则？虽前后二者之为术不同，而其违自然，拂道纪，则一而已矣。"[1] 原本处在自然状态而强推文明，老子反对得有理，但文明是进化之必然，社会已入文明而硬要退回到自然状态，老子的主张就错了，错在违背了进化论。在《天演论》手稿中，他也谈到，老、庄、列之徒訾圣智，薄仁义，提倡还淳反朴，"明自然矣，而不知礼乐刑政者，正自然之效"，可见其"昧于天演之道"。[2] 总之，反对文明是老子哲学与西方近代哲学的最大不同，也是严复最不赞同老子的地方。

严复接受进化论，生发的是一种推动进化的积极精神，因此他多么喜爱老庄，仍嫌其太消极。他读庄子，盛赞其逍遥游之眼界和心境无比广阔，所以能洞见万物平等的道理。在他眼里，《内篇》七篇论述的都是"近古天演家至精之说"。但是，庄子由万物平等得出是非之无谓的结论，他表示完全不能同意。和其他存在物不同，人是不能不讲是非的，"必将即其理而推其究竟，使其终有益而无害于人群，斯其理必是。是者何？是于此世界之人道也。否则其说为非。非者何？亦非于此世界之人道也。居是世界，以人言人，不得不以此为程准也。"[3] 人在社会中生活必须讲是非，标准是对社会有益还是有害，这是做人不得不遵循的道理。他还反对庄子消极避世的人生观。庄子在《人间世》中大谈"无用之用"，用许多譬喻说明有用之用会招灾，无用之用可保身，严复说他读此篇"未尝不废书而叹"。他叹的是：人"所以为万物之灵者，固必有其应尽之天职，由是而杀身成仁、舍

1.《〈老子〉评语》。《严复集》，第 4 册，第 1082 页。

2.《〈天演论〉手稿》。《严复集》，第 5 册，第 1441 页。

3.《孟德斯鸠法意》，第 396—397 页。

生取义之事兴焉。此亦庄生所谓不可解于心，无所逃于天地之间者，岂但知无用之用，远祸全生，遂为至人已乎？"这样无所作为的生活与禽兽无异，实在不足取。[1]

在老庄思想中，严复看出和西学的另一个相同点是自由民主政治的主张，在上面第五章中已论述。按理说，在进化论问题上，他明确认识到了老庄与西学的不同之处是反对文明，包括反对社会规则和法律制度，那么，也就应该认识到二者在政治思想上的重大不同，老庄的无为而治与西方的民主法治在本质上是两回事。然而，他仍是几乎无保留地把二者等同起来，常常情不自禁地欢呼他在老子著作中发现的"民主之说"、"民主之政"、"纯是民主主义"等等。对于庄子，他更是不吝赞誉，说："挽近欧西平等自由之旨，庄生往往发之。"[2]又说："庄生在古，则言仁义，使生今日，则当言平等、自由、博爱、民权诸学说矣。"[3]仅有一处，在谈到老子的政治思想时，他指出了其局限性："中国未尝有民主之制也，虽老子亦不能有未见其物之思想。于是道德之治，亦于君主中求之；不能得，乃游心于黄、农以上，意以为太古有之。盖太古君不甚尊，民不甚贱，事与民主本为近也。"这里已经触及到了老子小国寡民理想与民主制度的不同，可是严复的结论却仍是小国寡民之世"正孟德斯鸠《法意》篇中所指为民主之真相也"。[4]

在研读西学的过程中，严复接触到了笛卡尔、贝克莱、休谟的哲

1.《〈庄子〉评语》。《严复集》，第 4 册，第 1109 页。

2.《〈庄子〉评语》。《严复集》，第 4 册，第 1146 页。

3. 与熊纯如书（1916）。《严复集》，第 3 册，第 648 页。

4.《〈老子〉评语》。《严复集》，第 4 册，第 1091 页。

学，对于本体论和认识论产生了很大的兴趣。他的这个兴趣，借着翻译《天演论》，有一个集中的展现。赫胥黎在原著中用了较大的篇幅和十分欣赏的口吻谈论佛教，这给了他一个机会，使他得以利用自己既有的佛教知识和对西方哲学的新的了解，来表达他对哲学基本问题的认识。

西方哲学一直致力于探究变动不居现象背后的不变实体，这个传统在近代发生了重大转折，赫胥黎把贝克莱当作一个代表。贝克莱认为，存在就是被感知，断定在被感知的现象背后存在一个不可被感知的"实体"，这是毫无意义的。他以此论证了物质实体的不存在，但仍保留了精神实体即上帝之存在。赫胥黎指出了他的不彻底，与近代这位最伟大的唯心论者相比，乔答摩深刻得多，"用一种研究哲学的人很感兴趣的形而上学技巧，甚至消除了永恒存在的影子的最后形迹"，而"把宇宙归结为一个仅仅是各种感觉、感情、意志、思想的流程，没有任何下面的支持体"。[1]

在翻译上述内容时，严复基本做了改写，大量加入自己的见解。他把西方传统哲学的观点概括为一句话曰："一切世法，无真非幻，幻还有真。""无真非幻"，即一切现象赖感觉而存，缘感官为变，相固在我，非著物也。"幻还有真"，即变化无常的现象必有其不变长存者以为之根，在宇宙是上帝，在人是灵魂。他认为前一说是对的，后一说却断断乎不可知。"人之生也，形气限之，物之无对待而不可以根尘接者，本为思议所不可及。是故物之本体，既不敢言其有，亦不得遽言其无。"佛教是断然否定本体的，他却认为也有道理，因为"至

1.《进化论与伦理学》，第46—47页。

法尚应舍，何况非法"，现象尚且是幻影，何况连现象也不是的东西，就更没有理由说它实存了。[1]

严复对佛教评价极高，认为"宗教之多思维，殆莫若佛"，他感到遗憾的是，在传入中国以后，经禅宗到净土宗，佛教的这种品格日益式微了。他对佛教也有独到的理解，针对孟德斯鸠所言佛教也主张灵魂不死的误解，他指出在儒、道、佛、基督教各家中，"真不主灵魂者独佛耳"，只有佛教是彻底否定精神实体的存在的。[2] 在本体问题上，他自己持明确的不可知论立场，力图在这一立场上把西方近代哲学和佛学打通。他引述休谟的论点："人心于物，所谓知者，尽于觉意；至其本体，本无所知，亦无由知。"然后断言：这即是"释氏一切有为法皆幻非实真诠"。[3] 事实上，佛学在本体问题上的立场是空性而非不可知，但他从佛经中选出"不可思议"一语，用它来解释本体之所以不可知的原因，倒亦能自圆其说。"大抵宇宙究竟与其元始，同于不可思议。不可思议云者，谓不可以名理论证也。"为何本体不可以名理论证，他有一番解说：求解事理就是一步步求众异中之一同，到了诸理会归最上之一理，孤立无对，就不可求解了。[4] 在下的道理用在上的道理来解释，最上的道理就没有道理可以解释它了，因此不可思议。

在《天演论》中，严复写了一长段按语，介绍笛卡儿《道术新论》(即《谈谈方法》) 中的思想。他的扼要的阐述相当准确，可见

1.《天演论》，第67—68 页。

2.《孟德斯鸠法意》，第 586、596 页。

3.《穆勒名学》，商务印书馆，1981，第 58 页。

4.《天演论》，第 47、75 页。

是认真读了这部著作的。他说笛卡儿哲学是"西学绝大关键"，可见也是知道笛卡儿在西方哲学转折中的关键作用的。笛卡儿试图为认识寻求可靠的基础，从怀疑一切开始，最后发现唯有这个怀疑一切的"我"是不可怀疑的，得出了"我思故我在"的结论。严复抓住了笛卡儿推论的要点是"疑意为妄者，疑复是意"，而将其哲学观点概括为"惟意非幻"。这个"非幻"，不同于他所赞同的"无真非幻"的"非幻"和他所反对的"幻还有真"的"真"，仍属于现象界，而非实体。在严复看来，它的意义是为人的知识划定了范围，同时也就建立了可靠性的标准，即"止于意验相符"，"此所以自特嘉尔（笛卡儿）以来，格物致知之事兴"，自然科学获得了快速的发展。[1]

在《穆勒名学》按语中，严复进一步阐发说，笛卡儿的"惟意非幻"观点说明："世间一切可以对待论者，无往非实；但人心有域，于无对者不可思议已耳。"他的关注重点放在前者，如此表示：万物本体虽不可知，但在可知的现象领域内有"自然律令"，"此吾生学问之所以大可恃，而学明者术立，理得者功成也。无他，亦尽于对待之域而已。是域而外固无从学，即学之亦于人事殆无涉也"。他还把笛卡儿的观点表述为"意不可妄、意住我住"，认为即《中庸》"诚者物之终始，不诚无物"之义，这样来给"惟意非幻"之认识论命题加进了一种道德涵义。[2] 严复不乏形而上学的兴趣，但他更是有强烈现实关切的人，于是我们在《天演论》按语中读到，他在谈论"不可思议"之后立即满怀信心地宣告："吾党生于今日，所可知者，世道必进，后胜于今而已。"[3]

1.《天演论》，第69—71页。

2.《穆勒名学》，第60—61、58页。

3.《天演论》，第47页。

四　后期的保守立场

严复的立场趋向保守，在中期已露端倪。在《论教育与国家之关系》（1906）一文中，有感于"今日之人心风俗"每况愈下，他强调德育是第一重要的，而鉴于西方国家只是"器"先进，"道"却未必，他主张在德育上"则不如一切守其旧者，以为行己与人之大法，五伦之中，孔孟所言，无一可背。"[1] 这种在西学中见"器"不见"道"的论调正是他早年嗤之以鼻的，而对孔孟道德的全盘肯定也和他早年的立场大相径庭。与此相伴随的，是他对西方国家现状的失望，例如在《法意》按语中抨击欧美贫富差别加剧，并且说中国的老庄早就看明白了此种政制的弊端。[2]

我们可以看出，促使严复改变立场的动因不是理论的研究，而是现实的刺激。辛亥革命之后，目睹民国乱象，亲见欧洲大战，使得这种刺激大为加剧，直接导致他的立场彻底转为保守。在《〈庄子〉评语》中，论及欧战，他说："即如今之欧美，以数百年科学之所得，生民固多所利赖，而以之制作凶器，日精一日，而杀人无穷……嗟夫！科学昌明，汽电大兴，而济恶之具亦进，固亦人事之无可如何者耳。"并联系到中国的现状说："道德不进，而利器日多，此中国之所以大乱也。"[3] 在给熊纯如的信中，他对西方世界的愤恨更有集中的爆发。谈到辜鸿铭，他说辜"生平极恨西学，以为专言功利，致人类涂炭，鄙意深以为然"。谈到欧战，他说："文明科学，终效其于人类如

1.《严复集》，第 1 卷，第 168 页。

2. 参看《孟德斯鸠法意》，第 380 页。

3.《〈庄子〉评语》。《严复集》，第 4 册，第 1122、1123 页。

此，固不佞今日回观吾国圣哲教化，未必不早见及此，乃所尚与彼族不同耳。"在1918年的一封信里，他仿佛把自己的感想做了一个总结："不佞垂老，亲见脂那七年之民国与欧罗巴四年亘古未有之血战，觉彼族三百年之进化，只做到'利己杀人，寡廉鲜耻'八个字。回观孔孟之道，真量同天地，泽被寰区。"[1]在严复的心目中，西方文明在道义上已经彻底破产，促使他返求诸己，把希望寄托在中国儒家道德的复兴上。

严复从来没有否定传统文化的重要性，相信它关系到国家和民族特性之保存，而现在越来越确认孔子之道是最能保存中华民族特性的文化。欧战前夕，他指出：人们醉心于西方物质文明，其实西方人重视的是其国性民质，我们也应重视自己数千年形成的国性民质，因为"数十百年之牵变，必不敌数千载之遗传。使吾民所受于古者而无可言，则吾国虽有百华盛顿、千拿破仑、万亿卢梭以为之革命巨子，犹将无益于存亡之数"。[2]此论言之成理。那么，最能代表"中国之特别国性"的是谁呢？他认定是孔子，中国赖以不亡靠的就是孔子之教化，为此他撰文《读经当积极提倡》，强调经书不可不读，否则将无人格、亡国性。[3]

欧战期间和之后，在给熊纯如的信中，他反复陈述孔子教化救国的道理："即他日中国果存，其所以存，亦恃数千年旧有之教化，决不在今日之新机，此言日后可印证也"；"鄙人行年将近古稀，窃尝究观哲理，以为耐久无弊，尚是孔子之书。四子五经，固是最富矿藏，

---

1. 与熊纯如书。《严复集》，第3册，第623、642、692页。
2.《思古谈》。《严复集》，第2册，第324页。
3.《严复集》，第2册，第330页。

惟须改用新式机器发掘淘炼而已";"中国目前危难，全由人心之非，而异日一线命根，仍是数千年来先王教化之泽"。孔子教化不但能救中国，而且能救人类："往闻吾国腐儒议论谓：'孔子之道必有大行人类之时。'心窃以为妄语，乃今听欧美通人议论，渐复同此……可知天下潮流之所趋也。"[1] 最后，逝世前不久，他在遗嘱中叮嘱："须知中国不灭，旧法可损益，必不可叛。"[2]

欧战使西方文明经历了一次重大危机，对资本主义制度进行反思成为世界潮流。无论在中国还是西方，知识分子们纷纷或者向左转，把希望寄托于诞生不久的苏联政权和共产主义理想，或者向东方传统寻求救世之道。处在这个潮流中，相当一些曾经倡导新学的中国学者回归国故，严复是其中的一员。在生命的最后十年，他没有再从事译业和研究西学，我们也没有看到他在国学包括他所推崇的孔子之学方面有专门的著述，看到的是他有点像一个老愤青，时常在给自己弟子的信中抒发愤懑之情。有的论者说他后期全盘否定西方文化，我觉得甚至不能下这个结论，因为他只是在表达一种情绪，以及在这种情绪支配下的一种立场，而并没有对他以前所肯定的西方文化之长重估其价值。他否定他曾经极为赞赏的斯宾塞、穆勒、孟德斯鸠的思想了吗？他把欧战的责任归罪于这些思想家了吗？当然没有。因此，准确的说法是他的立场转为保守，转变的只是立场，而不是我们在研究一个思想家时理应看重的他的思想系统。

---

1. 与熊纯如书。《严复集》，第 3 册，第 662、668、678、690 页。
2.《严复集》，第 2 册，第 360 页。

下编

王国维与德国哲学

第一章

引进德国哲学的第一人

一 一段几乎被遗忘的历史

王国维（1877—1927）的一生，按照治学方向的变化，可以清晰地划分为三个阶段。第一个阶段从 22 至 31 岁，为青年时期，在学术上可称作哲学时期。在此阶段内，他在《教育世界》杂志上发表了一系列关于西方哲学和中国哲学的文章，而以《红楼梦评论》为标志开始了由哲学向文学的过渡。第二个阶段从 31 至 36 岁，为青年转入中年的时期，在学术上可称作文学时期。该阶段为时不长，对于王国维来说，它本身是一个过渡，是他因为对哲学失望而在文学中寻求暂时的自娱，并以《宋元戏曲史》为契机打通了由文学转向史学的路径。第三个阶段从 36 至 51 岁，为中年和晚年时期，在学术上可称作史学时期。该阶段延续时间最久，著述最丰，王国维藉之而成为享誉世界的大学者。

关于王国维的史学成就，只需举出几位很不同的权威的意见，我们即可对它被公认的程度获得一个深刻的印象了。第一位是鲁迅，他在王国维活着时就说："中国有一部《流沙坠简》，印了将有十年了。要谈国学，那才可以算一种研究国学的书。开首有一篇长序，是王国维先生做的，要谈国学，他才可以算一个研究国学的人物。"[1]鲁迅说这话是在 1922 年，实际上他是认为，到这个时候为止，王国维是唯一够格的史学家。第二位是顾颉刚，他对中国古史的观点与王国维很不同，但在获悉王国维自尽的噩耗时写了一篇悼文，称王国维是"中国学术界中唯一的重镇"，赞扬王国维的学问是"新创的中国古史学"。[2]第三位是陈寅恪，他说王国维的史学著作是"吾国近代学术界最重要之产物"。[3]第四位是郭沫若，他推崇王国维为"新史学的开山"[4]，表示震惊于其"在史学上的划时代的成就"[5]。

王国维的史学研究，举其大者，包括甲骨文、汉晋简牍、金文、敦煌唐人写本、西北历史地理及蒙古史诸项。他的最重要贡献是方法上的突破，即"二重证据法"的提出和运用。这一方法，用他的话来说，就是据地下之材料"以补正纸上之材料"[6]，"古文字、古器物之学，与经史之学实相表里"，须把二者打通起来研究。[7]中国的经史之学从来是从纸上到纸上，经不可怀疑，史也多半停留于纸上的考据。王国维不然，他把经也当作史看，而利用考古发现的古文字、古器物的材料，与经史上的记载互相印证。他的这个方法，正如陈寅恪所

---

1. 鲁迅《不懂的音译》。《鲁迅全集》，人民文学出版社，1973，第 2 卷，第 120 页。以下引鲁迅作品不另注明者皆出自该版本。

2. 顾颉刚《悼王静安先生》。陈平原、王枫编《追忆王国维》，中国广播电视出版社，1997，第 129、133 页。

3. 陈寅恪《王静安先生遗书》序。《王国维遗书》，上海古籍书店印行，1983，第 1 册。

4. 郭沫若《古代研究的自我批判》。《郭沫若全集·历史编》第 2 卷，人民出版社，1982，第 6 页。

5. 郭沫若《鲁迅与王国维》。《追忆王国维》，第 169、172 页。

6. 《古史新证》。《王国维文集》，中国文史出版社，1997，第 4 卷，第 2 页。

7. 为商承祚《殷墟文字类编》所作序。

说，"足以转移一时之风气而示来者以轨则"[1]，也正如郭沫若所说，是有划时代的意义的。

在文学方面，王国维的成就大致也有定评。不少论者认为，《红楼梦评论》和《人间词话》是第一次用西方哲学和美学的观念研究中国文学，因而尊王国维为中国近代美学的奠基人。[2]在《宋元戏曲史》中，王国维提出"凡一代有一代之文学"的命题，以此为根据首次确立了元曲在中国文学史上与唐诗宋词并驾齐驱的地位。该书着力于在史实上搜集前人戏曲作品目录，调查其作者生平，在理论上考察戏曲起源及其演变。关于王国维的戏曲研究的开创性价值，至少可举出两项证词。梁启超说："曲学将来能成为专门之学，则静安当为不祧之祖矣。"[3]郭沫若说：《宋元戏曲史》与鲁迅《中国小说史略》"是中国文艺史研究上的双璧；不仅是拓荒的工作，前无古人，而且是权威的成就，一直领导着百万的后学。"[4]

可是，说到王国维的哲学成就，情形就很不同了。十九世纪末二十世纪初，西方哲学开始传入中国。当时，引进英国哲学的是严复，引进德国哲学的是王国维。这是基本的历史事实。然而，两位引进者在当时的影响和声望即已成鲜明的对照。严复和他的汉译著作几乎家喻户晓，正如王国维所说："嗣是之后，达尔文、斯宾塞之名，

---

1. 陈寅恪《王静安先生遗书》序。
2. 参看冯友兰《中国哲学史新编》，人民出版社，1989，第6册；佛雏《王国维诗学研究》，北京大学出版社，1987；叶嘉莹《王国维及其文学批评》，河北教育出版社，1997。
3. 梁启超《中国近三百年学术史》，东方出版社，1996，第440页。
4. 郭沫若《鲁迅与王国维》。《追忆王国维》，第171页。

腾于众人之口，物竞天择之语，见于通俗之文。"[1]而作为德国哲学的引进者的王国维则全然默默无闻，他发表在《教育世界》杂志上的有关著述几乎无人阅读，没有引起任何反响。即使在后来，当人们回顾西学东渐的历史时，严复也必定是强光聚焦的一幕，而王国维则始终落在舞台外的阴影里。翻开几十年来出版的各种中国近现代哲学史读本或资料选编，其中必有专门的篇幅留给严复，但很少有王国维的位置。王国维的史学成就举世公认，他在哲学上的努力却似乎被历史遗忘了。

当然，也还有人记着王国维的哲学业绩。这里我举出若干例子。

第一个是蔡元培，他在1923写的《五十年来中国之哲学》一文中指出：严复最早介绍英、法哲学，"同时有介绍德国哲学的，是海宁王国维。"并且赞扬王国维"对于哲学的观察，也不是同时人所能及的"。[2]

第二个是冯友兰，他在1989年出版的《中国哲学史新编》第六册中说："西方近代哲学主要分为英国经验派和大陆理性派，严复是经验派的介绍者，王国维是理性派的宣传人。"王国维"对于历史学、文学、哲学、美学都有深刻的研究，但他在文学、美学、哲学等方面的成就为其历史学所掩"。不过，冯友兰好像更看重王国维的美学成就，所以他谈王国维的这一章的标题是"中国近代美学的奠基人——王国维"。[3]

第三个是冯契，他在1990年发表的《王国维的哲学思想与治学

1.《论近年之学术界》。《王国维文集》，第3卷，第37页。
2.《蔡元培选集》上册，第74、78页。
3.冯友兰《中国哲学史新编》，第6册，第177页。

方法》一文中说："在本世纪初年，当革命派和维新派进行激烈的论战时，有一个甘于寂寞的学者却在沉思宇宙人生的问题，为哲学学说的'可爱'与'可信'的矛盾而感到苦恼。他，就是王国维。""王国维是一个对哲学很有兴趣的人。他确实认真地钻研了哲学……"[1]

但是，也有相反的评价，最典型的可能要数陈元晖。他说王国维是史学的"巨子"，哲学的"侏儒"，是"失败的哲学家"，"在哲学方面却是一个十足的糊涂虫"，只能做一面起警戒作用的"镜子"。[2]陈元晖之所以全盘否定王国维的哲学成就，只是因为他认为叔本华是一个反动哲学家，因而王国维在哲学上的全部事迹便是做了一个反动哲学家的信徒。在这样一种推理中，支配着的是给任何一种哲学做简单的政治鉴定的逻辑。

我的兴趣不在给王国维的哲学地位正名。真正值得思考的问题是，在世纪之交的中国，为什么介绍英国哲学的严复能够一呼百应，钻研德国哲学的王国维却乏人理睬？我们也许可以找到各种原因。例如，严复留英归国后担任北洋水师学堂的总教习，主持海军教育，在社会上有相当的地位，而王国维则人微言轻，当时只是一家小杂志的编辑。又例如，严复一生的主要学术工作是译介英国哲学，在1898至1909年的十余年里出版了八部译著，而王国维潜心于德国哲学只有五年时间，仅写了一些文章而没有翻译原著，这项工作在他的学术生涯中只占据很小的比例，他后来研究中国古史的辉煌成就似乎足以把这一小段历史完全掩盖了。但是，在这些表面的原因之后，有没有更加深邃的原因？英国哲学尤其是严复版的英国哲学重社会的功用，

1.《王国维学术研究论集》第三辑，华东师范大学出版社，1990，第7页。

2. 陈元晖《论王国维》，东北师范大学出版社，1989，第60、121、301页。

王国维当时所醉心的康德、叔本华哲学重形而上学和知识论的探讨，在与中国文化传统以及当时中国社会氛围的关系上，是否前者相当契合，而后者却十分隔膜？如果是这样，那么，王国维在哲学上的寂寞就不是偶然的了。事实上，王国维对于自己的这种处境是清醒的，一度曾相当自觉地用德国哲学的精神来反省、批判并且试图改造中国的民族精神，但终于绝望而退。

二 一个孤独的哲学研习者

谈起王国维与西方哲学的关系，人们往往会立即想到他早年所受的叔本华哲学的影响，他在此影响下所形成的悲观主义人生观，以及晚年在此人生观支配下的自杀。王国维的悲观主义人生观是否仅由叔本华哲学的影响所致，他最后的自杀是否仅由悲观主义人生观所致，这些皆是疑问，暂且不论。我首先想指出的是，在这样一种描述中，王国维与西方哲学的关系被严重地简单化了，其中最有价值的部分被阉割掉了。

王国维早年之研习德国哲学包括叔本华哲学，不是一种被动的接受，而是一种主动的寻找。在他的个性中，有两点鲜明的特质。一是情感上的忧郁，早已对人生之意义产生困惑。二是理性上的认真，凡事不肯苟且马虎，必欲寻得可靠的根据。这两点特质结合起来，为情感的问题寻求理性的答案的倾向，表明他原本就是一个具备哲学素质的人。正因为此，在中国知识界普遍热衷于英国经验论哲学的时代，他独爱德国的形而上学和知识论，全身心地钻了进去。可以毫不夸张地说，在二十世纪初的中国学人之中，王国维是唯一的进入了西方哲学的问题之思路的人，唯一的领悟了西方哲学和一般哲学之本义的人。当时没有第二人，自身怀着困惑要对宇宙和人生的根本问题追根究底，因而一旦接触到西方哲学中的类似传统便发生了强烈的共鸣。当时没有第二人，抱着康德的《纯粹理性批判》啃了一遍又一遍，把西方哲学史上这本极其重要却也十分艰深的书读懂了。当时也没有第二人，对哲学就是形而上学有着清晰的认识，对哲学和一切学术的独立价值和神圣价值怀着坚定的信念，并由此出发对中国的世俗化、政治化、道德化的哲学传统和文化传统进行了尖锐批评。

诚然，在王国维的全部学术生涯中，浸润于西方哲学主要是德国哲学的时间并不长，他后来彻底转向了中国古史研究，从此闭口不谈西方哲学乃至一切哲学。在他的沉默和回避中，我能够感觉到一种难言的沉痛和悲哀。当我重温王国维早年与德国哲学的这一段因缘时，给我印象最深的便是他的孤独。我看到的是一个不合潮流的青年学者，他因为个人气质而耽于沉思宇宙人生的问题，并在德国哲学中找到了知音。他想把这样的哲学介绍给国人，让国人也来关心宇宙人生的问题。可是，在当时知识界关于社会问题的震耳欲聋的论战声中，他的声音完全被淹没了。我们可以说，王国维在本世纪初引进西方形而上学意义上的哲学的努力终于是失败了。然而，这个失败的教训岂不正是他留给我们的宝贵遗产，值得我们长久而且仔细地回味和检讨？

三 东文学社和接触西学的开端

甲午战败之后，中国知识界掀起了留学日本的热潮。清政府自

1896 年开始向日本派遣留学生，其后逐年增加，并涌现大量自费生，至 1906 年达于顶峰。王国维在这一年发表的文章中惊呼："留学生之数之多，如我中国之今日，实古今中外所未闻也。通东西洋之留学生数不下万人"。[1] 其中大多数留日，仅海宁一县，1904 至 1911 年间留日便有 17 人。[2] 王国维之接触到西学，正是在这股热潮之中。

王国维是浙江海宁人，21 岁以前除赴考去了一趟省府杭州外，足未出海宁。海宁以功名兴旺人才辈出著称，"世为农商"的王家为普通清寒人家。不难想象，这种人文环境对于智力超常的少年既是一种激励，又是一种压抑。[3] 但他不仅有争强好胜的一面，更有特立独行的一面。他在少年时代即已无心科举，16 岁考中秀才，17 岁赴杭州参加举人考试，不终场而归。他到杭州的最大收获是用幼时所储蓄的压岁钱买了一套前四史，"是为平生读书之始"[4]。据其父王乃誉日记记载和其少年时代友人陈守谦回忆，当时他喜欢的是考据之学。[5] 从他

1.《教育小言十二则》。《王国维文集》第 3 卷，第 79 页。

2. 佛雏《王国维诗学研究》，第 342 页。

3. 从王国维早年的诗作中，我们可以发现其中消息。例如，他在《杂诗》（1898）中如此写道："欲从鸿鹄翔，铩羽不能遽"，"我身局斗室，我魂驰关山。"（《王国维文集》第 1 卷，第 245 页。）

4.《自序一》。《王国维文集》第 3 卷，第 470 页。

5.《扬州师范学报》（社会科学版）1985 年第 3 期刊佛雏《跋新发现的王国维遗文〈先太学君行状〉》，并录入王乃誉日记（《娱庐随笔》）部分内容。日记起自庚辰（1880），迄于丙午（1906）。现存辛卯（1891）至乙巳（1905），为研究王国维早年之珍贵史料。王乃誉于 1893 年阴历十二月十五日写道："子佛赞静儿不去口，余不以为然。髫年须文字光昌，不应走入考据。"另见陈守谦《祭文》："其时，君专力于考据之学，不沾沾于章句，尤不屑就时文绳墨。故癸巳大比，虽相偕入闱，不终场而归。以是知君之无意科名也。"

22 岁前后写的诗《读史二十首》以及不久以后在上海治西学期间写的有关中国哲学的论文看，他对中国古籍已经有了相当的知识积累和心得。这样一个进取心和求知欲都十分强烈的少年，对于一种在新的知识领域获取成功的新的前景必定会很向往了。甲午那年，他刚 18 岁，后来他追忆当时的心情说："未几而有甲午之役，始知世尚有所谓新学者。家贫不能以资供游学，居恒怏怏，亦不能专力于是也。"[1] 面对甲午之后的留学热，他跃跃欲试，却因家境贫困而只好望洋兴叹。不过，虽然困守乡里，他仍是"好谈时务……以期通达中西要务以自立"，并且读了郑观应的《盛世危言》，《时务报》1 至 4 册，还手抄了一部严译《天演论》。[2]

不久以后，王国维终于得到了机会。1898 年正月，正是戊戌变法那一年，他离开家乡海宁盐官镇，乘船到上海。此行的缘起是，他的同乡许家惺在上海《时务报》馆当书记，因事请假，推荐他代理其职务。《时务报》创办于 1896 年，因为有梁启超主笔政而办得生气勃勃，名震全国，在鼓吹新学上占风气之先，被胡适称作近代第一份开创了一个时代的杂志。王国维入馆之时，梁启超已离去。他在馆中的地位与梁启超不可同日而语，梁启超主笔政时刚到 24 岁，在全国的名声已是如日中天，而他的职务实际上是打杂，事情琐碎而薪金低微，因此心情始终是不舒畅的。好在半个多月后，罗振玉、蒋黼创立的上海东文学社开学，王国维得到《时务报》经理汪康年的允许前往半工半读，由是才踏上了通往新学的路径。

在王国维的生活中，与罗振玉的结交是一件大事，对于他一生的道

1.《自序一》。《王国维文集》第 3 卷，第 470 页。

2. 王乃誉日记。转引自佛雏《跋新发现的王国维遗文〈先太学君行状〉》。

路发生着至关重要的影响。罗振玉后来以遗老自居和著称，但在当时却是新学大潮中的一个风云人物。正像后来是他把王国维引上了治古史的路一样，一开始也是他把王国维引上了治新学的路。1897 年，罗振玉创办《农学报》，这是一份主要刊登汉译日本农学著作的丛刊。正是为了给此刊培养翻译人材，他接着又创办了中国近代最早的一所日语专科学校。东文学社存在了两年半，其学生的任务除了学日语（后来又加上英语）之外，就是译书。东文学社《社章》规定："社中学生学习至数月后，令其学习译书。所译之书，由社中印行；所得利息，永充社中公用。"后来王国维及其同学樊炳清等为罗氏译编《农学报》、《教育世界》杂志及哲学、科学丛书等，皆实践此规定。[1] 学社解散后，罗振玉资助王国维去日本留学了半年。1901 年，他创办《教育世界》杂志，不久后王国维从日本归来，他又让王国维协助他办刊。可以说，《教育世界》杂志的问世是王国维学术生涯的真正起点，他早期的译作和著作几乎都是在这个刊物上发表的，办刊的七年大致构成了他的学术生涯中的西学阶段。不过，罗振玉把王国维领到了新学的门前，却不曾料到他的这个学生在进门以后朝一个完全不是他所设计的方向走去了。

四 对德国哲学发生兴趣

王国维接触新学的时候，新学的特点是关注政治和普通教育，对

---

1. 关于该社的情况，可参看陈鸿祥《王国维年谱》，齐鲁书社，1991，第 32—33、40—42 页。

哲学的兴趣很微弱，并且集中于英国经验主义。日本是当时中国知识界的榜样，人们普遍认为，日本的经验证明，富国强兵之道在改革政治，搞君主立宪，而改革政治的前提又是普及教育。所以，人们心目中的新学，一是法律学和政治学，二是各门自然科学知识、相关教科书以及教育学，二者亦即梁启超所说的"政学"和"艺学"。在译书的热潮中，也是政治、法律、教育类书籍包括教科书的翻译占据了绝对优势。[1]在哲学方面，则是严复所译英国著作独领风骚，他以斯宾塞之群体竞争思想警示民族之危亡，对中国思想界震动极大。当时，康有为、章太炎、谭嗣同皆不同程度接受了他所宣传的社会达尔文主义和英国功利主义哲学。

按照罗振玉所拟定的"序例"，《教育世界》杂志的主要篇幅应该用以译介日本的教育条例、法令、教科书及教育学著作。他的这一设计是合乎当时的潮流的。王国维在《教育世界》杂志出刊头两年发表的译作，几乎都是日本人著的教科书或教育学书籍。在1901至1902年《教育世界》杂志上连载的有：立花铣三郎《教育学》，藤泽利喜太郎《算术条目及教授法》，牧濑五一郎《教育学教科书》。此外，1902年，王国维为罗振玉辑《哲学丛书》，以"教育世界"社名义出版，凡四种，皆教科书，其中《哲学概论》、《心理学》、《伦理学》三

---

1. 实藤惠秀在《中国人留学日本史》（三联书店，1983）中说："清末留日学生学习的对象，以'普通学'和'宪政'为主。要实行宪政，必先普及教育。因此，这一时期翻译最多的是关于教育（包括各种教科书）和法律的书籍。这类书籍的大量出现，成为出版界的一大特色。"（第241页）并引顾燮光《译书经眼录》（1927）："留东学界，颇有译书……考其性质，皆借译书别具用心，故所译以政治学为多。"该书内容只收录1901—1904年出版的书，合计533种，其中史志125，法政70，学校48，哲理34。（第225页）

种为王国维自译；同年，上海金粟斋译书社还出版了他译的日本高等师范用教科书《法学通论》。这些书在选目上显然是遵循罗振玉的"序例"的，其中有一些很可能在东文学社期间即已译出，基本上没有体现出王国维自己的主见。

然而，这个时候的王国维实际上已经有了不同于潮流的自己的兴趣方向，便是西方哲学。他对哲学萌发兴趣，一开始是受了东文学社两位日本教习的影响。这两位日本教习，分别名藤田丰八（又名藤田剑峰）[1] 和田冈佐代治，均为"治哲学"的"日本文学士"。据王国维回忆，早在 1899 年，他"一日见田冈君之文集中有引汗德、叔本华之哲学者，心甚喜之。顾文字暌隔，自以为终身无读二氏之书之日矣"。[2] 据须川照一研究，王国维所读田冈岭云（原名佐代治）的文集，可能是其文艺评论集《云的碎片》，其中的《美与善》一文是田冈以叔本华哲学为基础而形成其文学论的一个顶峰。田冈是叔本华的信徒，他在晚年写道："如果说我能有一个主义、一个观点的话，那是叔本华哲学之所赐。"他在临终之际仍执笔于叔本华的日译本。[3] 与时人一样，王国维一开始所受的新学熏陶也是英国哲学。他由田冈的作品立即对康德、叔本华发生了浓厚的兴趣，无疑不是因为"先入为主"的偶然，而是有一种气质上的感应和心性上的契合的。正是这种感应和契合推动他下决心打破"文字暌隔"，发奋学英文，进而从

1. 实藤惠秀《中国人留学日本史》第 74 页提到，当时在华的日本教习中不乏知名人士，其中之一是东洋史大家藤田丰八，不知与东文学社的这位藤田丰八是否同一人，存疑待查。
2.《自序一》，《王国维文集》第 3 卷，第 470—471 页。
3. [日] 须川照一《王国维与田冈岭云》，《王国维学术研究论集》第三辑，第 416—417 页。

1901 年开始在藤田丰八指导下攻读英文的哲学和社会科学书籍。他自己把这一时期称作他的"独学之时代",并点明他对哲学发生兴趣的气质上的原因:"体素羸弱,性复忧郁,人生之问题,日往复于吾前。自是始决从事于哲学"。[1]

王国维对西方哲学的研究很快在《教育世界》杂志的面貌上有了反映。[2] 自 1903 年起,在这个刊物上再也看不到由他翻译的日本人的教育学著作和教科书了,他的译作基本上已是从英文翻译的哲学和伦理学著作。他自己还撰写了许多哲学文章,即使是论教育的文章,关注的也都是教育的理念,属于教育哲学的范畴。从 1904 年起,他担任实际主编,明确宣布排斥"浅薄之政论",将《教育世界》由一个实用教育刊物改造成了一份哲学味甚浓的综合性人文杂志。有趣的是,他常常在杂志上刊载世界文化名人的肖像,所刊载的中国人的照片只有两幅,除不能不登的罗振玉的外,便是他自己的,题为"哲学专攻者社员王国维君"(《教育世界》杂志 129 号),可见他在哲学上的志趣之专和自许之高。

然而,这本杂志的发行量极小,在当时即不被注意。1925 年,《学衡》杂志转载《书辜氏汤生英译〈中庸〉后》一文,王国维在附言中说:"此文作于光绪丙午,曾登载于上海《教育世界》杂志。此

1.《自序一》。《王国维文集》第 3 卷,第 471 页。

2.《教育世界》杂志自 1901 年阴历 4 月创刊至 1907 年阴历 12 月停刊,凡 166 册。汇为合订本《教育丛书》共 7 集,每年 1 集,初集木刻,二、三集石印,四集以下铅印洋装。前 3 年罗氏自任"笔削",后 4 年由王国维代罗氏主编。《本报改章广告》(刊于 68 号)宣布:"本报宗旨略分三纲:一、引诸家精理微言,以供研究;二、载各国良法宏规,以资则效;三、录名人嘉言懿行,以示激劝。若夫浅薄之政论,一家之私言,与一切无关教育者,概弗录。"(陈鸿祥《王国维年谱》,第 65 页。)

志当日不行于世，故鲜知之者。"[1] 这当然是王国维早年对德国哲学的研究几乎被人遗忘的一个原因。反过来说，这本杂志之所以发行不开，又说明了当时人们对王国维所研究的德国哲学完全不感兴趣。

五 西语能力和所读所译的西文书

王国维从入东文学社的第二年（1899年）起开始学英语，由日本教习担任教师，学了一年半。学社解散后，始终坚持自学。他的学习方法是英、日文对照着读，起先用此法读英文读本，后来又用此法读英文的哲学和社会科学书籍。[2] 在自学的同时，他即开始尝试笔译。值得注意的是，他最早的译著其实不是日本人的书，而是从英译本重译的赫尔姆霍茨著《势力不灭论》，并且在东文学社解散后刚开始自学的那个夏天就译了出来，只是一时未能出版罢了。此书是 H.Helmholtz 著《通俗讲演集》中一章的节译，后来编入樊炳清辑"科学丛书"第二集，由上海"教育世界"社光绪癸卯（1903）刊行，原署"德国海尔模毄尔兹著，英人额金孙英译本，海宁王国维重译"。[3] 这件事很能预示王国维的真正兴趣之所在，表明了他借助英文直接接触西方重要学术文献的迫切心情。

王国维的英语大抵是用来读书和译书的，于听、说、写则皆不能。他在清华研究院的学生周光午回忆说："先生之英文，能看书而

1.《王国维文集》第3卷，第54页。

2. 参看《自序一》。《王国维文集》第3卷，第471页。

3. 参看陈鸿祥《王国维年谱》，第45页。

不能写作，甚至不能发音，其与西人伯希和、斯坦因、明义士诸人往返论学之书札，皆用中文。"[1] 此话应是可信的，这种情况发生在一个缺乏相应语言环境的自学者身上也是不奇怪的。但是，在对英语的理解上，王国维自有其过人之处，便是善于凭借他的哲学悟性和逻辑学修养，通过对词源、语境等的探究，把握那些抽象名词的确切的概念内涵。《释理》中对 reason、discourse 之涵义的探究，《论新学语之输入》中对严复译语的批评和对 idea、intuition、conception 等概念的分析，《书辜氏汤生英译〈中庸〉后》中对辜鸿铭《中庸》英译文中毛病的指摘，都显示了他的这种能力。

曾有若干人在回忆录中谈到王国维亦懂德文。[2] 王国维大约是懂一点德文的，证据是在《尼采氏之教育观》、《释理》、《周濂溪之哲学说》、《书辜氏汤生英译〈中庸〉后》诸文里出现了若干德文哲学词汇，在《教育家之希尔列尔》中用德文引了席勒的两行诗（转引自叔本华《意志和表象之世界》）并译成中文。但是，至少在他耽于德国哲学的期间，他还不能顺畅地阅读德文书籍，所读康德、叔本华、尼采的书都不是德文原著，而是英译本。《叔本华与尼采》一文中引用了叔本华《意志及观念之世界》的五段文字和尼采《察拉图斯德拉》的二段文字，王国维自己注明是转译自英译本。《孔子之美育主义》及《周秦诸子之名学》中提到康德和叔本华哲学的概念，用的也都是英文。

根据王国维在《自序一》中的自述（以下凡不注出处的书，皆《自序一》所提及者）和在著作中的引述，我们可以大致判断他读过

1. 周光午《我所知之王国维先生》。《追忆王国维》，第 165 页。
2. 参看《追忆王国维》，第 281、304、329 页。

的主要的西文书。他所读康德、叔本华、尼采的书将在后面专门分析，这里列出除此之外的基本书目。

1. 翻而彭《社会学》。即费尔班克斯（Arthur Fairbanks, 1864—1944，美国教育家）的《社会学导论》（Introduction to Sociology, 1896、1901）。

2. 及文《名学》。即杰文斯（William Stanley Jevons, 1835—1882，英国经济学家、逻辑学家）的《逻辑学初步教程》（Elementary Lessons in Logic, 1870）。王国维译出了全书，题作耶方斯《辨学》，学部图书编译局 1907 年出版。

3. 海甫定《心理学概论》之英译本。即许夫定（Harald Hoeffding, 1843—1931，丹麦哲学家）的《以经验为基础的心理学大纲》（Psychologi i Omrids paa Grundlag of Erfaring, 1892）。后王国维据龙特（Loundes）的英译本译出，商务印书馆 1907 年 6 月出版。

4. 巴尔善《哲学概论》之英译本。即保尔逊（Friedrich Paulsen, 1846—1908，德国哲学家）的《哲学导论》（Einleitung in din Philosophie, 1892，英译 1895）。

5. 巴尔善《伦理学系统》之英译本。即保尔逊的《伦理学体系》（System der Ethik, 1889，英译 1899）。王国维译引或谈及此书的文章有《叔本华之哲学及其教育学说》、《叔本华与尼采》、《述近世教育思想与哲学之关系》。

6. 文特尔彭《哲学史》之英译本。即文德尔班（Wilhelm Windelband, 1848—1915，德国哲学家）的《哲学史教程》（Lehrbuch der Geschichte der Philosophie, 1882）。除在《自序一》中提到外，王国维还在《叔本华与尼采》中译引此书。

7. 西额唯克《西洋伦理学史要》。即西季威克（Henry Sidgwick，1838—1900，英国哲学家）的《伦理学史纲》（Outlines of the History of Ethics，1886），王国维的译文刊于《教育世界》第59—61号。

8. 模阿海特《伦理学概论》。即穆尔赫德（John Henry Muirhead，1855—1940，英国哲学家）的《伦理学要义》（Elements of Ethics，1882）。王国维的译文刊于《教育世界》第101—116号，未署名。

9. 灾尔列尔（即策累尔，Eduard Zeller，1814—1908，德国哲学家）《希腊哲学》之英译本（Philosophie der Griechen，1852，英译1881）。王国维在《释理》中引述了灾尔列尔论斯多葛派的话，以此推断他可能读过此书或其一部分。

以上九种书中，王国维翻译了四种。这些书的出版年代与他还相当接近，他读到它们时，大部分作者仍健在。从这个书目可以看出，他的兴趣明显地集中于哲学，包括知识论、伦理学、逻辑学以及西方哲学史。哲学家许夫定的心理学实际上是知识论。王国维这个时期的著述表明，他除了对从康德到尼采的德国哲学怀有特别的兴趣之外，对于希腊哲学和西方近代哲学也有相当的了解，其主要的知识储备可能就来自上述书籍。难以确定的是他究竟读过哪些古典原著，估计不会很多。在希腊哲学中，他可能读过柏拉图的《苏格拉底的申辩》和色诺芬的《回忆苏格拉底》，并在《希腊圣人苏格拉底传》中作了译介。他对赫拉克利特的Loges理论、柏拉图的"人性三品"说、亚里士多德的形式逻辑、斯多葛派的伦理学、新柏拉图派的"分出论"等皆比较熟悉。近代知识论，包括培根、洛克、休谟的经验论和笛卡儿的怀疑论，亦是他关注的对象。他自己在《自序一》中提到"时涉猎"洛克、休谟的书，但能够确定的仅是他阅读并且翻译了洛克的

《悟性指导论》(即《人类理智论》),译文刊于《教育世界》第 143、145、147、149、151、153 号,未署名。他大约还读过席勒的《美育书简》,在《孔子之美育主义》一文中概述了其基本思想,在其他地方也多次援引席勒的美学理论。

六　关于《教育世界》杂志上发表的未署名文章

王国维的治西学大致是与他办《教育世界》杂志相始终的,他研究、介绍和涉及西学的文章几乎全部发表在这个杂志上,因此,杂志上的这些文章就成了我们研究他对西学之接受以及他在该阶段之思想的基本的第一手材料。哲学美学类文章约有 70 篇,其中的不到一半(32 篇),由他自己和他的门生赵万里先后收进了《静庵文集》和《静庵文集续编》中,这两个集子皆编入《王国维遗书》第五册,当然是可靠的材料。其余的 38 篇,只有 4 篇发表时署了王国维的名字,剩下的都没有署名。这些未署名的文章是否都出自王国维之手,当有甄别的必要。

据罗振常 1935 年所写《教育丛书》出版说明云:丛书第四集以下"有文三十余首(篇),为《观堂遗书》中所无。其哲学各书,均观堂译述。"[1] 罗是罗振玉的胞弟,王国维在东文学社的同学,又与王国维同时留学日本,留学时同居一村,归国后也在《教育世界》上发表译著,他对王国维当时的著述情况应该比较了解,他的证词当有很

---

1. 转引自陈鸿祥《王国维年谱》,第 65 页。

高的可信度。

在《王国维哲学美学论文辑佚》序言中，佛雏把《教育世界》未署名40篇哲学美学类文章皆断为王国维所写。其中提到的一个重要理由是：通观全刊，当时实际执笔写论文的，是王国维。除他外，还有罗振玉、罗振常兄弟，所写皆属教育行政和教育史方面，与哲学美学无涉。偶尔也载张元济的文章。当时该刊任翻译者，除王国维外，有樊炳清、高凤谦等六人，译篇全属教育方面，且未见任何署名论著。[1]

从情理判断，除了王国维之外，我们的确尚未发现《教育世界》当时的同人中还有第二人对西方哲学和人文科学感兴趣，因此把这方面的文章归在王国维名下不会有大的出入。再者，这些未署名的文章都刊在王国维1904年接手以后的杂志上，作为实际主编，他可以在发表自己的文章时不署名，对别人的文章却一般不会这样做。至于为何不署名，一个可能的原因是，他不想让读者看到杂志上有太多的文章是主编自己写的。什么文章不署名，他当然是有一个标准的，它们基本上是两类，一是外国哲学家、文学家的传记和思想介绍，另一是用新学眼光对以先秦诸子为主的中国古代哲学家思想所做的个案梳理。在王国维自己看来，它们或许只是他的研究的准备性材料，不是研究的成品。基于同样的理由，他后来也不把它们收进自己的文集里。我们看到，收进文集的文章的确是更具独创性和更为成熟的。

然而，在可能的情形下，我们不妨做一些甄别。如果我们能够证明那些对于研究王国维思想有重要价值的未署名佚文的可靠性，使用起来会更加踏实。我的方法是用人名汉译做线索，把未署名文章中的

---

1. 佛雏《王国维哲学美学论文辑佚》，华东师范大学出版社，1993。

译法与署名文章中的译法进行对照。用此法可证所有写康德、叔本华、尼采的未署名文章皆为可靠佚文，因为其中都出现了"汗德"这个王国维特有的译法。除此之外，还可证以下几篇我认为重要的文章也比较可靠：

1.《希腊圣人苏格拉底传》（发表于第88期）。培根译作"柏庚"，与署名文章《人间嗜好之研究》同。

2.《脱尔斯泰伯爵之近世科学评》（第89期），《脱尔斯泰传》（第143、144期）。后一文中，歌德译作"格代"，与《德国文豪格代希尔列尔合传》同。《合传》亦未署名，但其译席勒为"希尔列尔"，与王国维所有的署名文章如《人间嗜好之研究》、《论教育之宗旨》皆同，可证《合传》可靠，又进而证《脱尔斯泰传》可靠。由"脱尔斯泰"之译法又可证《近世科学评》可靠。

3.《述近世教育思想与哲学之关系》（第128、129期）。其中"汗德"（康德）、"巴尔善"（保尔逊）皆王国维一贯译法，培根亦译作"柏庚"。

用此法还可证有的文章很可能不是王国维所写。例如：

1.《莎士比传》（第159期）。莎士比亚译作"莎士比"，而《脱尔斯泰传》中译作"琐斯披亚"，若《脱尔斯泰传》为可靠，则《莎士比传》可能不是王所写。

2.《倍根小传》（第160期）。培根译作"倍根"，与一贯译法"柏庚"不同。亚里士多德译作"阿里士多德"，与《汗德之知识论》译作"雅里大德勒"异。《汗德之知识论》虽未署名，但其可靠性当无疑。"雅里大德勒"之译法还见之于未署名的《希腊大哲学家雅里大德勒传》。

但是,《孔子之学说》(第161—165期)一文中,康德译作"康德",与王氏一贯译法异,斯多葛派译作"斯特亚派",也与署名之《释理》译作"斯多噶派"异,却不能断为非王所写,理由是文中论及叔本华的知识论甚详,不可能出自另一人之手。此文写于1907年,是他研究德国哲学的最后一年,或许此时他已发现Kant音译为"汗德"不够准确。

第二章

对康德的接受

一　下苦功四次读康德

根据王国维在《静庵文集自序》和《自序一》中的自述，他研究哲学始于辛壬之间，即 1901 至 1902 年之间，入门书是德国哲学家保尔逊所著《哲学导论》和德国哲学家文德尔班所著《哲学史教程》，他读的是英译本，用日译本做参照。由此二书入门，起点就非常高。文德尔班是新康德主义弗赖堡学派的创始人，王国维读其书时尚在世，书中论述了康德理性批判的创见和意义。读毕此二书，从 1903 至 1907 年，王国维在五年中四次攻读康德。

第一次，1903 年春，始读《纯理批评》（ Kritik der reinen Vernunft ），苦其不可解，至《先天分析论》（ Transzendentale Analytik ）几全不可解，辍而不读。

第二次，1904 年初之前，通过读叔本华《意志及表象之世界》（ Weit als Wille und Vorstellung ），从其附录《汗德哲学之批评》（ Kritik der kantischen Philosophie ）一文找到通康德哲学关键，因叔本华的知识论得以上窥康德学说。

第三次，"旋悟叔氏之说半出于其主观的气质，而无关于客观的知识。"于是，自 1905 年春开始，"复返而读汗德之书"，并打算"嗣今以后，将以数年之力研究汗德"。此次"更返而读汗德之书，则非复前日之窒碍矣。嗣是于汗德之《纯理批评》外，兼及其伦理学及美学。"

第四次，1907年，"从事第四次之研究，则窒碍更少，而觉其窒碍之处大抵其说之不可持处而已。此则当日志学之初所不及料，而在今日亦得以自慰藉者也。"[1]

由上可知，三大批判中，王国维对《纯粹理性批判》是反复啃读过的。《实践理性批判》(Kritik der praktischen Vernunft)、《判断力批判》(Kritik der Urteilskraft) 则至少翻阅过，但未下大功夫，只是"兼及"。[2] 此外，可能还读过《在理性范围内之宗教》。[3]

王国维所撰关于康德的专文计六篇。其中，《汗德之事实及其著书》、《汗德之哲学说》、《汗德之知识论》[4]，以及《汗德象赞》[5]，皆发表于1904年，即他第二次读康德之时。1906年，第三次读康德之时，又发表了《德国哲学大家汗德传》[6]、《汗德之伦理学及宗教论》[7]二文。1907年，最后一次读康德，王国维自己觉得读得更通了，并且发现了

1.《王国维文集》第3卷，第469—472页。

2. 在1904年发表的《汗德之事实及其著书》、《汗德之哲学说》和1906年发表的《德国哲学大家汗德传》中，三大批判的书名皆已与今译同，译为《纯粹理性批评》、《实践理性批评》、《判断力批评》和《纯粹理性批判》、《实践理性批判》、《判断力批判》。

3. 参看《汗德之伦理学及宗教论》，其中概述了此书的"根本思想"。

4. 以上3篇皆未署名，刊于《教育世界》杂志第74号。

5. 署名，刊于《教育世界》杂志第81号。

6. 未署名，刊于《教育世界》杂志第120号。

7. 未署名，刊于《教育世界》杂志第123号。此外，同年《教育世界》杂志第126号还发表未署名译文《汗德详传》，亦当出自王国维之手。

"其说之不可持处"，可惜的是没有再留下文字。事实上，我们今天据以判断他对康德哲学之理解的最有水平的文章是《汗德之哲学说》和《汗德之知识论》，这两篇文章皆写于他读康德的早期，却已足以证明他基本上读懂了康德。在同年发表的《叔本华之哲学及其教育学说》、《释理》、《原命》等文章中，他且已开始对康德的知识论和伦理学提出自己的批评。

在德国哲学方面，王国维下功夫最力的是康德，远在叔本华之上。可是，留下的专论康德的署名作品只有一首不足二百字的《汗德象赞》，与论叔本华的署名文字的数量完全不可相比。这一奇怪的现象业已引起了一些研究者的注意和疑惑。例如，贺麟在《康德黑格尔哲学东渐记》一文中引用了王国维《自序一》中关于钻研康德的自述，然后说："可是至此之后，他并没有发表任何介绍康德哲学的文章。"贺麟据此认为王国维研究康德哲学的成就远不如他研究叔本华和尼采哲学的成就，还宽容地解释道："这并不全由于他缺乏哲学的根器，而是由于中国当时的思想界尚未成熟到可以接受康德的学说。"[1] 德国学者柯格尔沙茨也在其题为《王国维与叔本华——一次哲学的相遇》的专著中引用了王国维的上述自述，然后表示不解："看来，康德哲学占据王国维的理论努力的中心至少达三年之久……可是，我们几乎找不到在思想上深入阐明的文字表现。"[2] 现在，倘若我

1.《中国哲学》第二辑，三联书店，1980，第 355、356 页。

2. Hermann Kogelschatz, Wang Kuo-Wei und Schopenhauer, ein philosophische Begegnung（赫尔曼·柯格尔沙茨《王国维与叔本华——一次哲学的相遇》），Stuttgart，1986，S.21.

们可以确定王国维是那些不署名的文章的作者，便能部分地解开这个谜团了，也能比较客观地评价王国维在研究康德哲学上的成就了。至于王国维为何对他的康德论文都不署名，而对他的叔本华论文却大多署名且收进了文集，一个合理的解释是，前者基本上是述，后者基本上是作。也就是说，他谈康德还只是在领会、理解和概述其思想，他谈叔本华却不只是在谈叔本华，也是在谈他自己的思想。与述相比，他是更看重自己的作的。

二　读懂了康德的知识论

从自述和所发表的文章看，王国维对康德的功夫主要下在知识论上。他显然是知道康德的知识论在哲学史上的划时代意义的。在《汗德象赞》中，他赞扬康德"示我大道"，因而"万岁千秋，公名不朽"。在《德国哲学大家汗德传》中，他更加明确地指出了康德哲学是近现代哲学的源头："然自汗德建设批评学派以来，使欧洲十七世纪之思潮为之震荡奔腾，邪说卮言一时尽熄。近代硕儒辈出，而视其所学，殆未有不汲彼余流者。故汗德之于他哲学家，譬之于水则海，而他人河也；譬之于木则干，而他人枝也。"[1] 而康德哲学之所以获此至为重要的地位，王国维很清楚是因为其知识论。在《叔本华象赞》中，他扼要地把康德知识论的精髓概括为："铸彼现象，出我洪炉。"[2] 在《汗德象

1.《王国维文集》第 3 卷，第 293 页。
2.《王国维文集》第 3 卷，第 313 页。

赞》中，又把这个概括稍微展开："观外于空，观内于时；诸果粲然，厥因之随。凡此数种，知物之式；存于能知，不存于物。"[1] 即使没有旁的材料，单凭这几句话，我们也可断定王国维是读懂了康德的。冯友兰正是这样看的，他评论道："从这些话看起来，王国维是懂得康德的，他抓住了康德哲学的要点，他用了极高的赞誉，但不是乱赞，他赞得中肯。"还说：王国维"对康德哲学研究得比较透，理解得比较深。"[2]

我们要判断王国维对康德哲学懂到了什么程度，自己应当先有相当的了解。康德的知识论究竟要解决什么问题，又是如何解决的？我不妨稍许谈一谈我的理解。

自古希腊开始，西方哲学的传统是所谓形而上学，即要从整体上把握世界，弄清楚世界的真相究竟是什么。这一追问基于一种似乎不言而喻的看法，即认为我们凭感官所知道的这个变动不居的现象世界不是世界的本来面目，在它背后还有一个秩序井然的本体世界，唯有凭理性才能认识。可是，这种看法中有一个尚未探明的大问题：凭什么说理性所把握的那个秩序井然的世界是世界的本来面目呢？这就要求对理性本身进行考察，于是知识论成了近代哲学的主题。问题集中在理性所把握的秩序即所谓的普遍性和必然性从何而来，对此有两种回答。一种是唯理论，断定这个秩序是世界所固有的，而理性之所以能够把握它，则是因为在理性与世界本体之间有着超验的一致。这种回答的弊病在于，所谓的一致无法证明，因此只能是独断论。另一种是经验论，认为认识不能超越经验，我们以为是理性所提供的东西，

1.《王国维文集》第3卷，第292页。

2. 冯友兰《中国哲学史新编》第六册，第179、180页。

228

例如因果联系，其实也是感官提供的，是习惯性的联想，我们永远只能获得个别和偶然，不能获得所谓普遍性和必然性。这种回答的弊病在于，实际上否定了理性的作用，将之归结为感性了。

康德所要解决的就是这样一个唯理论和经验论各执一端、相持不下的知识论难题。据我的理解，他的解决方案中最独特也最有影响的东西是：一、承认认识不能超越经验，但同时又承认存在着具有普遍性和必然性的知识，但并非来自世界本体。关于其来源，他提出了一种全新的思路：意识先天具有某种形式或者说框架，以之整理感觉材料而使经验呈现出了秩序。二、意识的这种先天形式的作用仅限于整理感觉材料，形成经验，仍属于现象范围，丝毫未触及现象背后的世界本体。三、将理性的作用区分为知性（Verstand）和理性（Vernunft）。Vernunft 总是想要把握世界整体，但其手段只有感性形式和知性形式，二者皆无此能力。因此，作为知识的形而上学是不可能的。四、Vernunft 的这种要求在本质上是实践性质的，人若缺乏对世界的整体把握便不能在世界上安身立命，但此种要求之满足只能靠信仰。

现在我们来看一看王国维的理解。我们首先看到，他对康德所要解决的问题有着准确的把握。在《汗德之哲学说》中，他概括地说明康德哲学的特质在于"提出知识之问题"，此问题为："理性中之普遍的判断，而超越一切之经验者，其确实性不能由经验论及本有论说明之。"因此，哲学的事业即要通过探明理性之渊源，来给此等判断"定其权能（谓由此等判断所知者）及其界限（谓其所不能知者）"。康德称此事业为"理性之批评"，其对象是"先天的综合判断之可能性"。在这里，"汗德之所谓'先天的'者，非有时间上之意义，而但有知识论上之意义，即非谓先经验而存在，而但谓其普遍性及必然性，超越一切经验，而非可由经验论证之者也。"[1] 在《汗德之知识论》中，他又指出康德哲学所要解决的问题是"思想与实在之关系"之问题，亦即"知识及其对象之根本问题"，并且相当清晰地叙述了该问题的由来以及从伏尔夫派的"素朴实在论"、休蒙（休谟）的"经验论"、拉衣白尼志（莱布尼兹）的"本有观念论"到康德之解决方案的发展过程。[2]

关于康德的解决方案，王国维在《汗德之知识论》中概述了《纯粹理性批评》中的基本思路，在今天看来仍可以用做读康德的入门指导。这里我完全用王国维的语句做一摘要：

一、理性的能力是综合。综合由三阶级组成：1. 感性由时间和空间之形式，而结合感觉以成知觉；2. 悟性（知性）由悟性之概念，而结合知觉以成经验；3. 理性由理念之力，而结合经验之判断以得形而上学之知识。在此三阶级中，下级综合形式为上级综合形式之内容。

二、时间和空间是知觉（直观）之纯粹形式。其中，空间是外感之形式，时间是内感之形式。在知觉的组成中，感觉是个象的状态，具主观性，空间和时间形式是吾心之普遍及必然之状态，具观念性，但二者不过是现象之二方面，而物之本体仍不可知。

三、悟性的综合形式为范畴，例如自果推因之原则。是吾人之悟性与自然界以法则，此法则不能及于物之本体，但限于现于吾人之思惟中者即现象而已。所以，悟性有创造之作用，思惟之对象即思惟自

1.《王国维文集》第 3 卷，第 297、298 页。

2.《王国维文集》第 3 卷，第 299 页。

己之生产物。此理性之自动性，乃汗德之先天观念论之中心。[1]

四、在个人之意识中，范畴的作用使经验具有确实性，而个人却并不自知这种作用，只知其结果即客观的世界。故客观的生产地不在个人之意识，而在一高级的公共之意识，谓之"一般意识"或"先天的统觉"。

五、人类知识之唯一对象是经验、现象，本体概念仅是经验之界限概念。故自柏拉图以来，区别知识之对象为现象及本体二者，甚无谓也。

六、悟性欲知限制者之全体，即无限制之物，而感性示其不可能，故形而上学是不可能的。"理念"即此无限制之物之代表，有三：灵魂，世界，上帝。就"世界"之理念而言，如欲使宇宙全体为吾人知识之对象，则反对之二原理皆得持其说，造成四组"二律反对"（Antinomie，今译二律背反）。[2]

比王国维此文稍早一点点，梁启超撰《近世第一大哲康德之学说》一文，连载于他主编的《新民丛报》。[3]与王国维之反复研读康德原著不同，梁启超承认，他的这篇文章是据一些二手材料"汇译而成"。文中有梁启超的案语，多为用佛学附会康德。正文有"论纯智

---

1. 在《释理》（1904）中，王国维还清晰地阐述康德与休谟对因果律看法之异同。相同在于都认为因果律是主观的，即不存于事物，相异在于休谟认为因果律是经验的，得于观念联合之习惯，康德认为是先天的，是悟性先天之范畴。参看《王国维文集》第3卷，第259页。

2. 参看《王国维文集》第3卷，第300—308页。

3. 王国维的文章于1904年阴历三月下旬发表在《教育世界》上。梁启超的文章于1903年二、三月和1904年二月连载于《新民丛报》第25、26、28和46—48合刊。

（即纯性智慧）"一章，专门概述康德的知识论。[1] 这里我也用梁启超自己的语句做一摘要：

智慧的作用在于总彼众感觉使就秩序。其作用有三。一曰视听作用，在此作用中，智慧以时间、空间两种形式整顿诸感觉而使之就绪。二曰考察作用，即观察庶物之现象而求得其常循不易之公例，真学术自此考察作用始。公例有三，即条理满足之理、庶物调和之理、势力不灭之理。但此三大理亦不过是吾人智慧中所具有之定理，终不可知事物之本相是否如此。三曰推理作用，智慧藉推理之力举一切而统属之于其本原。本原有三，即魂、神、世界。但推理非可征诸实验，故此空衍之法不足以建立真学术。求三本原唯有依靠良知自由，所以哲学须以道学为本。

关于二律背反，梁启超在列举了四组"不相容之说"之后如此解释："康德以为此不相容之诸说所由起，皆由自以一己智慧之所见直指为事物之本相，此所谓妄念也。而此妄念者其力极盛，吾人虽或自知其妄，犹不免为其所束缚。如彼带著色眼镜者之视各物，虽明知所见非真色，犹自生分别曰某色某色。古来学者之谬误皆坐是。"[2]

很显然，梁启超完全没有弄懂二律背反的意思，称之一通胡言不为过。我们无须对梁、王二人关于康德知识论的概述的上述对照进行分析，其隔与不隔是一目了然的。由梁启超对康德之概念的译法即可知，他基本上是用其原有知识对康德作想当然的理解，其成绩与王国维之刻苦攻读和领会原著自不可同日而语。难怪王国维在提到梁启超的这篇文章时要愤然而言："此等杂志，本不知学问为何物，而但有

---

1. 把 Vernunft 译为智慧已不妥，与 Weisheit 相混淆。

2.《梁启超哲学思想论文集》，北京大学出版社，1984，第 155—162 页。

政治上之目的，虽时有学术上之议论，不但剽窃灭裂而已。如《新民丛报》中之《汉（汗）德哲学》，其纰漏十且八九也。"[1] 事实上，与王国维同时介绍或谈论康德的，除梁启超外，还有康有为、严复、章太炎等人，但可能只有王国维认真地研读了原著，一心要弄明白康德哲学的本义，其他人基本上是道听途说（根据日本人写的第二手材料），信口开河（将听来的康德的个别思想随意发挥，与佛学、中国哲学、西方其他哲学片断熔于一炉）。在相当长的时间里，这种对任何西洋哲学不求甚解、信手拈来的做法一直是中国学界的风尚。

王国维对康德的知识论也有所批评，他的批评是站在叔本华的立场上提出的，在相关章节再讨论。

三 康德哲学的精神在伦理学

对于康德哲学，王国维的主要功夫下在知识论上，而对伦理学和美学只是"兼及"。他没有留下谈康德美学的文章，只在1906年发表了一篇《汗德之伦理学及宗教论》，从中可以看到，他对康德伦理学的主旨和脉络有相当清晰的了解。

康德的知识论证明了形而上学作为知识之不可能，人的认识不可能超出现象界而触及世界之本质，这似乎会使我们陷于怀疑论。可是，王国维指出，倘若因此断定康德是怀疑论者，就是"全不知其哲学之精神与其批评之本旨"，康德之所以要"尽褫纯粹理性之形而上

1.《论近年之学术界》。《王国维文集》第3卷，第37—38页。

学的能力"，是为了"以之归于实践理性即意志"。对于康德来说，人类精神的根本不是理性，而是意志，纯粹理性只有第二位的价值，仅是"整理的原理"，实践理性即意志则有第一位的价值，是"建设的原理"，前者是附属于后者的。与知性一样，意志也"有自己之特质，有固有之形式，有特别之法度"，康德称此法度为"实践理性"。正是在实践理性之中，道德和宗教有其根源，得以建立。于是，"纯理批评之态度至此方面而一转，理论上之怀疑变而为实践上之确实。"[1]

康德的伦理学立足于一个事实，就是人类心灵中道德法则的存在。按照他的解释，道德法则是理性为意志制定的法则，具有普遍效力，而为意志立法亦即为行为立法，具有实践效力。理性如何能够为意志立法，这是理性自身无法回答的问题，但道德法则的存在即证明了理性确有此能力。换一种说法，道德法则的存在证明了人是自由的，而所谓自由也就是人能够依凭理性来为意志立法。至于自由是如何可能的，理性同样无法探知其究竟。康德据此设定，自由乃本体界中之一物。因此，人属于两个世界，属于现象界的人服从自然法则，是不自由的；而作为道德法则的主体，人是自由的，属于本体界。也因此，后者是人的尊严之所在，他所言"人是目的"之著名命题，指的正是这个意义上的人。

对于上述康德由道德法则证明自由的理路，王国维把握得很准确。他阐述道："彼谓道德上之法律与物理上之法律，其根本相异。物理上之法律，必然的也；道德上之法律非自外迫我，而我自不能不从之，易言以明之，即自由的也。虽自由之概念，悟性不能证明

1.《汗德之伦理学及宗教论》.《王国维文集》第 3 卷，第 309 页。

之，而在意志之方面，则深信其自由而不疑。何则？此乃实践理性之规矩，而道德的意识中之一事实故也。"准此，吾人经验的品性属于现象世界，现于空间时间中，为因果律所决定，睿智的品性属于本体世界，离空间时间之形式而独立，是自由的。行文至此，王国维有一段自己的发挥，足证他娴熟于康德的思路："然吾人若视时间空间有客观的实在性，则此问题终不能解释。由此见地，斯披诺若（斯宾诺莎）之斥自由论而唱定业论固其所也。然吾人苟从汗德之批评哲学，而谓时间空间二者乃吾人观物之形式，而无与于物之自身，则定业论亦不过理性所赋于物一种之解释，而非说明物之真性质者也。"[1]他看得分明，决定论立足于时间和空间的客观实在性，康德否定掉了这个客观实在性，就使决定论在本体界没有了立足之地，而只是人对现象界的一种解释。

在发表于同一年的《原命》中，王国维对康德的意志自由论也做了阐述。在康德之前，决定论和意志自由论各执一端，也各有说不通的地方。按照决定论，人对自己的行为就无道德责任可言。按照意志自由论，人据以认识世界的因果律就遭到了否弃。康德调和此二说，其方法是把因果律归于现象界，决定论得以成立，把自由归于本体界，意志自由论也得以成立。"故同一事实，自现象之方面言之，则可谓之必然，而自本体之方面言之，则可谓之自由。而自由之结果，得现于现象之世界中，所谓无上命法（Kategolischer Imperativ）是也。"这个无上命法（今译绝对命令），实际上就是我们在自己内心中能够体验到的道德法则，行为"当如此不当如此"的一种感觉。比如

1.《汗德之伦理学及宗教论》。《王国维文集》第 3 卷，第 309、310 页。

有一人撒谎，我们可以由他的经验的品性分析其原因，诸如不良的教育、腐败的社会、利益的诱惑、现实的困境等，而认其为必然。但我们并不因此而对这撒谎的行为不加以责备，因为由睿智的品性言，他是自由的，不能不负起责任。[1]

康德由此给自由下定义。其消极之定义曰："意志之离感性的冲动而独立。"其积极之定义曰："纯粹理性之能现于实践也。"王国维在这里对康德的自由说提出了批评。他认为，意志能离冲动而独立，纯粹理性能现于实践，也必有其原因。康德的说法是，理性的力量亦即自由意志本身就是这个原因，而因为原因在理性而不在外界的因素，所以谓之自由。王国维的辩驳有二。其一，"既有原因以决定之矣，则虽欲谓之自由，不可得也。"其二，"吾人所以从理性之命令，而离身体上之冲动而独立者，必有种种之原因。此原因不存于现在，必存于过去；不存于个人之精神，必存于民族之精神。而此等表面的自由，不过不可见之原因战胜可见之原因耳。其为原因所决定，仍与自然界之事变无以异也。"[2]

第一个辩驳，我认为不能成立，因为决定论的实质正在于否认自由意志可以成为行为的原因，如果把意志的能动性也视为被决定，决定论与自由意志论的界限就不复存在了。第二个辩驳，意谓理性的力量之能够发生作用，在经验世界中必有其原因，只是不易追溯罢了。在哲学史上，这是决定论者反驳自由意志论最常用的理由，其实是把有果必有因的逻辑贯彻到底罢了。从逻辑上说，理性的力量为人

1.《原命》.《王国维文集》第3卷，第268、269页。
2.《原命》.《王国维文集》第3卷，第269页。

所共有，为何在某人身上发生了作用，在某人身上未发生作用，或者作用有大小之别，似乎应该是有原因可寻的，而无论原因在个人之禀赋和品质，还是在经历和环境之影响，都属于经验的世界。然而，康德的看法恰恰是，即使穷尽所有这些经验之因素，人仍比其总和多出一点东西，这多出的东西正是人的本质之所在，它就是离开一切经验条件而独立的实践理性，亦即用理性为意志立法的能力。王国维十分了解康德的这个根本看法，但却质疑实践理性能够离开经验条件起作用，实际上也就否认了理性的实践能力，换言之，否认了实践理性之存在。

王国维否认康德意义上的实践理性之存在，也可见之于《释理》一文。在该文中，他强调，理性仅为概念和推理之能力，"为善由理性，为恶亦由理性，则理性之但为行为之形式，而不足为行为之标准，昭昭然矣"，"除为行为之手段外，毫无关于伦理上之价值"。所谓实践理性，则是理性之关于行为者，实即谨慎与精密，深虑与先见，与拉丁语 Prudentra（谨慎小心）之涵义相似，而"与伦理学上之善无丝毫之关系"。[1] 他的这个解释，实际上把理性的涵义限制为知性，完全撇开了康德以道德法则存在之事实反证实践理性的思路。

也是在发表于 1906 年的《述近世教育思想与哲学之关系》中，王国维再次对康德的意志自由说提出批评。他如此概述康德的观点："故吾人之意志，不由经验的事物决之，乃超越自然界之法则，而脱离其制限者也。"然后说："如是思想，虽使道德益进于尊严，然欲由是解决德育问题，则不免甚难。谓为道德之基础之意志，有超绝的自

1.《王国维文集》第 3 卷，第 265、264 页。

由之性质，而不从经验之法则，不受外界之影响者，则品性果如何陶冶乎？所谓教育势力，能使道德的性格以次发展云云，不几成无意义之言乎？"[1] 品性的陶冶要靠经验，而在康德那里，作为道德之基础的自由意志是超越于经验世界的，遂使道德教育成为不可能。

我们可以看到，王国维虽然读懂了并且十分欣赏康德的知识论，但是，进入伦理学的领域，他仍倾向于经验论的思维，否认有超越于经验世界的意志自由。在写上述三篇文章时，他应该是在翻译耶方斯（杰文斯）的《辨学》(《逻辑学初步教程》)，该书于次年出版。杰文斯属于经验论系统，推崇归纳逻辑，这也许可以部分地解释王国维的经验论立场。在道德实践和道德教育中，经验无疑有其重要性，但康德的伦理学首先要确立的是道德法则不受经验左右的绝对品格和价值，在此前提下，才谈得上它如何在经验世界里发生作用的问题。康德认为，对道德法则的敬重是唯一真正的道德情感，它也就是做人的职责和人格的宝贵之意识，用中国哲学语汇说便是良知。事实上，如果人的行为只受经验支配，良知本身不能作为一种重要力量发生作用，就无道德实践可言。同样，良知之唤醒，使人们意识到做人的职责并将之体现在行为中，本身就是道德教育的根本。

在康德那里，意志自由只是使道德法则得以成立的一个公设，而要使道德法则能够达于至善目标，他又提出另两个公设，即灵魂不死和上帝存在。这就涉及到了康德的宗教论，王国维对此也有简略的阐述。他概述康德《在理性范围内之宗教》一书中的根本思想，一言以蔽之，即"欲约宗教于道德中"。宗教有自然宗教和天启宗教之别。

1.《述近世教育思想与哲学之关系》。《王国维文集》第3卷，第19页。

天启宗教视道德建设于宗教上，由上帝的命令确定人的义务，行为出自希望和恐怖，因此称不上道德。康德主张自然宗教，视宗教建设于道德上，人的义务即上帝的命令，上帝观念之必要仅在于保证道德动机之纯正，与约各皮（雅各布）说"如宇宙而无上帝，吾人亦当进而发明之"其意相似。所以，康德的神学不过是其伦理学的附录和仆隶，康德意中真正的上帝乃实现理想之自由力，即善意。[1]

1.《汗德之伦理学及宗教论》。《王国维文集》第3卷，第310、311页。

第三章

对叔本华的接受

一 "与叔本华之书为伴侣之时代"

王国维在 1903 至 1907 年之间研读德国哲学，主要精力花在康德著作上，花在叔本华著作上的时间似乎并不长。根据他的自述，是"自癸卯之夏，以至甲辰之冬"，即 1903 年夏至 1904 年末，约一年有半。但是，时日虽短，浸染却深，他称之为"与叔本华之书为伴侣之时代"。[1]他一开始是因为读不懂康德的《纯粹理性批判》，半途而废，于是改读叔本华，一拍即合而"大好之"。他由叔本华的知识论，尤其是《意志及表象之世界》中的附录《康德哲学之批评》，找到了理解康德的路径。事实上，在这之后，他立即就回过头来读康德，豁然开朗，于 1904 年写出《汗德之哲学说》、《汗德之知识论》这二篇颇具水准的文章。

当然，王国维之所以倾心于叔本华，原因不止于此。他自己说："然于其人生哲学观，其观察之精锐，与议论之犀利，亦未尝不心怡神释也。"[2]（《静庵文集自序》）"叔氏之书，思精而笔锐。"[3]（《自序一》）

---

1. 2.《静庵文集自序》。《王国维文集》第 3 卷，第 469 页。
3.《王国维文集》第 3 卷，第 471 页。

在《红楼梦评论》中，他也盛赞"其真挚之感情与巧妙之文字"。[1]可以想见，在备受康德著作的艰涩之苦之后，读到叔本华论人生的明快犀利的文字，会给他带来多么强烈的阅读快感。

王国维读叔本华，是投入了全部感情的。这个时段他孤身在南通，任教于通州师范学校，与罗振玉暂时脱离了接触。恰好在这段时间里，他转向哲学并沉湎于叔本华，应该不是偶然的。在摈除导师直接影响的宁静和孤独中，他的自我觉醒了，在叔本华那里找到了共鸣。这一年多里，他常赋诗抒发人生的忧思，并庆幸读到了叔本华的"异书""奇书"。[2]他原是一个悲观的人，在叔本华的书中感受到了性情的相通。在《叔本华象赞》中，他表示，自己正在悲观迷茫之中（"嗟予冥行，百无一可"），得到了叔本华的启示（"欲生之戚，公既诏我"），决心"奉以终身"。[3]

在《德国哲学大家叔本华传》（1904）中，王国维开列了叔本华主要著作的目录，计五种：《充足理由原则论》（Über die Vierfache Wurzel des Satzes vom zureichenden Grunde，1813，今译《充足理由律的四重根》）；《意志及观念之世界》（Welt als Wille und Vorstellung，1817，今译《作为意志和表象的世界》）；《自然中之意志论》（Über den Willen in der Natur，1836，今译《自然界中的意志》）；《伦理学之二大根本问题》（Die beiden Grundprobleme der Ethik，1841，今译《伦理学的两个基本问题》）；《随笔录》（Essaysammlungen，1851，

1.《王国维文集》第 1 卷，第 16 页。

2. "时时读异书。"（《端居》一）"玉女粲然笑，照我读奇书。"（《偶成二首》一）"百年那厌读奇书。"（《重游狼山寺》）《王国维文集》第 1 卷，第 248、251、252 页。

3.《王国维文集》第 3 卷，第 313 页。

今译《叔本华论说文集》）。[1] 从自述看，他首先读了《意志及表象之世界》，一年里读了两遍。根据《德国哲学大家叔本华传》判断，他读的是 Haldane 和 Kemp 翻译的英文本（New York，1883）。其后读了《充足理由之原则论》、《自然中之意志论》和文集（应即《随笔录》）。[2] 这些书读的也应该是英译本，但可能偶尔与德文原著相对照。自述未提及《伦理学之二大根本问题》，估计至少没有完整地阅读。一年半的时间里，把叔本华的主要著作都找来读了，可见真的是"大好之"。

在 1904 年一年里，王国维在《教育世界》发表关于叔本华的专文共五篇。与关于康德的专文六篇仅《汗德象赞》一篇署名很不同的是，这五篇有三篇署名且收了《静庵文集》中，即《论叔本华之哲学及其教育学说》、《书叔本华遗传说后》、《叔本华与尼采》。这三篇都是研究性质的文字，因此为他自己所看重。《德国哲学大家叔本华传》是介绍性质的文字，未署名。然而，《叔本华象赞》未如《汗德象赞》那样署名，因此也未收进《静庵文集续编》，也许是一个疏忽吧。[3]

在王国维的学术生涯中，1904 年是一个值得注意的年份。就在这一年，他在《教育世界》上连载《红楼梦评论》[4]，用叔本华的哲学观点

1.《王国维文集》第 3 卷，第 317 页。

2. 参看《自序一》。《王国维文集》第 3 卷，第 471 页。

3. 刊于《教育世界》杂志的期号分别为：《论叔本华之哲学及其教育学说》，第 75、77 号；《叔本华象赞》，第 77 号；《书叔本华遗传说后》，第 79 号；《叔本华与尼采》，第 84、85 号；《德国哲学大家叔本华传》，第 84 号。此外，《教育世界》于 1905 年第 94 号发表未署名译文《叔本华之思索论》，也应是王国维所译。

4. 刊于《教育世界》第 76—78、80、81 号。

研究《红楼梦》，同时也对叔本华的哲学观点提出质疑。也是在这一年，他发表了独立研究哲学问题的《论性》、《释理》两篇论文，第三篇论文《原命》则发表于1906年，皆是用西方哲学理念研究中国古代哲学，其中颇多涉及康德和叔本华哲学，并且也提出质疑。这说明叔本华不但为他提供了理解康德哲学的钥匙，而且也唤醒了他的哲学悟性，我们只能在某种意义上说他成了叔本华的信徒，他在哲学上已有自己的独立思考。

在读叔本华的一年多里，王国维还在杂文中引用叔本华的观点，有两个观点至为重要。其一："宇宙之变化，人事之错综，日夜相迫于前，而要求吾人之解释，不得其解，则心不宁。叔本华谓人为形而上学之动物，洵不诳也。哲学实对此要求，而与吾人以解释。"[1] 其二："吾闻叔本华之言曰，大学之哲学，真理之敌也，真正之哲学不存于大学，哲学惟恃独立之研究始得发达耳。"[2] 哲学的形而上学性质，哲学的独立品格，王国维的这两个认识明确而坚定，正是在叔本华的影响下形成的。

叔本华坚持哲学的独立品格和哲学家的独立人格，王国维对此十分尊崇，在《叔本华之哲学及其教育学说》中如此叙述其生平："彼送其一生于哲学之考察，虽一为大学讲师，然未几即罢，又非以著述为生活者也。故其著书之数，于近世哲学家中为最少，然书之价值之贵重，有如彼者乎！"这与"日日为讲义，日日作杂志之论文"的谢

1.《哲学辨惑》，此文刊于《教育世界》55 号（1903 年 7 月）。《王国维文集》第 3 卷，第 4 页。

2.《教育偶感四则》，此文刊于《教育世界》73、81 号（1904 年）。《王国维文集》第 3 卷，第 63 页。

林、黑格尔形成了鲜明对照。王国维赞颂道:"其所谓'为哲学而生,而非以哲学为生'者,则诚夫子之自道也"。[1]

对于叔本华在哲学上的地位,王国维评价极高。他说:哲学上之进步,希腊以来生一康德而已;康德以降百有余年,叔本华一人而已。不止于此,叔本华的位置还在康德之上,因为康德的知识论"固为旷古之绝识",但"仅破坏的而非建设的","彼憬然于形而上学之不可能,而欲以知识论易形而上学,故其说可谓之哲学之批评,未可谓之真正之哲学也。"在他看来,哲学即形而上学,此乃不易之理,而叔本华由康德之知识论出发重建了形而上学。"然则视叔氏为汗德之后继者,宁视汗德为叔氏之前驱者为妥也。"[2]把康德哲学仅看作叔本华哲学的准备,这个评价未免离谱,理所当然地遭到了贺麟的批评。[3]

不过,无论王国维多么欣赏叔本华,我们看到,他在刚接受不久就开始质疑了,而他的质疑针对的恰恰是叔本华的形而上学。在《静庵文集自序》中,他自己谈到质疑有二。其一,"后渐觉其有矛盾之处",在《〈红楼梦〉评论》第四章中"提出绝大之疑问"。其二,"旋悟叔氏之说半出于其主观的气质,而无关于客观的知识",在《叔本华与尼采》中畅发此意。[4]此二文皆写于1904年,仍属于"与叔本华之书为伴侣之时代",可见他对这个"伴侣"是怀有警惕的,实际上也是对自己出于"主观的气质"而接受叔本华的一种警惕。

1.《王国维文集》第 3 卷,第 325 页。

2.《论叔本华之哲学及其教育学说》。《王国维文集》第 3 卷,第 318 页。

3. 参看贺麟《康德黑格尔哲学东渐记》。《中国哲学》第二辑,第 356 页。

4.《王国维文集》第 3 卷,第 469 页。

二 "深邃之知识论"

王国维是借助叔本华的知识论而读懂康德的知识论的，他特别提到《意志及表象之世界》中的附录《康德哲学之批评》，是他通康德哲学的关键。正是在这篇附录中，叔本华清楚地说明了他所认为的康德知识论的错误之所在，以及他的知识论和康德的主要不同之处。

康德把认识能力划分为感性、悟性（知性）、理性三项。其中，感性以时间及空间之形式结合感觉成直观（知觉），悟性以范畴之形式结合直观成经验，理性则试图结合经验判断成形而上学知识。叔本华认为主要错误有二，一是把感性和悟性分割开，而实际上直观中已有悟性的作用，是悟性使直观成为可能的，二是悟性和理性之概念不清晰，二者的区分相当混乱。[1]王国维完全接受了叔本华在知识论上的观点，在不同文章中多次阐发，评为"深邃之知识论"[2]，"实较之汗德之说更为精密完备"[3]。

关于第一点，王国维在《释理》（1904）中概述叔本华的观点说："彼于《充足理由》之论文中，证明直观中已有悟性之作用存。吾人有悟性之作用，斯有直观之世界"；"叔氏谓吾人直观时，已有悟性（即自果推因之作用）之作用行乎其间，当一物之呈于吾前也，吾人所直接感之者，五官中之感觉耳。由此主观上之感觉，进而求其因于客观上之外物，于是感觉遂变而为直观，此因果律之最初之作用也。由此主观与客观间之因果之关系，而视客观上之外物，其间亦皆有因

---

1. 参看《作为意志和表象的世界》，商务印书馆，1982，第607、615、646页。
2.《红楼梦评论》。《王国维文集》第1卷，第16页。
3.《释理》。《王国维文集》第3卷，第260页。

果之关系。"可见"此因果律乃吾人悟性之形式，而物之现于后天中者，无不入此形式。"[1]

在《周秦诸子之名学》中，王国维指出叔本华的直观中有悟性之观点在西方哲学史上的首创性："自西洋古代哲学家以至近世之汗德，皆以直观但为感性之作用而无悟性之作用存乎其间。"唯叔本华"证明直观中之有睿智的性质（Intellectual characters）"。然后译引了《充足理由》第 21 节中的一段话："唯悟性之作用起，而主观的感觉始变而为客观的直观，即悟性以其因果律之先天的形式，而视五官之感觉为一果，而必欲进而求其因，同时空间之形式助之，遂超吾人之身体外，而置此原因于客观的外物，经验之世界由此起也。于此作用中，悟性利用感觉中所供给之材料，而构其因于空间中，故五官但供我以材料，而由之以构成客观的世界者，则悟性也。故无悟性之助，则直观不得而起也。"[2]

因果律是悟性（知性）的先天形式，当我们把感性对象感知为客体亦即形成直观（知觉）之时，它已不借助概念而直接发生作用了。因此，并非如康德认为的那样，感性提供直观在前，然后悟性运用概念将其整理成经验，而是直观中即有悟性的作用。王国维清楚地把握住了叔本华异于康德的这个见解。不过，应该指出，康德未必没有看到知性对于直观的作用，他明确说："思维无内容是空的，直观无概念是盲的。"[3]如果没有知性的作用，直观就不能看见对象。由此可见，

1.《释理》。《王国维文集》第 3 卷，第 257、259—260 页。

2.《周秦诸子之名学》。《王国维文集》第 3 卷，第 255 页。

3.《纯粹理性批判》。《十八世纪末—十九世纪初德国哲学》，北京大学哲学系外国哲学史教研室编译，商务印书馆，1975，第 58 页。

他把感性与知性分开，在很大程度上是逻辑上的顺序，而不是时间上的先后。

在王国维看来，叔本华在知识论上的另一个功劳是"始严立悟性与理性之区别"，悟性即因果律在直观中之作用，而"所谓理性者，不过制造概念及分合之之作用而已"。对比之下，康德的理性概念则"甚暧昧"。其一，"彼首分理性为纯粹及实践二种，纯粹理性指知力之全体，殆与知性之意义无异"，"实践理性则谓合理的意志之自律"，自此赋予了"理性"以"特别之意义"。其二，"其所谓纯粹理性中，又有狭义之理性"，也予以"特别之解释"，指结合经验判断为形而上学知识之能力，因此导致了谢林、黑格尔把理性解释为一种能直知本体世界及其关系的超感觉能力。[1]

事实上，康德在《纯粹理性批判》中所要竭力证明的，恰恰是形而上学不可能成为知识。他所予以特别之解释的狭义理性（Vernunft），决非一种形成形而上学知识之"能力"，而恰恰是一种不可能以知识的方式实现的倾向和要求。正因为此，只是到了《实践理性批判》中，这个狭义理性才通过在伦理学舞台上——而不是知识论舞台上——扮演主角，证明了自己具有为意志立法的实践能力，而对于这个能力，它自身依然无能予以知识论的解释。叔本华也批评康德的理性概念之不清晰，对谢林、黑格尔的具有超感觉能力的绝对理性更是猛烈地批判，但总是把二者明确分开，并未把责任归于康德。王国维因叔本华的榜样而相信重建形而上学之必要和可能，并相信其途径应是叔本华主张的直观而非理性，他的批评只是表明，在重建的途

1.《释理》，《王国维文集》第 3 卷，第 256—257 页。

径上，他是赞同叔本华而反对谢林和黑格尔的。

王国维阐释叔本华的专文仅《叔本华之哲学及其教育学说》一篇，文章开头谈写作的缘起，说是因为听闻尼采撰有《教育家之叔本华》(Schopenhauer als Erzieher)，他没有读到，但因此想要"试由叔氏之哲学说以推绎其教育上之意见"。[1]尼采的这篇著作，其实谈的是哲学的使命和哲学家的品格，叔本华在这方面给予他的教育作用，而并非谈教育。不过，王国维此文清楚地表明，他在叔本华的知识论中最看重的是什么。叔本华强调直观中有悟性，因此极推崇直观的价值，看轻概念思维的价值。王国维说，叔本华的出发点在直观而不在概念，这是其哲学"全体之特质"之"最重要者"。他概述叔本华的见解：概念由直观抽象而得，故其内容不能有直观以外之物；一切谬妄皆生于概念对直观的背离；新知识只能由直观之知识即经验之知识得，不能由概念得。要之，"直观者乃一切真理之根本，唯直接间接与此相联络者，斯得为真理。"[2]

在阐释了叔本华以直观为本的知识论之后，王国维据此"推绎"其教育理论，重点是强调直观经验较之书本知识的第一位的重要性。他读过叔本华的《随笔录》，其中颇多抨击读书的言论，无疑受了启发，但也有他自己的发挥。真正的知识存于直观，而非概念，因此，从书本上接受知识时，必须有直观为之根柢。然而，普遍的情况是以概念比较概念，很少有人能够以概念比较直观。直观如金钱，概念如钞票。书籍不能代替经验，犹如博学不能代替天才。读书太多不但无益，而且有害。"书籍上之知识，抽象的知识也，死也；经验的知识，

1.《王国维文集》第 3 卷，第 318 页。
2.《王国维文集》第 3 卷，第 324—325、326 页。

具体的知识也，则常有生气。人苟乏经验之知识，则虽富书籍上之知识，犹一银行而出十倍其金钱之钞票，亦终必倒闭而已矣。"没有直观做基础的书本知识是死的知识，全然无用，这是一。其二，读书太多会损害直观的能力和独立思考的能力。"且人苟过用其诵读之能力，则直观之能力必因之而衰弱，而自然之光明反为书籍之光所掩蔽，且注入他人之思想，必压倒自己之思想，久之，他人之思想遂寄生于自己之精神中，而不能自思一物，故不断之诵读，其有害于精神也必矣。"还有其三，"夫吾人之所食，非尽变为吾人之血肉，其变为血肉者，必其所能消化者也。苟所食而过于其所能消化之分量，则岂徒无益，而反以害之，吾人之读书，岂有以异于此乎？"强制学生从小学习所不欲学之知识，比如希腊、拉丁之文法，便是如此，结果培养出来的学者必定愚蠢。[1]

对于叔本华的知识论，我们没有看到王国维提出任何实质性的批评。在他的理解中，叔本华重直观经验的主张与培根的真正的归纳法是一致的。在《述近世教育思想与哲学之关系》（1906）中，他写道："在近代之教育界，其初虽以模仿古人言文为教授上最要之练习，然尚实主义起而反对之，一以实事实物之知识为贵，遂于十七八世纪之教育界大擅势力。此倾向之起原，固由于时势之变化，然柏庚（培根）之经验主义，实亦大与有力……吾人一线之希望在真正之归纳法，惟由此法而后可得正当之概念耳。"[2] 王国维后来转向史学研究，创立重考古证据以补正经史记载的治学方法，显然可以在他年轻时所受的西学熏陶中发现其重要的思想根源。

1.《王国维文集》第 3 卷，第 328—329 页。
2.《王国维文集》第 3 卷，第 9—10 页。

三 "伟大之形而上学"

王国维称颂叔本华的知识论为"深邃之知识论",而称颂其形而上学为"伟大之形而上学"。[1]在《叔本华象赞》中,他说人世间有普遍真理("人知如轮,大道如轨。东海西海,此心此理"),这真理先后由《吠陀》、柏拉图和康德表出,叔本华则"集其大成"。而于叔本华的哲学,他突出赞扬的是其"天眼所观,万物一身"的本体论和"搜源去欲,倾海量仁"的伦理学。[2]

在王国维看来,叔本华的形而上学之所以伟大,是因为贯彻了其知识论的主张,凭借直观而非概念构建。古今哲学家往往由概念立论,康德尚且如此,不必说他人了。尤其谢林、黑格尔之流,"专以概念为哲学上唯一之材料,而不复求之于直观,故其所说,非不庄严宏丽,然如蜃楼海市,非吾人所可驻足者也。""叔氏之哲学则不然,其形而上学之系统,实本于一生之直观所得者,其言语之明晰,与材料之丰富,皆存于此。""叔氏之哲学所以凌轹古今者,其渊源实存于此。"[3]

叔本华尝自陈,其著述中"最好的东西",首先得自"直观世界的印象",其次才得自印度教神圣典籍、柏拉图和康德著作所给予的印象。[4]王国维就此议论道:"彼以天才之眼,观宇宙人生之事实,而于婆罗门佛教之经典及柏拉图、汗德之哲学中,发见其观察之不谬,

---

1.《红楼梦评论》。《王国维文集》第 3 卷,第 16 页。
2.《王国维文集》第 3 卷,第 313 页。
3.《叔本华之哲学及其教育学说》。《王国维文集》第 3 卷,第 324、325 页。
4. 参看《作为意志和表象的世界》,第 567 页。

而乐于称道之。然其所以构成彼之伟大之哲学系统者，非此等经典及哲学，而人人耳目中之宇宙人生即是也。易言以明之，此等经典哲学，乃彼之宇宙观及人生观之注脚，而其宇宙观及人生观，非由此等经典哲学出者也。"[1] 哲学应是个人对宇宙人生的直接观察和思考，而非抽象概念的演绎，这个见解在王国维是十分明确的。

行文至此，我不禁想起尼采在《作为教育家的叔本华》中的相似表达：叔本华作为哲学家能够"初次地看事物"，而不像学者那样"让概念、意见、掌故、书本横插在自己和事物之间"；他的伟大之处是"站在整幅生命之画面前，解释它的完整的意义"。[2] 尼采出版此书是1874年，实际上距王国维写此文仅三十年。王国维没有读到此书，但我们看到，他对叔本华哲学的总体理解与尼采是高度一致的。尼采二十一岁读到叔本华的书，三十岁写此文，而王国维二十六岁读到叔本华的书，一个德国青年和一个中国青年先后由叔本华而对何为哲学有了深刻的领悟。

康德证明了我们藉由认识所把握的世界不是自在之物，而仍是现象，叔本华认为这是康德的伟大功劳。但是，在他看来，形而上学是哲学的题中应有之义，哲学必须对世界是什么做出说明，而他相信自己找到了做这个说明的钥匙，就是人的身体。对于认识的主体来说，身体是以两种方式存在的。一方面，它是悟性的直观中的表象，客体中的一个客体。另一方面，身体的活动就是意志的活动，意志和身体的同一性是每个人最直接的认识。在一切客体中，唯独身体同时是意志和表象，因此可以按照类似性来判断其他一切现象的本质，得出

1.《叔本华之哲学及其教育学说》，《王国维文集》第3卷，第325页。
2. 尼采《作为教育家的叔本华》，周国平译，译林出版社，2012，第77、20页。

"唯有意志是自在之物"的结论。[1]

在《叔本华之哲学及其教育学说》一文中，王国维概述了叔本华重建形而上学的这个路径，其要点为：一、对物之认识不得不入吾人知力之形式，故吾人所知之物决非物之自身，而只是现象；二、但由反观而知我即意志，反观时无知力之形式行乎其间，故反观所得即我之自身；三、由观我之例推之，则一切物之自身皆意志。"叔本华由此以救康德批评论之失，而再建形而上学。"[2]

以往的形而上学都是主知论，视知力为世界及人之本体，"至叔本华出而唱主意论，彼既由吾人之自觉，而发见意志为吾人之本质，因之以推论世界万物之本质矣。"这样的一个转变，乃是基于对人性的看法之转变。西方以往的哲学家都把理性视为人的本质，叔本华则认为，意志是人的本质，知力是"意志之奴隶"，"由意志生而还为意志用者"，这是可以由经验上证明的。[3]在《书叔本华遗传说后》一文中，王国维对叔本华的这个观点做了更清晰的概述：欲生之意志产生形体，"自意志欲调和形体与外界之关系，于是所谓脑髓者以生，而吾人始有知力之作用。"他对这个观点坚信不疑，断为"固已南山可移，此案不可动矣"。[4]

当然，事实上我们仍可对叔本华的主意论形而上学提出质疑。康德指出，不可对世界的本质下论断，因为世界只能作为现象在意识中显现。这个论点是不可反驳的，因为它的正确性包含在一个同义反复

1. 参看《作为意志和表象的世界》，第151—165页。

2.《叔本华之哲学及其教育学说》。《王国维文集》第3卷，第319页。

3.《叔本华之哲学及其教育学说》。《王国维文集》第3卷，第320页。

4.《王国维文集》第3卷，第332页。

中：凡在意识中显现的就是现象而非本质。叔本华以意志为世界的本质有两个步骤，每一步骤都包含重大困难。第一步，由身体对欲望的直接感受得出身体的本质是意志。为了逃避可能的诘难，他强调对欲望的直接感受不是表象，这有缩小表象的外延之嫌疑。第二步，由身体推及万物和世界，这又是使用了因果律。其中包含了这样一个推理：因为我的身体是万物中之一物，而我的身体的本质是意志，所以，万物的本质也是意志。对于叔本华立论和推论中的这两个疑点，王国维显然未注意到。

四　解脱的人生哲学

叔本华的形而上学原是为了对人生做总体的解释，而他的解释是悲观主义的。他由身体对欲望的感受推出世界的本质是意志，但是他对意志却持否定的立场。据他分析，意志既为自在之物，根据律就不能适用于它，因此它是无根据的。你不能问意志为什么存在，有何目标，这样提问是混淆了自在之物和现象。每个人的行为有目的和动机，但不能问他何以要欲求或存在。"每一个别活动都有一个目的，而整个的总欲求却没有目的。"[1]质言之，意志是盲目的冲动，是"一种没有目标、没有止境的挣扎"，挣扎即是其本质。[2]

意志客体化为表象，其最高等级是人的个体生命。作为盲目的生命冲动，意志表现在个体身上是欲望。"欲求和挣扎是人的全部本质"。

1.《作为意志和表象的世界》，第236页。

2. 参看《作为意志和表象的世界》，第423、440页。

欲望源于欠缺即痛苦，而欲望的满足则意味着没有了欲求的对象，于是陷入空虚和无聊。"所以人生是在痛苦和无聊之间像钟摆一样地来回摆动着，事实上痛苦和无聊两者也就是人生的最后两种成分。"[1]

意志本身没有根据，这一点决定了人生在本质上的虚幻性。叔本华用一系列比喻来描绘这种虚幻性：死亡在吞噬自己的捕获品之前，如猫戏鼠一般逗弄它；人竭力延长生命，如同吹肥皂泡，明知必定破灭，仍要尽可能地吹大些；在生命的海洋上，人历尽艰难小心翼翼地躲开密布的暗礁和旋涡，明知最后目的地是更凶险的不可挽救的船沉，仍然只好朝这结果驶去。[2]

出路何在？叔本华认为，根本的出路在于认清"意志的内在矛盾及其本质上的虚无性"[3]，作为意志之客体化的一切个体的无价值，从而自觉地否定生命意志，摆脱个体化原理的束缚，获得解脱。这就是《吠陀》所主张的不再入轮回，佛教所主张的涅槃，其实质即"不再进入现象的存在"。[4] 在叔本华看来，柏拉图和康德把现象世界与真正的存在加以严格的区分，也是在表达同一个真理。

以上是叔本华在《作为意志和表象的世界》中阐释的人生哲学之基本理论。王国维读到这个理论，一定印象极深，内心契合，立即就用来做他研究《红楼梦》的指导思想了。他自己说，《〈红楼梦〉评论》之立论"全在叔氏之立脚地"。[5] 区别于之前的历史考证和之后的

1.《作为意志和表象的世界》，第 427 页。

2. 参看《作为意志和表象的世界》，第 427、428 页。

3.《作为意志和表象的世界》，第 545 页。

4.《作为意志和表象的世界》，第 489 页。

5.《静庵文集自序》。《王国维文集》第 3 卷，第 469 页。

社会分析，他开辟了从人生哲学角度解读《红楼梦》的路径。

在《〈红楼梦〉评论》中，王国维首先概述了叔本华关于生活本质的一般理论，大意为：生活之本质即欲，欲生于不足，不足之状态即苦痛，欲悉偿则倦厌，人生如钟摆往复于苦痛与倦厌之间，而倦厌亦可视为苦痛之一种。然后补充说：为除去此二者而努力求快乐，但努力亦苦痛之一；且苦痛与世界之文化俱增，因为文化愈进，知识弥广，所欲弥多，感苦痛亦弥甚。结论是"欲与生活、与苦痛，三者一而已矣"。[1]

这里涉及叔本华理论中的一个疑点，而王国维把它模糊掉了。叔本华把人的本质归结为欲望，而视理性为欲望的工具，在很大程度上是出于推演其本体论的需要。如果对人的身体欲望和精神需求不加区分，并且肯定后者更是人的本质，人生无意义便是必然的结论。精神性质的欲求，亚里士多德所说的人性中高贵成分的需求，其产生不是基于匮乏，其满足也不会使人无聊，因此并不存在痛苦和无聊的悖论。人类文化的进步导致"所欲弥多"，这"所欲"可以是物质欲望，也可以是精神需求，总应该把二者加以区分。

这里不妨插入说一说王国维的另一篇文章。在《人间嗜好之研究》（1907）中，应该也是受了叔本华的启发，他用"欲"的概念来分析人间嗜好的根源。人为满足生活之欲即食色之欲而活动，这是积极的苦痛。但人心不能停止活动，否则会感到空虚，这是消极的苦痛。空虚比积极的苦痛更难忍受，人欲医此苦痛，一切嗜好由此起。这是其一。其二，生活之欲的满足若不成问题了，就变而为势力之

1.《王国维文集》第 1 卷，第 2 页。

欲，务使物质上与精神上之生活超于他人。王国维于此引入席勒的剩余精力说，实际上改变了前文中势力之欲指竞争之欲的涵义，说嗜好就是剩余势力的发泄，其作用仍是疗空虚之苦痛。不过，一切嗜好虽然皆势力之欲之所为，其价值却不同，教育和自我教育之责在于以高尚之嗜好抑制卑劣之嗜好。[1]有一个问题他没有深究：高尚之嗜好例如他举的文学艺术之满足也会导致无聊吗？倘若深究，就会是一个破解痛苦和无聊的悖论的机会。

在《〈红楼梦〉评论》中，阐述了叔本华关于生活的本质即欲望即痛苦的观点之后，针对《红楼梦》的主题，王国维着重分析了男女之欲。他写道："此生活之意志，其于永远之生活，比个人之生活为尤切；易言以明之，则男女之欲，尤强于饮食之欲。何则？前者无尽的，后者有限的也；前者形而上的，后者形而下的也。"由于苦痛之度与欲之强烈程度成比例，"是故前者之苦痛，尤倍蓰于后者之苦痛"。[2]因此，人生问题的解决，重点是解决男女之欲的问题，《红楼梦》一书的价值即在于此。

《红楼梦》开卷叙述贾宝玉之来历，说女娲炼石补天，遗弃一块未用，此石怨哀而入世。王国维引了这个段落，解作给男女之爱下了神话的解释，比《创世记》的原罪说更有味。"夫顽钝者既不幸而为此石矣，又幸而不见用，则何不游于广漠之野、无何有之乡，以自适其适，而必欲入此忧患劳苦之世界，不可谓非此石之大误也。"由此可知，"生活之欲之先人生而存在，而人生不过此欲之发现"，"吾人之堕落，由吾人之所欲，而意志自由之罪恶"。进而言之，可知世

---

1. 参看《王国维文集》第 3 卷，第 27、28、30 页。

2.《王国维文集》第 1 卷，第 7 页。

界人生之存在并无合理的根据，仅"出于盲目的动作"，"实由吾人类之祖先一时之误谬"。因此，解脱之道在于出世，"拒绝一切生活之欲"。[1]

王国维的这番分析，依据的仍是叔本华的思想。他极推崇叔本华在男女之欲问题上的观点，说"其自哲学上解此问题者，则二千年间，仅有叔本华之男女之爱之形而上学耳"。[2] 叔本华的观点可以概述如下：大自然的内在本质即生命意志在性冲动中表现得最强烈；性器官是意志的真正焦点，与作为表象世界之代表的大脑处在对立极；因此戒淫是否定生命意志的第一步，由此导致作为最高意志现象的人类的消灭，从而带领万物走向解脱。[3]

叔本华的本体论以意志为世界之本质，人生论又立足于意志之否定，二者之间有明显的矛盾。从逻辑上说，问题出在他的一个推论。他认定意志为第一原理，而对第一原理是不能追问其根据的，否则就不成其为第一原理了。然而，第一原理之为第一原理，正在于它本身不能有在它之前的根据，却是在它之后的一切事物或道理的根据。叔本华以意志本身无根据为理由，得出了由意志派生的一切现象皆无意义的结论，其实是一种偷换概念的诡辩。按照这个逻辑，即使以上帝为世界的本体，同样可以得出人生无意义的结论，因为我们同样不可追问上帝的根据是什么。

从事实上说，意志既为世界和人性之本质，否定它如何可能？对于叔本华哲学的这个内在矛盾，王国维是有清楚的察知的。在《论

1.《王国维文集》第1卷，第6—7、15、8页。

2.《〈红楼梦〉评论》。《王国维文集》第1卷，第6页。

3. 参看《作为意志和表象的世界》，第452—453、521页。

性》中，他指出了其自相矛盾之处："叔本华曰：'吾人之根本，生活之欲也。'然所谓拒绝生活之欲者，又何自来欤？"[1]在《叔本华与尼采》中，他又表示："叔本华由锐利之直观与深邃之研究，而证吾人之本质为意志，而其伦理学上之理想，则又在意志之寂灭。然意志之寂灭之可能与否，一不可解之疑问也。"[2]可以看到，对于意志是本质这个观点，他是深信不疑的，他的质疑集中在意志之否定即解脱是否可能上面。在《〈红楼梦〉评论》第四章中，他比较详细地阐述了他的质疑，论证解脱之不可能。

　　首先，按照叔本华的理论，意志是世界之本质，一切人类及万物都是同一意志的表象。因此，个人拒绝意志须以全部人类及万物皆拒绝意志为前提，否则毫无用处。"如叔本华之言一人之解脱，而未言世界之解脱，实与其意志同一之说不能两立者也。"这个批评其实不能成立，因为叔本华是讲了世界之解脱的，王国维接着就承认，"叔氏于无意识中亦触此疑问"，他从英译本译引了《作为意志和表象的世界》中的一段文字，在那里，叔本华主张由完全之贞操而达于人类之灭绝，从而带领万物走向解脱。因为叔本华在文中引了印度和基督教的经典为佐证，王国维便从事实上予以反驳："试问释迦示寂以后，基督尸十字架以来，人类及万物之欲生奚若？其痛苦又奚若？吾知其不异于昔也。然则所谓持万物而归之上帝者，其尚有所待欤？抑徒沾沾自喜之说，而不能见诸实事者欤？果如后说，则释迦、基督自身之解脱与否，亦尚在不可知之数也。"如此看来，在《〈红楼梦〉评论》中，他的批评的着重点是解脱在事实上的不可能，他自己是深感解脱

1.《王国维文集》第3卷，第242页。
2.《王国维文集》第3卷，第344页。

之必要的，因此这种不可能是他本人的大困惑，诚如他所说，他表达的是他的"生平可疑者"。[1]

对于叔本华的人性理论，王国维还在一个枝节问题上提出了反驳。他于1904年在《教育世界》第79期上译述《意志及表象之世界》补录第43篇，冠以《叔本华氏之遗传说》标题，同时发表《书叔本华遗传说后》一文予以驳斥。叔氏称，依据其形而上学，意志是人的本质，知力是其附属物，由此可推知，每个人的意志即性格品质自父得之，知力品质自母得之。[2]王国维反驳说，从叔氏的形而上学推不出这个结论，"吾人之形体，由父母二人遗传"，因此，"为形体之根荄之意志，与为形体一部之作用之知力，皆得自两亲而不能有所分属"。叔氏之所以有此说，是由于和母亲关系不好，因此甚蔑视妇人。所以，"其遗传说实由其自己之经验与性质出，非由其哲学演绎，亦非由历史上归纳而得之者也。"[3]

这个质疑虽属枝节问题，却足以使王国维对叔本华哲学在整体上的客观性发生怀疑。他自己说"旋悟叔氏之说半出于其主观的气质，而无关于客观的知识"[4]，这应该也是缘由之一。而在《叔本华与尼采》中，他就径直把叔本华的形而上学体系归因于主观的气质，断言其因知力之伟大，而视世界为吾之观念，因意志之强烈，而视万物之意志皆吾之意志，其知力上之贵族主义，形而上学之意志同一论，皆其自慰藉之

1.《王国维文集》第1卷，第17—18页。

2. 参看《叔本华氏之遗传说》。《王国维文集》第3卷，第336页。

3.《书叔本华遗传说后》。《王国维文集》第3卷，第332、335页。

4.《静庵文集自序》。《王国维文集》第3卷，第469页。

道。[1] 我们可以看到，同一年里，在《〈红楼梦〉评论》（刊于《教育世界》第76—78、80、81期）中，他对叔本华的意志哲学还深信不疑，用作解读《红楼梦》的理论立足点，而在《叔本华与尼采》（刊于《教育世界》第84、85期）中，他已经不相信这个理论是客观真理了。由此可以想见，他对叔本华的接受是一个充满情感起伏和紧张思索的过程。

五　伦理学的两个基本问题

《伦理学的两个基本问题》是叔本华一本著作的名称，这里借用来做本节的标题。叔本华的伦理学，其主旨是意志的否定，这个否定分两步走。第一步是认识到万物都是同一意志的现象，从而同情万物，摆脱利己主义，归于同一意志。这就是以同情为基础的道德。第二步是认识到意志本身的虚幻性，从而禁绝欲望，摆脱意志之本体，归于无。这就是以解脱为目标的人生哲学。对于后者，王国维在《〈红楼梦〉评论》中进行了评析，已在上一节中讨论。在《论叔本华之哲学及其教育学说》中，关于叔本华的伦理学，他主要谈了两个问题，一是叔本华的道德理论，即上述第一步涉及的问题，二是与此密切相关的意志自由问题。《伦理学的两个基本问题》一书包含两篇论文，即《论意志自由》和《道德的基础》，与之恰好有一种对应关系。不过，《作为意志和表象的世界》一书也包含了这两方面的内容，王

---

1. 参看《王国维文集》第 3 卷，第 354—355 页。

国维的相关知识应是来自此书。

关于叔本华的道德理论，王国维如此阐述：由叔氏之形而上学，万物皆同一意志之客观化，但知力之蔽使人生出彼此之别。知力以空间时间为其形式，婆罗门及佛教称之为"摩耶之网"，中世纪哲学称之为"个物化之原理"。道德上的善和恶，取决于能否摆脱此原理的束缚。受制于此原理导致恶，有两个等级。一是"过"（非义），即主张一己生活之欲而损害他人生活之欲。二是"恶"（恶毒），即惟以他人之苦痛为自己之快乐。超越此原理则造就善，也有两个等级。一是"正义之德"（正义），即限制一己生活之欲而不侵害他人。二是"博爱之德"（仁爱），即更进而以他人之快乐为己之快乐，他人之苦痛为己之苦痛。"故善恶之别全视拒绝生活之欲之程度以为断：其但主张自己之生活之欲而拒绝他人之生活之欲者，是为'过'与'恶'；主张自己亦不拒他人者，谓之'正义'；稍拒绝自己之欲以主张他人者，谓之'博爱'。"而"最高之善存于灭绝自己生活之欲，且使一切生物皆灭绝此欲，而同入于涅槃之境"。[1]

这些内容应是出自《作为意志和表象的世界》第四篇，尤其是其中第61至66节，王国维的阐述十分简要。值得注意的是，他没有谈到叔本华伦理学的一个基本观点，即同情是道德的基础。在《作为意志和表象的世界》中，虽然也有"一切仁爱（博爱、仁慈）都是同情"[2]之类的表述，但尚未明确地确认同情为道德之基础。只是到了《道德的基础》中，叔本华才异常强调同情的重要，再三表示：正义和仁爱是元德，而"两者的根源"皆是同情；"同情就是伦理学的基

1.《王国维文集》第3卷，第322页。

2.《作为意志和表象的世界》，第514页。

础"；同情是"一切真正的即无私的德行的泉源"。[1] 由此也许可以推断，王国维没有读过《伦理学的两个基本问题》。

与道德上善恶的根源之分析相关联的一个问题是，人能否支配自己的道德行为？这就是意志自由的问题。按照王国维的评述，对于这个问题，叔本华于伦理学上持经验的定业论与超绝的自由论，一如其于知识论上持经验的观念论与超绝的实在论。具体地说，叔本华认为人的动作（行为）取决于两个因素。一是品性，它是意志的直接显现，是自由的。二是动机，为现象世界中外物所决定，是不自由的。"故吾人之动作，不过品性与动机二者感应之结果而已"。抽象的知识只能改变动机，不能改变品性。动机的改变只能改变意志之方向，不能改变意志之本质，故德行不可教。因此，关键在于改变品性，但这唯凭亲自获得直观之认识，从而超越个体化原理。"于是吾人有变化品性之义务，虽变化品性者，古今曾无几人，然品性之所以能变化，即意志自由之征也。"不过，品性之变化仅限于超绝的品性，而不及于经验的品性。由是叔本华的道德批评带有形式论之性质，只问品性之善恶，不问动作之结果。[2]

叔本华主张品性可变，根据是品性乃意志之直接显现，而意志是自由的。但是，他又强调，品性之变化依赖于对万物皆同一意志之现象的直观认识，从而超越个体化原理。那么，我们很可以提出一个疑问：一个人能否达此认识取决于什么？意志可以自己决定自己达此认

---

1. 叔本华《伦理学的两个基本问题》，任立、孟庆时译，商务印书馆，1996，第239、299、300页。

2.《叔本华之哲学及其教育学说》。《王国维文集》第3卷，第323—324、330—331页。

识吗？退一步说，达此认识不管是凭意志自己之决定，还是因外界因素之作用，此认识本身岂不已是品行改变之动机？王国维在《原命》中的确提出了这个疑问，针对所谓意志有自己拒绝或自己主张之能力因而品性可变的说法，他指出："然其谓意志之拒绝自己，本于物我一体之知识，则此知识非即拒绝意志之动机乎？则自由二字，意志之本体果有此性质否，吾不能知，然其在经验世界中不过一空虚之概念，终不能有实在之内容也。"[1]

叔本华哲学有一个根本的预设，即意志作为世界之本体即作为第一原理是无根据的。在分析人性时，他有两个说法。一是意志在人类身上表现为欲望，他在这里强调，意志无根据即意志是盲目的，由之推出欲望之无价值和人生之无意义。二是意志在个体身上表现为品性，他在这里则强调，意志无根据即意志是自由的，由之推出品性之可变。这两个推论都建立在意志的无根据上面，也都是站不住脚的，因为由意志的无根据既不能得出意志是盲目的，也不能得出意志是自由的。

在分析人的品性时，叔本华沿用了康德的两个概念，即超绝的品性（悟知性格）和经验的品性（验知性格），二者的关系相当于本质和现象，意志和表象。悟知性格规定了验知性格的本质方面，验知性格的非本质方面则体现为经历和行为，由外在情况和动机决定。[2] 在现实中，我们确实看到，每个人的秉性、人格、材质有一种天生的倾向乃至不变的核心，生物学用基因来解释，佛教用轮回来解释，而叔本华则用意志之本体来解释。在诠释时，他更加强调的是悟知性

1.《王国维文集》第 3 卷，第 269 页。
2. 参看《作为意志和表象的世界》，第 228 页。

格不可变,唯有验知性格可变。就本体与现象之关系而言,当然是本体不可变,可变的只是现象。然而,就意志自由而言,悟知性格又是可变的了。由此也可见,叔本华的体系是有不能自圆其说的地方的。

六 "一时之救济"的美学

在叔本华的体系中,美学是重要的组成部分,见于《作为意志和表象的世界》第三篇。这部主要著作分为四篇,前二篇述形而上学,以否定意志为旨归,后二篇述否定意志的两个阶段。其中第三篇谈美学,解析审美状态乃主体暂时摆脱意志,对象暂时摆脱知性形式,求一时的解脱,是意志的相对之否定;第四篇谈伦理学,由同情的道德进到禁欲的人生哲学,求彻底的解脱,是意志的绝对之否定。

王国维论及叔本华美学的文章,先后有《孔子之美育主义》、《论叔本华之哲学及其教育学说》、《〈红楼梦〉评论》、《叔本华与尼采》四篇,皆发表于1904年。

《孔子之美育主义》是一篇有感而作的文章,全篇主旨是倡导美育,针砭国人审美趣味之缺乏和艺术无用之陋见。此文开篇即叹息,欲望导致利害得失之争,造成人心的苦痛和社会的罪恶,而"美"可以去除利害之念。作为理论根据,王国维首先引证了康德关于审美快乐是"不关利害之快乐"的观点,然后概述叔本华的见解:"至叔本华而分析观美之状态为二原质:(一)被观之对象,非特别之物,而此物之种类之形式;(二)观者之意识,非特别之我,而纯粹无欲之我也。"由无欲之我观对象纯粹之形式，即审美境界。在这之后，王国维还根据席勒的《美育书简》和文德尔班的《哲学史教科书》介绍了席勒的美育理论，最后落脚在孔子的学说，论证孔子的教育思想也是以美育为始终的。[1]

在《论叔本华之哲学及其教育学说》中，王国维稍微详述了叔本华的美学思想，要点有三。一、吾人之本质为生活之欲，因此感官之所用和心之所思"无往而不与吾人之利害相关"。"唯美之为物，不与吾人之利害相关系"，因为"美之对象，非特别之物，而此物之种类之形式，又观之之我，非特别之我，而纯粹无欲之我也"。二、摆脱利害关系观物，所观乃其物之"实念"（理念）。"实念"既非概念，又非个象，而是"以个象代表其物之一种之全体"，因此得以直观之。美术（艺术）之知识全为直观之知识，而无概念杂乎其间。三、天才"由其知力之伟大而全离意志之关系"，尤能以审美之方式观物，"故美者实可谓天才之特殊物也"。"若夫终身居于利害之桎梏中，而不知美之为何物者，则滔滔皆是。"此为美学上的天才论。不过，美之作用"仅一时之救济，非永远之救济"，后者只能诉诸伦理学。[2]

在《〈红楼梦〉评论》中，王国维立足于叔本华关于生活之本质即欲即苦痛之理论，引出一问题：什么东西能使我们超然于利害之外而忘物我之关系？答案是艺术。但无论自然界之物，还是人生之事，无不与我们有利害之关系，一般人做不到强离其关系而观之，唯有天才能够做到。"于是天才者出，以其所观于自然人生中者复现之于美术中，而使中智以下之人，亦因其物之与己无关系，而超然于利害之

1.《王国维文集》第 3 卷，第 155—157 页。
2.《王国维文集》第 3 卷，第 321—322、329—330 页。

外。"[1] 这里强调的是，天才因主动地超然于利害之外而能创作艺术作品，一般人则通过欣赏艺术作品而得以被动地超然于利害之外，王国维以此为推出"一绝大著作曰《红楼梦》"做铺陈。

这是就艺术作品的一般审美价值而言。从艺术作品的内容来说，王国维强调："美术之务，在描写人生之苦痛与其解脱之道，而使吾侪冯生之徒，于此桎梏之世界中，离此生活之欲之争斗，而得其暂时之平和，此一切美术之目的也。"这方面最伟大的作品，在欧洲近代是歌德的《浮士德》，在中国则是《红楼梦》。[2] 王国维在这里显然仍是依据叔本华立论的，并且叔本华也推崇《浮士德》对意志之否定作了最形象化的描写，区别在于，最体现此种描写的人物，王国维举的是浮士德，叔本华举的是格勒特小姑娘。[3]

在《〈红楼梦〉评论》中，王国维还引述了叔本华的悲剧理论。"由叔本华之说，悲剧之中又有三种之别：第一种之悲剧，由极恶之人，极其所有之能力以交构之者。第二种，由于盲目的运命者。第三种之悲剧，由于剧中之人物之位置及关系而不得不然者；非必有蛇蝎之性质与意外之变故也，但由普通之人物、普通之境遇，逼之不得不如是；彼等明知其害，交施之而交受之，各加以力而各不任其咎。此种悲剧，其感人贤于前二者远甚。何则？彼示人生最大之不幸，非例外之事，而人生之所固有故也。"[4] 这一段话，基本上是《作为意志和

1.《王国维文集》第 1 卷，第 4 页。

2.《王国维文集》第 1 卷，第 9 页。

3. 参看《作为意志和表象的世界》，第 538 页。

4.《王国维文集》第 1 卷，第 11 页。

表象的世界》中一段话的节译。[1] 王国维据此评论说,《红楼梦》正是第三种,"可谓悲剧中之悲剧也"。[2]

在《叔本华与尼采》一文中,王国维对这两位哲学家的学说之异同进行比较,对于叔本华,着重论述了其美学上的两个观点,一是艺术与科学的区别在于离充足理由之原则而观物,二是天才论和知力上的贵族主义,并且节译了《作为意志和表象的世界》中的相关段落。对于王国维在这篇文章中的论述,下一章谈尼采时再进行讨论。

---

1. 参看《作为意志和表象的世界》,第 352—353 页。
2.《王国维文集》第 1 卷,第 12 页。

第四章

对尼采的接受

一 "文化大改革家尼采"

王国维在自述中没有提及读了尼采的什么著作。在《叔本华与尼采》（1904）一文中，他从英译本译引了《察拉图斯德拉》（《查拉图斯特拉如是说》）第一卷之"灵魂三变"及第三卷之"小人之德"的片断，后来《人间词话》（1908）十八引尼采"一切文学，余爱以血书者"之语，也出自此书第一卷之"读和写"，可知他至少读过此书的一部分或更可能是全部。如此看来，王国维之读尼采，下力不多，完全不能同他读康德、叔本华相比。他对尼采的了解，主要来自第二手材料。

所撰关于尼采的专文，有《尼采氏之教育观》和《德国文化大改革家尼采传》，皆未署名，发表在1904年的《教育世界》上。前者文中说批评家称尼采为"文化之哲学家"，后者标题强调尼采是"文化大改革家"，可见在阅读有关资料时，尼采改革欧洲文化的作用给了他深刻的印象。

《德国文化大改革家尼采传》一文，不知所本，扼要地介绍了尼采的生平。对于反映尼采个性的重要经历，此文叙述得相当清晰，其中包括：从中学始罕与人交，现文学上之天才，上波恩大学时厌同学酗啤酒、好佚游之风气，断然脱学生总会之籍；上莱比锡大学时得叔本华之书，遂为其崇拜者；年纪轻轻成巴塞尔大学教授，出版《悲剧的诞生》，颂扬"美术之文明"，大受学者之非议，后出版《非时势的观察》(《不合时宜的考察》)，贬斥"学究之文明"，渐受赞颂；对瓦格纳由崇拜到交恶，憎恨瓦氏忘艺术之本分而取媚于世，以宗教的趣味引入音乐：因病辞职，随季节移居各地，力疾从事于著述；患精神病，学界对病因的不同说法，其中一说为萨禄美"谓尼采旷世之天才，彼愤世人之不能解彼，遂退隐而发精神病"。文章用一则小故事结束，以说明"尼采之著述虽不容于当时之学界，然亦有大赏叹之者"：一个年轻讲师得知尼采家计不裕，匿名赠二千马克，尼采用作某书出版费，书卖出后还给讲师，讲师以此钱定制尼采肖像油画，悬之尼采档案馆，"盖可谓文坛之美事云"。[1]

这篇文章的标题虽是《德国文化大改革家尼采传》，但全文并未谈及何以给尼采冠以"文化大改革家"之称号。而在《尼采氏之教育观》中，开篇就用铿锵有力的文字阐述了尼采思想在现代文化改革中的意义和影响："呜呼！十九世纪之思潮，以画一为尊，以平等为贵，拘繁缛之末节，泥虚饰之惯习，遂令今日元气屏息，天才凋落，殆将举世界与人类化为一索然无味之木石！当是之时，忽有攘臂而起，大声疾呼，欲破坏现代之文明而倡一最斩新、最活泼、最合自然之新文化，以振荡世人，以摇撼学界者，系何人斯？则弗礼特力·尼采也。守旧之徒，尊视现代文化，故诋氏为狂人，为恶魔，言新之子，不慊于现代文化，故称氏为伟人，为天才，毁誉之声久交哄于文坛矣。要

---

1. 参看《王国维文集》第 3 卷，第 356—360 页。

之，谓今日欧洲之文艺学术，下至人民生活，无不略受影响于尼氏者，非过论也。"

从这段充满激情又简洁有力的篇首文字看，王国维对于尼采思想的划时代意义是有清楚的认知和强烈的感应的。接下来，他如此说明译编此文的动机和依据："至氏之教育上思想，世罕言及，兹编就赫奈氏之所著，点窜而叙述之，言教育者，倘亦乐闻之乎？"[1]赫奈不知何许人，文中部分小标题和概念附注了德语原文，由此判断，原作应是德文。王国维选中它是有眼光的，由他据之所做的译编看，该文条理清晰地阐述了尼采的教育思想及其所本的文化哲学观点，其要点有：

一、尼采思想的主题是近代文化的改造，这个任务要靠教育来完成，而解决此问题是哲学家的责任，因为"哲学者即文化之命令者也，立法者也，未来之指导也"。

二、天才教育观。尼采认为教育（教化，Bildung）之"范围不在凡民，而在一二天才卓越之人物"。教育最忌同情弱者、以材质中庸者为准的平均主义。

三、新自然主义。与同样崇尚自然的卢梭相反，尼采主张不平等为自然状态，推崇个人之优秀。文中论及超人与兽人（畜群人）、主人道德与奴隶道德之别。自然人的特征是强健、快活、少壮、德义。"求其刚强之特色，以描出人类之新性状，欲宏其自然的价值更精炼之，而进于精神的，乃因之以作为高尚人类之模型也"。尼采批判苏格拉底、柏拉图之导致希腊国民退化，耶稣教之驯化人类。"要之，

1.《王国维文集》第 3 卷，第 361 页。

尼氏之哲学观置重于人类之活动性，而以今代文化为衰灭人类之活动性者，故力诋之。"

四、对现代教育的批判。这部分的内容十分精彩，据我研判，基本出自尼采的早期著作《论我们教育机构的未来》，写于1872年，生前未出版。这部著作一直没有中译本，我读原著，为之倾倒，于1996年译出，2012年出版。[1] 所批判的现代教育的主要弊病为：

1）普及教育。"近代教化之特征在于力图普及"，使教化"自减其价值"。"今世高等学校，欲以仅少之岁月造就无数之少年，以利用之于国家之要务，可谓背理之尤也。曰高等教育，曰无数少年，两义原难并存。高者、大者、美者必不可以施之普通。"

2）实利主义。"今日之教育惟以实利为目的，教人能储蓄资财而已矣。欲化一切学术为卑近，以普及于下类社会。乃令高尚之学术堕其地位，是近世教育之一大缺点也。""以求名利谋生计为宗旨之教化，非真正之教化，而第为生存竞争之准备耳。""吾人为生活故，自应学习许多事物，然岂得以是为教化哉？真正之教化，惟不涉生活之上流社会，乃可得而言之。""今之人惟利用教育为国家竞争之器械，而偏重于实利主义。"

3）新闻主义。"新闻记者为精神界之佣工"，"世人欲以浅薄之说绍介于众，故记者之业一时勃兴，虽然，彼等实难辞堕落文化之责者也"。

4）概念至上。"今日青年之知识皆非由直接之直观而得者，惟以昔人所贻之间接知识，结为概念，而填充其脑际耳。现代学者乃概念与言语之制造家，徒以怪怪奇奇之言语材料，堆积于少年头上，遂谓

---

1. 参看尼采《论我们教育机构的未来》，周国平译，译林出版社，2012。

能事已毕。故今之人已多中言语之毒矣。""学者徒为言语上之争论，而滥造名词以窘少年之头脑。"针对于此，尼采主张学生应先知三事——视，思，言与写，并详述母语教育之重要性及其正确的方法。[1]

在译编的开头和结尾，作者（可能是原作者，也可能是王国维）对尼采皆不吝赞美之语，先后写道："尼氏常借斩新之熟语，与流丽之文章，发表其奇拔无匹之哲学思想。故世人或目之为哲学家，或指之为文学家。虽然，氏决非寻常学士文人所可同日而语者，实乃惊天地震古今最诚实最热心之一预言者也。""如尼氏者，其观察锐敏，其用语新颖，其立想奇拔，其行文痛快，实足以发挥其天才而有余。吾曹对此十九世纪末叶之思想家，宁赞扬之，倾心而崇拜之。"[2]

上述二文是对尼采生平和思想的介绍，谈不上深入的研究，所以为《静安文集》所不收。但是，它们是近代中国最早介绍尼采的文章，标示了尼采接受史之开端。而且，其对尼采精神把握之到位，眼光之全人类性和当代性，观点之鲜明，情感之饱满，即使今天读来仍觉新鲜生动，哪里像一个清朝末年的中国人在谈论一位刚辞世不久的西方哲学家！

二　叔本华与尼采之比较

在论及尼采的文章中，真正的重头文章是《叔本华与尼采》。不

---

1. 以上皆见《王国维文集》第 3 卷，第 361—368 页。
2. 以上引文皆见《王国维文集》第 3 卷，第 361、368 页。

过，这不是一篇论尼采的专文，而是对叔本华和尼采的比较研究。写此文时，王国维对叔本华的思想已经烂熟于心，同时由《查拉图斯特拉如是说》和若干第二手资料对尼采的思想有新鲜的感知。鉴于二人思想的传承关系，他的兴趣放在了对之做比较上面。我们可以看到，他做的比较绝非纯学理性质的，其中极大地投入了自己的体悟乃至情感，在很大程度上也是他自己的心灵告白。

文章开篇即论二位哲学家的相同特点："十九世纪中，德意志之哲学界有二大伟人焉：曰叔本华，曰尼采。二人者，以旷世之文才，鼓吹其学说也同；其说之风靡一世，而毁誉各半也同；就其学说言之，则其以意志为人性之根本也同。"接着论二人学说之最大相异，虽同为意志哲学，"然一则以意志之灭绝，为其伦理学上之理想，一则反是；一则由意志同一之假说，而唱绝对之博爱主义，一则唱绝对之个人主义。"由此提出本文要探讨的主题："夫尼采之学说，本自叔本华出，曷为而其终乃反对若是？"

对于这个问题，王国维的回答是："自吾人观之，尼采之学说全本于叔氏。"也就是说，二人学说之相反仅是表面的。西方学界通常把尼采思想的发展划分为三个时期，即美学时期、实证时期和独创时期，王国维对此显然是了解的。他的"尼采之学说全本于叔氏"之论断，涵盖了三个时期之全体，如此阐述道："其第一期之说，即美术时代之说，其全负于叔氏，固可勿论。第二期之说，亦不过发挥叔氏之直观主义。其末期之说，虽若与叔氏相反对，然要之不外以叔氏之美学上之天才论，应用于伦理学而已"。[1]

---

1. 以上引文均见《王国维文集》第3卷，第344页。

尼采的早期学说，其核心是肯定生命意志的酒神精神，已不同于叔本华的否定生命意志，因此不能说是"全负于叔氏"。《悲剧的诞生》阐发的美学和人生哲学，已蕴含尼采后期价值重估和道德批判的思想种子，王国维没有研读过此书，不免附会众说。第二期重实证，不妨说与叔本华的重直观相合。王国维立论的重点在尼采的后期学说。尼采本人在后期向叔本华发动猛烈批判，西方学界也普遍认为尼采后期思想与叔本华相反，王国维写此文正是要和这种观点商榷。他在文章结尾明白地说："世人多以尼采暮年之说与叔本华相反对者，故特举其相似之点及其所以相似而不相似者如此。"[1] 所谓"世人"当然是指西方学者，中国当时有几人知道尼采，更有谁关注这么细致的学术问题呢。这个二十七岁的中国青年仿佛不是生活在中国，一踏进西方哲学领域，就深入到问题之中，以西方学者为对手，挑战陈说，显示了独立思想者之特质。

叔本华建构意志本体论，但在伦理学上却主意志寂灭说。意志之寂灭，王国维自己质疑其可能与否。他敏锐地察知，尼采也对之质疑，但理由不同，"谓欲寂灭此意志者，亦一意志也"。这可能是指尼采的一个论点：意志有强弱，意志寂灭说出自衰弱的意志。于是尼采"由叔氏之伦理学出而趋于其反对之方向，又幸而于叔氏之伦理学上所不满足者，于其美学中发见其可模仿之点，即其天才论与知力的贵族主义，实可为超人说之标本者也"。[2] 这样，出于对叔本华意志寂灭说的不满，通过把叔本华美学上的天才论贯彻到伦理学中，建立超人说，尼采就把意志之否定扭转到了相反的方向上，一变而为意志之肯

1.《王国维文集》第 3 卷，第 355 页。
2.《王国维文集》第 3 卷，第 344 页。

定了。

尼采是怎样把叔本华美学上的天才论转化为伦理学上的超人说的？在具体阐述这个问题时，王国维先译引了《作为意志和表象的世界》中的一段话，大意是艺术天才离充足理由原则而观物，然后写道："尼采乃推之于实践上，而以道德律之于超人，与充足理由原则之于天才一也。由叔本华之说，则充足理由之原则非徒无益于天才，其所以为天才者，正在离之而观物耳。由尼采之说，则道德律非徒无益于超人，超道德而行动，超人之特质也。由叔本华之说，最大之知识，在超绝知识之法则。由尼采之说，最大之道德，在超绝道德之法则。天才存于知之无所限制，而超人存于意之无所限制。而限制吾人之知力者，充足理由之原则；限制吾人之意志者，道德律也。于是尼采由知之无限制说，转而唱意之无限制说。"[1]归纳起来说，叔本华的天才论是知力的贵族主义，天才离充足理由律而观物，知无限制；尼采的超人说是意志的贵族主义，超人超道德律而行动，意无限制。

在做了这个比较之后，王国维得出结论："然则吾人之视尼采，与其视为叔氏之反对者，宁视为叔氏之后继者也。"[2]我们不禁想起他的另一个论断："然则视叔氏为汗德之后继者，宁视汗德为叔氏之前驱者为妥也。"[3]康德、叔本华、尼采无疑都是具有独创性的大哲学家，但就哲学史上的地位而言，现在已很清楚，三人之中，康德和尼采是划时代的，而叔本华是一个过渡。王国维把叔本华尊为顶峰人物，视康德为其前驱，尼采为其后继，只能说是出于他个人的偏爱。他对天

1.《王国维文集》第3卷，第345—346页。

2.《王国维文集》第3卷，第351页。

3.《论叔本华之哲学及其教育学说》。《王国维文集》第3卷，第318页。

才论与超人说之间关系的解说不无道理，在相当程度上亦能自圆其说，表现了他在理论思维上的洞察力。但是，他把二者的相似发挥得过了头，把尼采的超人说完全解释为叔本华美学上的天才论在伦理学领域的"应用"乃至"模仿"，甚至将这个论断扩展至尼采学说之全体，断言"尼采之说乃彻头彻尾发展其（按：指叔本华）美学上之见解，而应用之于伦理学"[1]，这就把尼采哲学看得太简单了。当然，我们不能苛责王国维，他写此文时，尼采去世仅四年，西方学界的尼采研究刚起步，中国人能够读到的不论何种文字的尼采作品实在少得可怜。事实上，他在此文中用做比较之依据的尼采学说，皆译引自《查拉图斯特拉如是说》。在该书中，尼采首次阐发了超人说，因此王国维把它当作了尼采后期学说的代表。单凭这一本书，是无法完整理解尼采后期思想的，更难以对其与叔本华哲学的关系做比较全面的分析。

在阐述了尼采与叔本华二人学说的关系之后，王国维笔锋一转，用一大段篇幅谈论起天才的苦痛来。兹摘录如下：

"呜呼！天才者，天之所靳，而人之不幸也。蚩蚩之民，饥而食，渴而饮，老身长子，以遂其生活之欲，斯已而。彼之苦痛，生活之苦痛而已；彼之快乐，生活之快乐而已。过此以往，虽有大疑大患，不足以撄其心。人之永保此蚩蚩之状态者，固其人之福祉，而天之所独厚者也。若夫天才，彼之所缺陷者与人同，而独能洞见其缺陷之处。彼与蚩蚩者俱生，而独疑其所以生。一言以蔽之：彼之生活也与人同，而其以生活为一问题也与人异；彼之生于世界也与人同，而其以

1.《王国维文集》第 3 卷，第 344 页。

世界为一问题也与人异。然使此等问题，彼自命之，而自解之，则亦何不幸之有。然彼亦一人耳，志驰乎六合之外，而身局乎七尺之内，因果之法则与空间时间之形式束缚其知力于外，无限之动机与民族之道德压迫其意志于内，而彼之知力意志非犹夫人之知力意志也，彼知人之所不能知，而欲人之所不敢欲，然其被束缚压迫也与人同……彼固自然之子也，而常欲为其母，又自然之奴隶也，而常欲为其主……彼非能行之也，姑妄言之而已；亦非欲言诸人也，聊以自娱而已。何则？以彼知意之如此而苦痛之如彼，其所以自慰藉之道，固不得不出于此也。"[1]

天才异于常人之处，在于知力之伟大和意志之强烈，因此欲求解世界和人生之根本。但是，和常人一样，其知力也受因果法则与时空形式之束缚，其意志也受动机与道德之压迫，事实上求解不得。这是天才的苦痛。在此苦痛中，不同哲学学说仅是其自我慰藉之方式罢了。这是王国维自己内心的深刻体悟，他就据此体悟来分析叔本华和尼采二位天才的哲学学说。

叔本华因知力之伟大，而视世界为吾之观念，因意志之强烈，而视万物之意志皆吾之意志。由此在美学上倡知力的贵族主义，在形而上学上倡意志同一论，二者皆其自慰藉之道。因为他有形而上学之慰藉，所以在伦理学上不惜以其个体之我殉其宇宙之我，倡博爱之道德。"其个人主义之失之于枝叶者，于根柢取偿之。"尼采奉实证哲学，故不满于形而上学之空想。"而其势力炎炎之欲，失之于彼岸者，欲恢复之于此岸。"于是否弃道德，"高视阔步而恣其意志之游戏"。超

1.《王国维文集》第 3 卷，第 353—354 页。

人说是他的自慰藉之道。一则以万有意志同一为主要慰藉，一则以个体意志高扬为主要慰藉，王国维就此打了一个十分贴切的比方："譬之一树，叔本华之说，其根柢之盘错于地下，而尼采之说，则其枝叶之干青云而直上者也。"[1]

为了说明二人自慰藉之道的不同，王国维引《列子》中的一则故事：一个役夫白天做苦工，每天夜里则梦为国君。然后评论道："叔氏之天才之痛苦，其役夫之昼也；美学上之贵族主义，与形而上学之意志同一论，其国君之夜也。尼采则不然，彼有叔本华之天才，而无其形而上学之信仰，昼亦一役夫，夜亦一役夫，醒亦一役夫，梦亦一役夫，于是不得不弛其负担，而图一切价值之颠覆。举叔氏梦中所以自慰者，而欲于昼日实现之……"[2]这个对比显示了他的卓见，他没有读过尼采后期关于虚无主义的大量论述，但竟能敏锐地察觉到，尼采所面临和企图解决的正是形而上学之崩溃亦即虚无主义的问题。

王国维在《静庵文集自序》中谈及叔本华时如此表示："旋悟叔氏之说半出于其主观的气质，而无关于客观的知识。此意于《叔本华与尼采》一文中始畅发之。"[3]我们在本文中看到，他的这个"悟"也是针对尼采的，他实际上把二氏的学说都看作主观气质的产物，而无关于客观的知识。这是值得注意的，其中已隐含了他日后厌倦和离弃哲学的心理因子。

1.《王国维文集》第 3 卷，第 354—355 页。

2.《王国维文集》第 3 卷，第 355 页。

3.《王国维文集》第 3 卷，第 469 页。

三 插论鲁迅对尼采的接受

尼采之传入中国，是二十世纪初中国知识分子借道日本引进西学之热潮中的一项成果。最早提及尼采的是梁启超[1]，但真正有代表性的人物是王国维和鲁迅。在当年谈论尼采的人中，只有这两人最懂得尼采的重要性，虽然所读原著可能都只有《查拉图斯特拉如是说》，但都读了进去，产生了相当的共鸣，融进了自己的思想中。在对二人做比较之前，本节先略述鲁迅接受尼采的情况。

和王国维受罗振玉资助留日仅半年不同，鲁迅于 1902 年 3 月至 1909 年 8 月官派留学日本，计七年半。七年半中，前四年学日语和医学，后弃医从文，居东京，努力学德语，计划留德，后未能实现。他留日期间，日本思想界正掀起"尼采热"，对尼采的介绍甚多，并出版了若干关于尼采的专著，他必定感受到了这种氛围。据一同留日的友人许寿裳说，在弘文学院学语言时，他就买过日文版的尼采传。[2]据周作人说，在东京时，他常把《查拉图斯特拉如是说》置于案头。他喜欢日本作家夏目漱石和森鸥外的作品，而此二人皆热衷于尼采，

---

1. 梁启超于 1902 年 10 月 16 日在《新民》第 18 号发表《进化论革命者颉德之学说》一文，主要介绍英国进化论者吉德（Benjamin Kidd）的观点，文末谈及马克思和尼采，原文为："今之德国，有最占势力之二大思想：一曰麦喀士（马克思）之社会主义，二曰尼志埃（尼采）之个人主义。麦喀士谓今日社会之弊，在多数之弱者为少数之强者所压伏；尼志埃谓今日社会之弊，在少数之优者为多数之劣者所钳制。"（《饮冰室文集点校》，第一集，第 427 页）但他认为二人的思想皆不如吉德之能够解决人类未来的问题，在这一点上无疑看走了眼，他如此推崇的这位吉德今天已无人提起。

2. 许寿裳《亡友鲁迅印象记》。人民文学出版社，1977，第 4 页。

森鸥外还为《查拉图斯特拉如是说》日译本写了序，题为《沉默的塔》。[1] 他对尼采发生兴趣，章太炎的影响可能也是原因之一。当时章太炎在日本办国学讲席会，他常去听讲。章太炎将佛学与德国哲学相结合，以康德，叔本华为主，兼及尼采，提倡一种以尼采的超人为样板的精神典型。[2]

鲁迅早年对尼采的接受，集中体现于留日期间所写的三篇文章，即《文化偏至论》《摩罗诗力说》和《破恶声论》，皆发表在1908年《河南》杂志上。三篇文章都不是论尼采的专文，其中以《文化偏至论》论尼采较多且较深入。

《文化偏至论》的主题是谈十九世纪末叶西方思想的重大变化，旨在提醒鼓吹新学的国人，新学其实不新，西方思想正朝另一个方向变动。这篇文章突出体现了青年鲁迅的敏锐和深刻。

鲁迅把西方近代直至十九世纪的文明之特点归纳为两条，一是众数，二是物质。一方面，社会民主和政治经济权利平等之势力大涨，不适当地推至精神领域，压制个性，"使天下人人归于一致"，导致"以多数临天下而暴独特者"。另一方面，物质文明昌盛，导致对物质的迷信，"视若一切存在之本根，且将以之范围精神界所有事"，"灵明日以亏蚀，旨趣流于平庸，人惟客观之物质世界是趋，而主观之内面精神乃舍置不之一省"。[3] 这两种倾向是十九世纪文明一面之通弊，

---

1. 参看程麻《鲁迅留学日本史》。陕西人民出版社，1985，第178、231 页。

2. 关于这种精神典型，章太炎《答铁铮书》云："尼采所谓超人庶几相近，排除生死，旁若无人，布衣麻鞋，径行独往。上无政党狠行之操，下无农夫奄羿之气，以此揭橥，庶于中国前途有望。"（原载《民报》第4号，1907年5月，转引自程麻《鲁迅留学日本史》。）

3.《鲁迅全集》，人民文学出版社，1973，第1卷，第43、46、49 页。

至今仍方兴未艾。

　　然而，有"大士哲人"率先认识其弊端，发出了忧愤之叹，尼采即是代表。尼采假查拉图斯特拉之口如是说："吾行太远，孑然失其侣，返而观夫今之世，文明之邦国矣，斑斓之社会矣。特其为社会也，无确古之崇信；众庶之于知识也，无作始之性质。邦国如是，奚能淹留？吾见放于父母之邦矣！聊可望者，独苗裔耳。"在译引这段话后，鲁迅评论道："此其深思遐瞩，见近世文明之伪与偏，又无望于今之人，不得已而念来叶者也。"[1]

　　十九世纪末西方思想之变，正是要矫正"近世文明之伪与偏"，其特点是"掊物质而张灵明，任个人而排众数"，亦即重视精神和个人。鲁迅把这一思潮称作"神思新宗"，即唯心主义新流派。他再三强调，我们在引进西方文明时，倘若仍停留在推重物质和众数，把"已陈旧于殊方者""举而纳之中国"，就是犯了时代错误。说这一思潮将成为二十世纪文化之始基，还为时过早，"然其为将来新思想之朕兆，亦新生活之先驱，则按诸史实所昭垂，可不俟繁言而解者已"。问题的严重性在于，旧思想在西方仍占据主导地位，并被国人当作新思想接受，因此他发出警告："夫方贱古尊新，而所得既非新，又至偏而至伪，且复横决，浩乎难收，则一国之悲哀亦大矣。"[2]

　　新思潮因纠偏而起，其主旨有二，"曰非物质，曰重个人"，鲁迅分别加以论述。关于重个人，他指出："个人一语，入中国未三四年，

1.《鲁迅全集》，第 1 卷，第 44 页。所引《查拉图斯特拉如是说》文字出自第 2 卷 Von Lande der Bildung（《教化的国度》）一节，鲁迅的译文为意译。

2.《鲁迅全集》，第 1 卷，第 41、45 页。

号称识时之士，多引以为大诟，苟被其谥，与民贼同。"这是把其涵义误解为害人利己了。其实不然，由法国大革命以来西方社会实践看，其真正的涵义是"悟人类之尊严"和"识个性之价值"。但十九世纪此种价值日益遭贬损，物反于极，因此新思潮转而主张极端之主我。[1] 新思潮中人物，鲁迅举出了斯蒂纳、叔本华、克尔凯郭尔、易卜生，最后是尼采："若夫尼佉，斯个人主义之至雄桀者矣，希望所寄，惟在大士天才；而以愚民为本位，则恶之不殊蛇蝎。意盖谓治任多数，则社会元气一旦可隳，不若用庸众为牺牲，以翼一二天才之出世，递天才出而社会之活动亦以萌，即所谓超人之说，尝震惊欧洲之思想界者也。"[2]

关于非物质，鲁迅谈及主观主义和意力主义两派。主观主义又分两路：一为主智派，"惟以主观为准则，用律诸物"；另一或可称主灵派，"视主观之心灵界，当较客观之物质界为尤尊"。相关人物，他着墨较多的是克尔凯郭尔。克氏主张主观性即真理，影响甚大，"于是思潮为之更张，骛外者渐转而趣内，渊思冥想之风作，自省抒情之意苏，去现实物质与自然之樊，以就其本有心灵之域；知精神现象实人类生活之极颠，非发挥其辉光，于人生为无当，而张大个人之人格，又人生之第一义也"。意力主义的代表，一是叔本华，主张"以内省诸己，豁然贯通，因曰意力为世界之本体"；二是尼采，追求"意力绝世，几近神明之超人"。鲁迅看好意力主义，如此作结："内部之生活强，则人生之意义亦愈邃，个人尊严之旨趣亦愈明，二十世纪之新

1.《鲁迅全集》，第 1 卷，第 45、46 页。

2.《鲁迅全集》，第 1 卷，第 48 页。

精神，殆将立狂风怒浪之间，恃意力以辟生路者也。"[1]

在文章的最后，鲁迅回到中国的现实，指出要改变内外交迫的现状，必须洞达世界之大势，权衡校量，"外之既不后于世界之思潮，内之仍弗失固有之血脉，取今复古，别立新宗，人生意致之深邃，则国人之自觉至，个性张，沙聚之邦由是转为人国"。欧美之强，根柢在人，我们首要之务亦在立人，"人立而后凡事举"，其道术则是"尊个性而张精神"。中国原本就"尚物质而疾天才"，倘若仍引进西方近代文明重物质和众数这一面，固有旧病加外来新疫，"二患交伐，而中国之沉沦遂以益速矣"。[2]

《文化偏至论》一文表明，在二十世纪初的中国，鲁迅是真正占风气之先的思想者。当时的新学人士都在鼓吹富强和民主，亦即物质和众数，鲁迅用他对西方新思潮的敏锐感知和准确把握给他们上了一课。他是在这个新思潮的脉络中谈尼采的，主要涉及其超人说。新思潮的主旨是非物质和重个人，这个概括无疑也可以用来概括尼采精神，而超人正是个人优秀和精神高贵的象征。

《摩罗诗力说》开篇引尼采语录为题记："求古源尽者将求方来之泉，将求新源。嗟我昆弟，新生之作，新泉之涌于渊深，其非远矣。"[3] 文中又引尼采的观点曰"尼佉不恶野人，谓中有新力"，评为确凿不可移之言，以证未开化民族中蕴藏着革新文明的原动力，如此议论道："盖文明之朕，固孕于蛮荒，野人其形，而隐曜即伏于

1.《鲁迅全集》，第1卷，第50、51、52页。

2.《鲁迅全集》，第1卷，第53、54页。

3.《鲁迅全集》，第1卷，第55页。所引文字出自《查拉图斯特拉如是说》第3卷 Von alten und neuen Tafeln（《旧榜和新榜》）一节，鲁迅的译文为意译。

内。文明如华，蛮野如蕾，文明如实，蛮野如华，上征在是，希望亦在是。"[1] 从"野人"中求"新源"，"别求新声于异邦"，是本文的指导思想。

全文的主要内容是介绍"摩罗诗派"。摩罗意为天魔，为梁武帝之前中国译古印度梵文佛经用词，鲁迅把"一切诗人中，凡立意在反抗，指归在动作，而为世所不甚愉悦者"都归入了这个诗派。[2] 所介绍的诗人，以拜伦为主，兼及雪莱，俄罗斯的普希金、莱蒙托夫，波兰的密茨凯维奇、斯沃瓦茨基、克拉辛斯基，匈牙利的裴多菲。鲁迅后来花大力气译东欧贫弱国家的文学作品，给同样贫弱的中国做借鉴，他的这个取向由本文已开端倪。论及拜伦时，他比较了拜伦和尼采的善恶观之形异实同：在拜伦，恶是胜者给败者的冤谥；在尼采，恶是弱者对强者的诅咒。"尼佉欲自强，而并颂强者，此（指拜伦）则亦欲自强，而力抗强者，好恶至不同，特图强则一耳。"[3] 共同点是自强，而这正是鲁迅通过介绍摩罗诗派所要倡导的价值观。

《破恶声论》[4] 是一篇政论文，也许因为未完成，鲁迅在编自己第一本杂文集《坟》时，没有像前述二文那样把它收进去。此文实际上是把《文化偏至论》阐明的重个人和精神之新思想用于分析中国现实，批评中国知识界在这两方面的缺失。所谓"恶声"，即指蔑视个人和否弃信仰的论调。文章有两个重点值得注意。

其一，强调个人觉醒对于中国社会的重要性："盖惟声发自心，

1.《鲁迅全集》，第 1 卷，第 57 页。

2.《鲁迅全集》，第 1 卷，第 58—59 页。

3.《鲁迅全集》，第 1 卷，第 73 页。

4. 鲁迅《集外集拾遗续编》，人民文学出版社，2006，第 24—29 页。

朕归于我，而人始自有己；人各有己，而群之大觉近矣。"但现状是"万喙同鸣，鸣又不揆诸心，仅从人而发若机栝"，遂致今日中国成为一寂漠之境。"故今之所贵所望，在有不和众嚣、独具我见之士"，启蒙国人，使"人各有己，不随风波，而中国亦以立"。文章随后批评了两类有悖于此的主张："一曰汝其为国民，一曰汝其为世界人。"二者分别指当时梁启超鼓吹的国家主义和吴稚晖等鼓吹的无政府主义。鲁迅指出，二者貌似相反，实质皆是"灭人之自我"，把个人"泯于大群"。

其二，强调宗教对于人生和民族的价值。"夫人在两间，若知识混沌，思虑简陋，斯无论已；倘其不安物质之生活，则自必有形上之需求。"印度和希伯来民族有宗教传统，"虽中国之志士谓之迷，而吾则谓此乃向上之民，欲离是有限相对之现世，以趣无限绝对之至上者也。人心必有所凭依，非信无以立，宗教之作，不可已矣。""宗教由来，本向上之民所自建，纵对象有多一虚实之别，而足充人心向上之需要则同然。"新学人士把宗教视同迷信，否弃信仰，鲁迅批评他们"精神窒塞，惟肤薄之功利是尚，躯壳虽存，灵觉且失"。他指出，这些人奉科学为圭臬，而科学有其局限性，"事理神閟变化决不为理科入门一册之所范围"。论及西方信仰之变迁，鲁迅提到尼采："至尼佉氏，则刺取达尔文之进化之说，掊击景教，别说超人。虽云据科学为根，而宗教与幻想之臭味不脱，则其张主，特为易信仰，而非灭信仰昭然矣"。说尼采学说"特为易信仰而非灭信仰"，确是领悟了尼采精神的知人之论。

和本节所述三篇文章同年，鲁迅还撰有《科学史教篇》一文，概论西方科学发展的历史。文中强调："科学发现，常受超科学之力，易语以释之，亦可曰非科学的理想之感动"。科学的动力不是实利，实利仅是其不求而得的结果。他警告说："使举世惟科学之崇，人生必大归于枯寂"，而文明的发展必求"致人性之全，不使之偏倚"。[1]可见青年鲁迅的见识相当超前，这种超前也体现在对当时汹涌于新学界的科学主义思潮的抵制和批评上。

四　王国维和鲁迅的尼采接受之比较

本节试图对王国维和鲁迅的尼采接受做一个比较。大致来说，我认为他们分别代表了对西方哲学的不同接受立场和方式：王国维的立场是哲学的，方式是学术的；鲁迅的立场是社会的，方式是文学的。

王国维是一个有形而上学关切的人，换言之，是一个有原本意义上的哲学气质的人。因此，他一读叔本华著作，就对叔氏所说人是形而上学动物的论点心领神会，确信哲学的使命就是对宇宙和人生的问题"与吾人以解释"，"不得其解，则心不宁"。[2]他也清楚地知道，正是因为自己"体素羸弱，性复忧郁，人生之问题，日往复于吾前"，所以才决定从事哲学的。[3]叔本华哲学完全是在解释人生问题，因此对他有巨大的吸引力。当他接触尼采哲学时，他已对叔本华和尼采的哲学在学理上都感到了失望，而他之所以失望，又正是因为发现二者对人生问题并未真正解决，而仅是自我安慰。且不论他对二者的解释是

1.《鲁迅全集》，第 1 卷，第 30、34、37 页。

2.《哲学辨惑》。《王国维文集》第 3 卷，第 4 页。

3.《自序一》。《王国维文集》第 3 卷，第 471 页。

否有道理，有一点是清楚的，他是为了解决自己的人生困惑走进哲学的。一旦发现不能解决，他就离开了哲学。他把哲学看作个人灵魂的事情，而非社会的事业。对于他来说，研习哲学是为了自救，而非救世。由《尼采氏之教育观》一文看，他也很了解尼采在西方文化大变革中的作用，不过这不是他关注的重点。

鲁迅不同，从1908年发表的前述三篇文章看，他关注的重点是尼采和十九世纪末西方思想家对现代文明的批判，欲纠正中国知识界对西方思想认识之片面性。他看重新思潮对物质主义和群体主义的批评，张扬精神的卓越和个人的优异，很有前瞻性，但都是针对中国的社会现状。就尼采学说而言，前者涉及其文化理论，后者涉及其道德学说。在两者之中，鲁迅更侧重于后者。在后来的杂文中，他也常提及尼采，或显示出尼采对他的某种影响，而其关注的重点则愈加放在了后者上面。例如，在《随感录三十八》（1918）中，他批评中国人没有"个人的自大"，只有"合群的爱国的自大"，即是试图用尼采关于主人道德和奴隶道德的学说改造中国人的国民性。在《随感录四十一》（1918）中，他引尼采的超人说鼓励"中国青年都只是向上走"，不必理会来自保守势力的"冷笑和暗箭"。在《随感录四十六》（1918）中，他强调"旧象愈摧破，人类便愈进步"，引尼采《查拉图斯特拉如是说》第一卷《市场的苍蝇》中语录鼓励青年做创造者，不要理会偶像保护者的嘲骂和恭维。[1] 在《再论雷峰塔的倒掉》（1925）中，他赞扬卢梭、斯蒂纳、尼采、托尔斯泰、易卜生是为了建设而破坏，将碍脚的旧轨道一扫而空，感叹"中国很少这一类人，即使有

1.《鲁迅全集》，第2卷，第30、45、52页。

之，也会被大众的唾沫淹死"。[1] 在《由聋而哑》(1933)中，他痛斥反对译介国外名著的人是"要掩住青年的耳朵，使之由聋而哑，枯涸渺小"，成为尼采所描写的"末人"。[2] 在《且介亭杂文》序言(1935)中，他用尼采的话谴责反对为现在抗争的人是"死亡说教者"。[3] 总起来看，他的重点是放在用尼采学说鼓励个人的优秀以及创造和战斗的勇气，以推进中国社会的进步。

综上所述，在接受西方哲学时，王国维关心的是宇宙和人生问题的探究，鲁迅关心的是中国社会问题的解决。在此意义上，其立场有哲学的和社会的之区别。

从接受的方式看，王国维又是一个学者型的思想家，注重学理的探究。他之于德国哲学，所感兴趣的内容是哲学性质的，而接近此内容的方式又是严格学术性质的。他系统研读康德和叔本华的几乎全部主要著作，努力把握所读著作的原义，对形而上学和知识论怀有浓厚的兴趣，可说是二十世纪早期中国学者中唯一真正进入了欧洲哲学的问题之思路的人。他把德国哲学当作哲学来理解，而非当作一般的文化现象或者社会思潮来理解，所重视的是其整体的哲学内涵。他的主要功夫下在康德和叔本华上，对尼采未及深入，但从《叔本华与尼采》一文可看出，他所关注的亦是尼采学说的哲学内涵及其与叔本华哲学的内在联系。

相反，鲁迅之于尼采，在内容的接受上具有强烈的社会关切，在接近的方式上则多半是文学性质的。后者是指，他主要是在自己的文

1.《鲁迅全集》，第 1 卷，第 178 页。

2.《鲁迅全集》，第 5 卷，第 325 页。

3.《鲁迅全集》，第 6 卷，第 14 页。

学写作中引证尼采的言论或见解，这样做往往还有修辞学上之考虑，而无意对某一个西方哲学家（在这里是尼采）作系统的客观的研究。这一点在他后来的写作中愈益明显。鲁迅在气质上更是一个文学家，为尼采的文字之美倾倒，曾计划翻译《查拉图斯特拉如是说》，但只译出了其《序言》（1920）。他的散文诗集《野草》（1924—1927），论者多认为在构思、布局、象征、语言等方面主要受了《查拉图斯特拉如是说》的影响，但也有来自屠格涅夫、波德莱尔、厨川白村等其他作家的影响。就内容而言，《野草》抒写了一种精神的苦闷和孤独感。我本人认为，这种孤独感仍偏于社会性质，是一个精神战士面对社会的孤独感，而非一个哲人面对宇宙的孤独感，而尼采则是两种孤独感都很强烈。

从二十世纪初到1949年，中国知识界对尼采的介绍、宣传和谈论一直没有停止，但基本上是走在鲁迅的思路上，而鲁迅确实代表了这一思路的最高成就。这个思路可以概括为：一、社会的立场，注意力放在用尼采的个人自强说改造中国国民性，因此被谈得最多的是尼采的道德学说和超人说，他的本体论、知识论很少有人论及；二、文学的方式，被尼采的文采所吸引，因此，譬如说，尼采最富文采的著作《查拉图斯特拉如是说》被人谈论得最多，也翻译得最多，而最具哲学性的著作例如《善恶的彼岸》、《偶像的黄昏》、《反基督徒》则很少有人读和谈论。由于哲学的和学术的兴趣之缺乏，将近五十年里，关于尼采所发表的多是单篇文章，无专著，小册子已属例外，好像只有李石岑的《超人哲学浅说》（1931）和陈诠的《从叔本华到尼采》（1944），内容多为一般性介绍或感想式议论，翻译也相当落后，大多数著作未被译出。1949年以后，对尼采的评价照搬苏联，在意识形态的统制下，对尼采的接受完全中断。

由于鲁迅在其一生的写作中时常谈及尼采，鲁迅与尼采的关系就成为一个持久不息的话题。论者分为两个阵营：一派认为初期鲁迅与尼采即已有本质区别，他之称引尼采乃是"误解"或"为我所用"和"改造"；另一派认为初期鲁迅尚未认清尼采之反动本质，受到一些影响，后来认清了即与之彻底决裂。两派执持同一个大前提，即尼采是一个反动思想家。也纠结于同一个情结，即鲁迅是中国现代最伟大的革命作家，是"圣人"，他之受尼采影响是一个污点，必须洗刷干净。现在应该很清楚了，两派所争论的是一个出于意识形态之需要而制造的假问题。

我本人认为，不应该夸大鲁迅对尼采的接受的重要性，他对尼采的接受是有限的。这主要是指：其一，他只是接受了尼采思想中的很小部分，且是以文学家的方式接受的；其二，他所接受的外来文化之影响是多方面的，尼采思想只是其中的一个方面。

涉及鲁迅与尼采的关系，真正有意义的课题是对鲁迅精神与尼采精神进行总体比较。二人处于不同的文化传统和时代背景下，其精神上却的确有诸多契合点。这里仅提示一下我的基本思路：一、虚无及对虚无的反抗，孤独及孤独中的充实；二、作为思想家的真诚精神（反对虚伪）和战斗精神（毫不妥协）；三、对传统文化和道德的批判。

第五章

為精神價值辯護

一 "人心一日存，则哲学一日不亡"

二十世纪初，西方哲学刚传入中国，日本哲学家西周用以翻译philosophy的汉字"哲学"二字对于国人还是一个陌生的新词，当此之时，二十几岁的工国维经由德国哲学的研读，并融入自己的内在体悟，对于哲学的本义及价值已经有了清晰的认识。就在研读德国哲学的 1903 至 1906 年间，针对国人的误解和轻视，他在自己主编的《教育世界》密集发表文章，旗帜鲜明地为哲学辩护，申言哲学的神圣价值和独立品格。他的精辟之论犹如空谷足音，不被时人听取，穿越岁月的峰峦传至今天，我们仍惊讶其不同凡响。在一个注重实用的民族中，在举国关注物质层面之富强的时代，出现一个把精神价值看得高于一切的青年王国维，是一个例外，也是一个奇迹。在我看来，王国维仅此就足以在中国现代思想史上据有了一个光荣的位置，其重要性要超过他引进德国哲学。

清末办新式学堂，湖广总督张之洞在奏折中、管学大臣张百熙在批复中皆对开哲学课表示疑虑，且得到海内之士广泛响应。针对此，王国维撰《哲学辨惑》（1903）为哲学正名，批驳哲学有害无益之论调，力陈哲学对于人生和中国今天时代的重要性。他指出，形而上学是人的根本需要，哲学对于人生不可或缺。如果以实用的标准判定哲学无益，则纯粹科学也如此。"然人之所以为人者，岂徒饮食男女，芸芸以生、厌厌以死云尔哉！饮食男女，人与禽兽之所同，其所以异于禽兽者，则岂不以理性乎哉！宇宙之变化，人事之错综，日夜相迫于前，而要求吾人之解释，不得其解，则心不宁。叔本华谓人为形而上学之动物，洵不诳也。哲学实对此要求，而与吾人以解释。"准此，他引巴尔善之言下结论道："人心一日存，则哲学一日不亡。"[1]

张之洞的意见终被采纳，所奏定的学堂章程参照日本，但于文科大学及优级师范学校中削除哲学科。王国维又撰《教育偶感四则》（1904），于第三则《大学与优级师范学校之削除哲学科》中予以评论。关于文科大学削除哲学科，他用讽刺的口吻写道：欧洲大学皆必备哲学科，张的政策远贤于欧洲，因为——他引叔本华的话说——"大学之哲学，真理之敌也，真正之哲学不存于大学，哲学惟恃独立之研究，始得发达耳。"接着发挥道："彼挟宇宙人生之疑惑，而以哲学为一目的而研究之者，必其力足以自达，而无待乎设学校以教之。且宇宙人生之事实随处可观，而其思索以自己为贵。故大学之不设哲学科无碍斯学之发达也。"[2]这话虽因讽刺而起，但说的是他的正面意见。他凭自身的体悟深知，哲学本是个人为解决宇宙人生之疑惑而进行的独立思考，无须大学教，而大学也是教不出来的。

然而，对于师范学校削除哲学科，他表示坚决反对。在《哲学辨惑》中，他已论及教育之原理必得自哲学，如此写道："尤可异者，则我国上下日日言教育，而不喜言哲学。夫既言教育，则不得不言教

1.《王国维文集》第 3 卷，第 4 页。
2.《王国维文集》第 3 卷，第 63 页。

育学；教育学者实不过心理学、伦理学、美学之应用……今夫人之心意，有知力，有意志，有感情；此三者之理想，曰真、曰善、曰美。哲学实综合此三者而论其原理者也。教育之宗旨亦不外造就真善美之人物，故谓教育学上之理想即哲学上之理想，无不可也。试读西洋之哲学史、教育学史，哲学者而非教育学者有之矣，未有教育学者而不通哲学者也。不通哲学而言教育，与不通物理化学而言工学，不通生理学解剖学而言医学，何以异？"结论是："余非欲使人人为哲学家，又非欲使人人研究哲学，但专门教育中，哲学一科必与诸学科并立，而欲养成教育家，则此科尤为要。"[1]在《大学与优级师范学校之削除哲学科》中，他继而论述：师范学校的目标是培养教育家而非哲学家，但"不通哲学则不能通教育学及与教育学相关系之学"，因为哲学是"探宇宙人生之真理而定教育之理想"的，舍哲学而言教育学，则必不能懂教育之真意。[2]在当时举国上下言教育但仅视教育为西洋新知识之传授的氛围里，唯有王国维大声疾呼，教育的真意是培养智、情、德优秀之人，因此不能没有哲学的指导。他的见识岂止超前，即使在百余年后的今天，国人仍须受之启蒙。

一个无名小卒在一个冷僻无闻的小刊物上发出的呼声，当然传不进张之洞这个大人物耳中，也不可能产生任何反响。但是，王国维似乎不依不饶，在学堂章程正式颁发之后，再撰《奏定经学科大学文学科大学章程书后》（1906），继续申述哲学之价值。他指出："以功用论哲学，则哲学之价值失。哲学之所以有价值者，正以其超出乎利用之范围故也。"哲学的价值在精神层面，人于生活之欲外有精神需求，文学艺

1.《王国维文集》第3卷，第4—5页。

2.《王国维文集》第3卷，第63页。

术是感情之最高满足，哲学是知识之最高满足，所满足的是人的形而上学之需要。揆诸中外历史，一个民族之文化达到一定高度，必有一定之哲学，而这正是该民族的光荣之所在。"光英吉利之历史者，非威灵吞、纳尔孙，而培根、洛克也。大德意志之名誉者，非俾思麦、毛奇，而汗德、叔本华也。"中国是"世界所号为最实际之国民"，即使如此，也有《易》之太极，《洪范》之五行，周子之无极，伊川、晦庵之理气等，"足以见形而上学之需要之存在，而人类一日存，此学即不能一日亡也。而中国之有此数人，其为历史上之光，宁他事所可比哉"。中国哲学重道德，但若没有此类形而上学之探究，研究道德乃"全不可能之事"。[1]要之，对于一个民族的文化来说，哲学也不可或缺。

在该文中，王国维还阐述了文学与哲学的密切关系，举中国的周秦以前古典和周秦诸子以及西洋的柏拉图、卢克莱修为例，以证伟大的文学作品"皆兼具哲学文学二者之资格"。伟大的诗歌更是如此，因为诗歌"尤与哲学有同一之性质，其所欲解释者，皆宇宙人生上根本之问题。不过其解释之方法，一直观的，一思考的，一顿悟的，一合理的耳。"[2]可见文学创作若要达到相当高度，也不可没有哲学。

二　无用之用：精神的神圣价值

哲学无用的论调古已有之，柏拉图曾在其著作中调侃并自嘲。国人

1.《王国维文集》第 3 卷，第 69—70 页。

2.《王国维文集》第 3 卷，第 71—72 页。

重实用，更视哲学、文学、艺术等一切精神事物为无用。王国维痛感此等见识之低下，在《文学与教育》（《教育偶感四则》第四则）和《论哲学家与美术家之天职》（1905）中予以批驳，为精神价值之神圣辩护。

《文学与教育》开篇的文字掷地有声："生百政治家，不如生一大文学家。何则？政治家与国民以物质上之利益，而文学家与以精神上之利益。夫物质之于精神，二者孰重？且物质上之利益，一时的也，精神上之利益，永久的也。前人政治上所经营者，后人得一旦而坏之，至古今之大著述，苟其著述一日存，则其遗泽且及于千百世而未沫。"因此之故，荷马、但丁、莎士比亚、歌德皆受其国人崇敬，"而政治家无与焉"。[1]

《论哲学家与美术家之天职》开篇同样铿锵有力："天下有最神圣最尊贵而无与于当世之用者，哲学与美术是已。天下之人嚣然谓之曰无用，无损于哲学美术之价值也……夫哲学与美术之所志者，真理也。真理者，天下万世之真理，非一时之真理也……唯其为天下万世之真理，故不能尽与一时一国之利益合，且有时不能相容，此即是其神圣之所存也。"哲学和艺术志在发现和表达人类普遍之真理，因此不可避免会发生与一时一国之利益相冲突的情形，而在此情形下尤凸显其价值之神圣。

接着，王国维也把哲学家、艺术家与政治家、实业家的事业做了一个比较。其一，政治家、实业家之所供给仅满足"生活之欲"，此"人与禽兽无以或异"；哲学家、艺术家满足"纯粹之知识与微妙之感情"的需要，此"人之所以异于禽兽者"。这是性质贵贱之别。其二，

1.《王国维文集》第 3 卷，第 63—64 页。

政治家、实业家之事业，其功效及于五世十世者已属稀少；哲学家、艺术家所发现和表达之真理，虽千载以下仍使人类之知识感情得其满足慰藉。这是功效久暂之别。[1] 总之，政治家、实业家的眼光局限于当世，其用也在当世；哲学家、艺术家关注宇宙人生之全体，所见真理无当世之用，但其无用之用胜于当世之用，具有永恒的神圣的价值。

上述二文皆有的放矢之作，主要篇幅为批评中国传统文化和当下新学人士对精神价值的漠视，后面再述。在一个历来政治至上、唯重仕途的国度里，王国维这些无比推崇精神价值、贬薄政治功利的言论似乎本应惊世骇俗，但实际情况却是如同对牛弹琴，无人理睬。他朝死水里扔一块巨石，竟然一个涟漪也没有产生。

在早期的文章中，王国维已多次谈到哲学和艺术的"无用之用"，说它"有胜于有用之用"。[2] 转治史学之后，在《〈国学丛刊〉序》（1911）一文中，他对所谓有用无用作了更加透彻的分析。"余谓凡学皆无用也，皆有用也。"无用，即无实用。有用，即一切"有用"之术悉由"无用"之学出，"不学"则"无术"。事物和学问都是整体，离开对整体的认识不能认识个别，而认识个别也有助于认识整体。"夫天下之事物，非由全不足以知曲，非致曲不足以知全。虽一物之解释，一事之决断，非深知宇宙人生之真相者不能为也。而欲知宇宙人生者，虽宇宙中之一现象，历史上之一事实，亦未始无所贡献。"对于学者来说，无论是对宇宙人生的哲学思考，还是对学科细节的实证研究，二者皆不可缺，皆有用，是相辅相成的。"故深湛幽渺之思，学者有所不避焉；迂远繁琐之讥，学者有所不辞焉。事物无大小，无远近，苟思之得其真，纪

1.《王国维文集》第 3 卷，第 6 页。

2. 参看《王国维文集》第 3 卷，第 70、158 页。

之得其实，极其会归，皆有裨于人类之生存福祉。"应该用长远的眼光看学术研究的用处，"己不竟其绪，他人当能竟之；今不获其用，后世当能用之"。但这个道理不是混迹学界的苟且玩贪之徒所能懂得的，王国维感叹道："世之君子，可谓知有用之用，而不知无用之用者矣。"[1]这段话说的无疑是他切身的治学体会，我们不能不想到，王国维的治学方向后来虽然转到了史学上，但他之能够成为中国新史学的开创者，何尝不是他早期治哲学练出的眼光起了作用。

既然哲学文学艺术具有神圣之价值，那么，必然的要求是它们须坚持独立之品格。哲学以独立思考为贵，真正的哲学不存于大学，也不依赖国家之保护。"哲学家而仰国家之保护，哲学家之大辱也。又国家即不保护此学，亦无碍于此学之发达。然就国家言之，则提倡最高之学术，国家最大之名誉也。"[2]科学以厚生利用为旨，不悖于政治及社会上之兴味，或可以利禄劝，哲学与文学则不然。"至一新世界观与一新人生观出，则往往与政治及社会上之兴味不能相容。若哲学家而以政治及社会之兴味为兴味，而不顾真理之如何，则又决然非真正之哲学。"文学与人格不可分，"个人之汲汲于争存者，决无文学家之资格也"，"故无高尚伟大之人格，而有高尚伟大文章者，殆未之有也。"文学不应该成为一种职业，"职业的文学家，以文学为生活；专门之文学家，为文学而生活。"[3]哲学家也应如此，就像叔本华那样，"为哲学而生，而非以哲学为生"。[4]

1.《王国维文集》第 4 卷，第 367—368 页。

2.《奏定经学科大学文学科大学章程书后》，《王国维文集》第 3 卷，第 70 页。

3.《文学小言》，《王国维文集》第 1 卷，第 24、25、26、29 页。

4.《叔本华之哲学及其教育学说》，《王国维文集》第 3 卷，第 325 页。

推而广之，王国维主张，应该把学问和谋生分开。"自世有视学问为职业者，以为学成名立，则利禄之道在是焉，此学者之所以为时人所贱也。夫为学一事，治生又一事，二者皆人生当尽之务也。各学其所学，而各治其生，则社会安，文化日进矣。""职业之最尚者，必其独立而不依傍人者也。若受事于人，则不得不牵于势，而或至枉其本意。"在这方面，斯宾诺莎是一个榜样，"以积学治儒，而下伍工师，皎然独立，不以贫为虑。呜呼，其操行之高洁，可以风已！"[1]

在清末民初，王国维是最早立场鲜明地倡导学术独立的人。他在《论近年之学术界》（1905）中指出："欲学术之发达，必视学术为目的，而不视为手段而后可。"当时一般学人在接受西学时强调中外之别，他批评道："学术之所争，只有是非真伪之别耳。于是非真伪之别外，而以国家、人种、宗教之见杂之，则以学术为一手段，而非以为一目的也。未有不视学术为一目的而能发达者，学术之发达存于其独立而已。"因此，"吾国今日之学术界，一面当破中外之见，而一面毋以为政论之手段"。[2]他所批评的两点，一则以国情为理由拒绝普世价值，一则把学术当作政论之手段，在今天岂非仍是屡见不鲜？

三 论中国文化的实用品格

在倡言精神价值之神圣和学术之独立的同时，王国维对中国文化

1.《荷兰哲学大家斯披洛若传》。《王国维文集》第3卷，第456—457页。

2.《王国维文集》第3卷，第38、39页。

的实用品格进行了深刻反思和尖锐批评。事实上，他自己是一个精神性极强烈的人，当他由西方哲学的研读而领悟其核心在于对精神性的尊重之时，他内心自然会产生一种对照，使他对中国文化缺乏精神性的不满变得愈益清晰，上升为理论上的检讨。本节以《论哲学家与美术家之天职》一文为主干，旁及他在其他文章中的言论，对他的检讨做一阐述。

先看哲学的情形。哲学即形而上学，是对宇宙人生根本问题的思考，这在王国维是十分明确的认识。以此衡量，作为中国正统文化的儒家，从一开始就不关心形而上学问题。"古之儒家，初无所谓哲学也。孔子教人，言道德，言政治，而无一语及于哲学。"[1]"孔子于《论语》二十篇中，无一语及于形而上学者。"[2] 这个传统延续下来，中国哲学家真正关心的是政治和道德。"披我中国之哲学史，凡哲学家无不欲兼为政治家者，斯可异已！孔子大政治家也，墨子大政治家也，孟、荀二子皆抱政治上之大志者也。汉之贾、董，宋之张、程、朱、陆、明之罗、王，无不然。"由此可见，"我国无纯粹之哲学，其最完备者，唯道德哲学与政治哲学"。周秦、两宋间似乎有形而上学，但只是为了"固道德哲学之根柢，其对形而上学非有固有之兴味也"。于形而上学尚且如此，美学、逻辑学、知识论等"冷淡不急之问题"就更无人过问了。[3]

那么，如何看道家哲学呢？王国维在《国朝汉学派戴阮二家之哲学说》（1904）一文中说：中国哲学皆有实际的性质，北方学派尤著，

1.《书辜氏汤生英译〈中庸〉后》。《王国维文集》第 3 卷，第 44 页。

2.《老子之学说》。《王国维文集》第 3 卷，第 102 页。

3.《论哲学家与美术家之天职》。《王国维文集》第 3 卷，第 7 页。

"皆以实用为宗旨","孔墨之徒皆汲汲以用世为事";不过,南方之老庄,"其所说虽不出实用之宗旨,然其言性与道,颇有出于北方学者之外者"。这就是承认,道家在形而上学方面胜于儒墨。宋明理学混合儒道佛而有一点形而上学之意味,但到清朝只重考证的汉学派兴,这一点意味完全消失了。"此足以见理论哲学之不适于吾国人之性质,而我国人之性质,其彻头彻尾实际的有如是也。"[1]

中国哲学重实用,除了表现在缺乏形而上学兴趣之外,还表现在轻视学理的探究,没有思辨的传统。"中国之民固实际的而非理论的"。[2]"我国人之特质,实际的也,通俗的也;西洋人之特质,思辨的也,科学的也,长于抽象而精于分类"。印度有因明学,希腊有名学,中国有辩论而无名学,有文学而无文法,足以见不长于抽象和分类,在理论方面以具体的知识为满足,表明"我国学术尚未达自觉之地位"。[3]即以中国一切学问中最受重视的伦理学而言,也是"倾于实践,故理论之一面不免索莫"。[4]

哲学如此,文学艺术何尝不是如此。王国维叹道:"呜呼!我中国非美术之国也。一切学说,以利用之大宗旨贯注之。治一学,必质其有用与否;为一事,必问其有益与否。"世之贱儒诋毁艺术为"玩物丧志",使得一切艺术不能达完全之域。"以我国人审美之趣味之缺乏如此,则其朝夕营营逐一己之利害而不知返者,安足怪哉!"[5]

1.《王国维文集》第 3 卷,第 241 页。

2.《论近年之学术界》。《王国维文集》第 3 卷,第 39 页。

3.《论新学语之输入》。《王国维文集》第 3 卷,第 40、41 页。

4.《孔子之学说》。《王国维文集》第 3 卷,第 108 页。

5.《孔子之美育主义》。《王国维文集》第 3 卷,第 158 页。

和哲学家一样，号称大诗人者，其抱负也都是在政治上："'自谓颇腾达，立登要路津。致君尧舜上，再使风俗淳。'非杜子美之抱负乎？'胡不上书自荐达，坐令四海如虞唐。'非韩退之之忠告乎？'寂寞已甘千古笑，驰驱犹望两河平。'非陆务观之悲愤乎？"而无此抱负的诗人，以及小说、戏曲、图画、音乐诸家，"皆以俳优倡优自处，世亦以俳优倡优畜之。所谓'诗外尚有事在'，'一命为文人，便无足观'，我国人之金科玉律也"。从内容看，"则咏史、怀古、感事、赠人之题目弥满充塞于诗界，而抒情叙事之作什佰不能得一。其有美术上之价值者，仅其写自然之美之一方面耳。甚至戏曲小说之纯文学亦往往以惩劝为旨，其有纯粹美术上之目的者，世非惟不知贵，且加贬焉"。总之，"美术之无独立之价值也久矣"，这是我国文学艺术不发达的重要原因。[1]

　　在王国维心目中，有一部杰作是"其有纯粹美术上之目的者"之最伟大代表，便是《红楼梦》。在《〈红楼梦〉评论》中，他把它和元明清间几部主要戏曲作品做了一个比较。"吾国人之精神，世间的也，乐天的也"，最能体现这个精神的是戏曲和小说，无不是始悲终欢，始离终合，始困终亨，非大团圆就不能让国人满足。《牡丹亭》之返魂，《长生殿》之重圆，便是最著之例。《西厢记》以惊梦终，乃未完成之作，若完成，也难逃《续西厢》之浅陋。《桃花扇》跳出了大团圆窠臼，但立意在"写故国之戚，非以描写人生为事"，仍是政治的，国民的，历史的。唯有《红楼梦》"大背于吾国人之精神"，真正描写了人生之苦痛及其解脱之道，是哲学的，宇宙的，文学的，乃"彻头

1.《论哲学家与美术家之天职》。《王国维文集》第3卷，第7页。

彻尾之悲剧"、"悲剧中之悲剧",其伟大即在此,王国维称之为"我国美术上之唯一大著述"。[1]

然而,正因为这部伟大作品大背于中国人之精神,因此不被国人理解。清朝考证学盛行,评《红楼梦》者皆是孜孜于索隐,纷纷寻索书中的贾宝玉是谁,有说是纳兰性德的,有说是作者自写其生平的。前者仅凭性德诗词中三见"红楼"字眼而牵强附会,后者则不懂文学是超越个人经验的。王国维认为,考证主人公是谁本身就违背了文学的性质:"夫美术之所写者,非个人之性质,而人类全体之性质也。惟美术之特质,贵具体而不贵抽象。于是举人类全体之性质,置诸个人之名字之下。"读者本应从人物描写中领悟"人类全体之性质",现在却"必规规焉求个人以实之",方向完全错了。[2]在他看来,若要考证,真正有价值的题目是弄清作者是谁以及著书之年月。遍考各书,未见曹雪芹之名,作者自知此书之精神大背于吾国人之性质,故不敢署名。但是,要读通这部伟大作品,了解其作者的身世和时代就十分必要。在王国维指示的这个方向上,胡适后来花大力气考证出曹雪芹是曹寅的孙子曹霑,揭开了《红楼梦》作者的身世和时代之谜。

那么,中国的学者文人何以多怀政治上的抱负呢?探究其原因,与读书做官的传统有极大关系。在《教育小言十三则》(1907)中,王国维批评政府以官奖励职业和学问的做法。职业有专攻,以官奖励职业,使治不擅长之事,已是旷废职业。科学、哲学、文学、艺术之学问是非职业的,以官奖励学问,使学问本身无价值,更是剿灭学问。整个社会逐利,而利又集中于"官"之一字,"无怪举天下不知

1.《王国维文集》第 1 卷,第 10、12、23 页。
2.《王国维文集》第 1 卷,第 19、20 页。

有职业学问，而惟官之是知也”。“今之人士之大半，殆舍官以外无他好焉。其表面之嗜好，集中于官之一途，而其里面之意义，则今日道德、学问、实业等皆无价值之证据也。夫至道德、学问、实业等皆无价值，而惟官有价值，则国势之危险何如矣！”[1]

　　然而，在这样的大环境里，哲学家和文学艺术家就必定要“自忘其神圣之位置与独立之价值，而惢然以听命于众”吗？王国维分析说：一方面，人皆有“势力之欲”，即想在社会上获得成功，而知力优秀的人，其势力之欲也强烈。“今纯粹之哲学与纯粹之美术既不能得势力于我国之思想界矣，则彼等势力之欲，不于政治，将于何求其满足之地乎？且政治上之势力有形的也，及身的也；而哲学美术上之势力，无形的也，身后的也。故非旷世之豪杰，鲜有不为一时之势力所诱惑者矣。”也就是说，实用文化的总体环境不利于纯粹的精神创造，致使优秀者也纷纷在政治上求比较靠谱的成功。可是，另一方面，优秀者之为优秀者，岂不正在于能够突破环境的制约吗？可见还是不够优秀，因而“对哲学美术之趣味有未深，而于其价值有未自觉”。接下来的一段话，王国维叙说了这“趣味”和“价值”之所在：“今夫人积年月之研究，而一旦豁然悟宇宙人生之真理，或以胸中惝恍不可捉摸之意境一旦表诸文字、绘画、雕刻之上，此固彼天赋之能力之发展，而此时之快乐，决非南面王之所能易者也。且此宇宙人生而尚如故，则其所发明所表示之宇宙人生之真理之势力与价值，必仍如故。之二者，所以酬哲学家、美术家者，固已多矣。若夫忘哲学、美术之神圣，而以为道德、政治之手段者，正使其著作无价值者

1.《王国维文集》第 3 卷，第 85、86 页。

308

也。"[1]这一段话说的显然是他自己的体会。在重实用轻精神的中国文化传统中，真爱哲学和艺术的人是寂寞的，但是，思考和创作本身是无上之快乐，且有岁月不可磨灭之价值，而这本身即是最好的报酬。说到底，平庸的环境与优秀的个人之间是力量的较量。中国只有一个王国维，他只好放弃哲学钻进故纸堆。中国若有许多个王国维，二十世纪的中国思想史就会改写。真正热爱精神事物的人多了，中国文化的总体环境必定发生变化。

四 "中国今日实无学之患"

和西方比，中国文化的缺点是重实用轻精神，那么，在引进西方文化时，理应注重学习其对精神价值的尊重，纠正我们的缺点。然而，事实却是当时的新学界也秉承了实用品格，只把注意力放在输入物质文明上。王国维对此极为不满，他在《教育偶感四则》第四则《文学与教育》中诘问道："今之混混然输入于我中国者，非泰西物质的文明乎？"政治家、教育家们自知我们在物质文明上不如西方，殊不知在精神文明上与西方的差距更大。"试问我国之大文学家，有足以代表全国民之精神，如希腊之鄂谟尔（荷马）、英之狭斯丕尔（莎士比亚）、德之格代（歌德）者乎？吾人所不能答也。"之所以不能答的原因，或者是没有这样的人，说明我国之文学不如泰西；或者即使有这样的人也不为国人所知，说明我国之重文学不如泰西。文学之

1.《王国维文集》第 3 卷，第 7—8 页。

外，中国人又别无精神之慰藉，因为"我国无固有之宗教，印度之佛教亦久失其生气"，而"美术之匮乏亦未有如我中国者也"。精神趣味原本如此之弱，西洋物质文明又滔滔进入中国，就必然更压倒精神趣味了。"夫物质的文明，取诸他国，不数十年而具矣，独至精神上之趣味，非千百年之培养，与一二天才之出，不及此。"[1]

关于精神文明，王国维有两个非常明确的观点：一、一个民族精神文明所达到的高度由其所诞生的大哲学家、大文学家代表；二、和物质文明相比，精神文明的建设无比困难，必须付出极大的努力。这两个观点，当时无人理会，今天又有多少人理解呢？

托尔斯泰有一篇书评，批评近代科学的危害，王国维看到了，立即产生强烈的共鸣，把它译出发表在《教育世界》上。他在译文前说明："盖伯爵之意，欲世人知注意于道德，勿徒醉心于物质的文明也。"这正是他共鸣之所在。译文中有语："研究人如何而生活之问题，此实科学中之科学。孔子也，摩西也，锁伦也，皆视此为唯一之学问也。而至于今世，则不以此问题为科学矣，以为真正之科学，不外以数学始以社会学终之实验科学而已矣。谬说之日出，其又奚足怪乎。"[2]我们可以想象，翻译这些话时，他脑中必定呈现了新学人士一窝蜂扑向实用学科的情景。

《论近年之学术界》（1905）是一篇集中批评新学界的文章，其中值得注意的有以下几点。

一、批评严复。当时严复已凭《天演论》名满天下，所译八部名著中六种半已出版。王国维承认，《天演论》反响巨大，问世之后，

1.《王国维文集》第 3 卷，第 64 页。
2.《脱尔斯泰伯爵之近世科学评》。《王国维文集》第 3 卷，第 450、451—452 页。

"达尔文、斯宾塞之名，腾于众人之口，物竞天择之语，见于通俗之文"。但是，"顾严氏所奉者，英吉利之功利论及进化论之哲学耳，其兴味之所存，不存于纯粹哲学，而存于哲学之各分科。如经济、社会等学，其所最好者也。故严氏之学风，非哲学的，而宁科学的也，此其所以不能感动吾国之思想界者也。"这里说的"不能感动"，是指由于严复的兴趣仍在实用学科，对西方纯粹哲学的精神没有体悟，因此不能触动中国思想界进行深刻的反省。

二、批评康有为和谭嗣同。当时这二位受西学影响而改造中国古代学说，康有为撰《孔子改制考》、《春秋董氏学》，谭嗣同撰《仁学》，在我国思想界"占一时之势力"。王国维指出，康氏"于学术非有固有之兴味，不过以之为政治上之手段"，其元统天之说是模仿泛神论，崇拜孔子是模仿基督教，以预言者自居是模仿穆罕默德，皆是以西洋已失势力之迷信造势，这注定了"其学问上之事业不得不与其政治上之企图同归于失败"。谭氏的以太说出自上海教会所译小册子，是极幼稚的形而上学，他的目的也不在这里，只是为了发表其政治上之意见，与康氏同。

三、批评时政类杂志。"庚辛以还，各种杂志接踵而起，其执笔者，非喜事之学生，则亡命之逋臣也。此等杂志，本不知学问为何物，而但有政治上之目的，虽时有学术上之议论，不但剽窃灭裂而已。"我们不难想见，王国维首当其冲批评的是梁启超，梁氏主笔的《时务报》和主编的《新民丛报》风头最足，而他举出的学术低劣的例子正是梁氏发表在《新民丛报》上的谈康德的文章。

四、批评近几年的文学。王国维没有提及具体的作品，只说它们"亦不重文学自己之价值，而唯视为政治教育之手段"。他规劝道：你们想谈政治就直接谈政治好了，何必亵渎文学的神圣呢？

　　五、批评教育。国内中等学校以下之课程，皆"无与于思想上之事"，用现在的话说就是缺失人文教育。京师大学堂（当时唯一的大学）的本科尚无设立之日，即令设立，按照张之洞的计划，也只是培养俗儒而已。私立学校全是滥等充数。留学界的情况并不稍好。"夫同治及光绪初年之留学欧美者，皆以海军制造为主，其次法律而已，以纯粹科学专其家者，独无所闻。其稍有哲学之兴味如严复氏者，亦只以余力及之。其能接欧人深邃伟大之思想者，吾决其必无也。即令有之，亦其无表出之之能力，又可决也。"这里又明褒暗贬地批评了严复，说他不能接"欧人深邃伟大之思想"。近数年的情况更糟，"或抱政治之野心，或怀实利之目的"，哪里肯研究"冷淡干燥无益于世之思想问题"。然后，王国维仿佛退一步说："即有其人，然现在之思想界，未受其戈戈之影响，则又可不言而决也。"[1] 我们不能不认为，他说的是自己，正是他在研究"冷淡干燥无益于世之思想问题"，而整个思想界的确"未受其戈戈之影响"。新学人士对纯粹哲学毫无兴趣，这一点实在令他鄙视。早在 1903 年，针对革命起于受哲学之惑的说法，他就讽刺说："其视今日浅薄之革命家，方鄙弃之不暇，而又奚惑焉！"[2]

　　在《论新学语之输入》（1905）中，王国维还对翻译界提出了批评。当时人们主要是翻译或重译日文书，他指出："今之译者，其有解日文之能力者，十无一二焉，其有国文之素养者，十无三四焉，其能兼通西文深知一学之真意者，以余见闻之狭，殆未见其人也。彼等

1.《王国维文集》第 3 卷，第 37—38 页。
2.《哲学辨惑》。《王国维文集》第 3 卷，第 4 页。

之著译，但以冈一时之利耳，传知识之思想彼等先天中所未有也，故其所作，皆粗漏庞杂，佶屈而不可读。"[1] 他自己在从学之初是译过几本日文书的，又能够读西文原著并且领会其真意，可以想见他在读到粗制滥造的译作时的厌恶之感。

在《论近年之学术界》中，王国维把中国思想史划分为三个阶段：第一阶段是周秦，乃中国思想之能动时代，汉以后停滞；第二阶段是六朝至唐，佛教东传，乃受动时代，但与中国固有之思想并行，宋儒调和之，稍带能动，宋以后至清停滞；第三阶段是今日，西洋思想传入。但是，通过上述批评，他得出结论："由此观之，则近数年之思想界，岂特无能动之力而已乎，即谓之未尝受动，亦无不可也。"总之不但不能与第一阶段相比，比第二阶段也远不及。

原因何在？西洋思想传入时间尚短，这是一个原因。但是，和佛教传入时相比，今天的条件有利得多，西洋思想与中国思想同为入世的，不像印度思想是出世的，为我国古所未有，加之交通比昔时便利，西文比梵文易学，为何受动仍远不如当年？王国维分析，主要原因有三。其一，佛教传入时，从帝王、士夫到百姓皆敬而礼之，而孔子之一尊未定，道统之说未起，人们尚具开放的心态。相反，今日举国上下对西洋思想皆怀警惕排斥之心，"士夫谈论，动诋异端；国家以政治上之骚动，而疑西洋之思想皆酿乱之麹蘗；小民以宗教上之嫌忌，而视欧美之学术皆两约（按：指《旧约》《新约》）之悬谈"。其二，新思想的创立者在其本国尚且受迫害，何况在风俗文物殊异之国。其三，"况中国之民固实际的而非理论的，即令一时输入，非与

1.《王国维文集》第3卷，第43页。

我中国固有之思想相化，决不能保其势力。"[1] 由其三可知，王国维绝不主张全盘西化，而是主张中西思想精华的融合，唯此才能把西方思想的精华转换成我们可靠的精神财富，但这是极其困难的任务。

此后，在《教育小言十则》（1907）中，王国维再次批评"治新学者"为利禄和致用而研究学术，"于学问固无固有之兴味"，"其为学术自己故而研究之者，吾知其不及千分之一也"。因此，"其治艺者多，而治学者少。即号称治学者，其能知学与艺之区别，而不视学为艺者，又几人矣"。新学成为时髦，旧学遭到抛弃，所以"今日欲求真悦学者，宁于见弃之旧学中求之"，遭见弃仍肯钻研，可断定是真喜欢。即有悦学者，也皆"意志薄弱"，缺乏恒久研究的"坚忍之志"，所为乃道听途说的"口耳之学"，"若夫绵密之科学，深邃之哲学，伟大之文学，则固非此等学者所能有事也"。[2]

当时新学界热衷于中西体用之争，担心西学兴则中学衰，王国维斥之为"不根之说"。他有一个明确的认识，即学无中西，因为人的认识能力和所面对的宇宙人生之问题是相同的。在《叔本华象赞》中，他写道："人知如轮，大道如轨。东海西海，此心此理。"[3] 在《论近年之学术界》中，他更指出：思想上之事，不分中国和西洋。"何则？知力人人所同有，宇宙人生之问题，人人所不得解也。具有能解释此问题之一部分者，无论其出于本国或出于外国，其偿我知识上之要求而慰我怀疑之苦痛者，则一也。"所以"当破中外之见"。[4] 在《〈国

1.《王国维文集》第 3 卷，第 36、38—39 页。

2.《王国维文集》第 3 卷，第 87—88 页。

3.《王国维文集》第 3 卷，第 313 页。

4.《王国维文集》第 3 卷，第 39 页。

学丛刊〉序》中，他严正宣告："今之言学者，有新旧之争，有中西之争，有有用之学与无用之学之争。余正告天下曰：学无新旧也，无中西也，无有用无用也。凡立此名者，均不学之徒，既学焉而未尝知学者也。"即使从俗说而姑存中学西学之名，则"余谓中西二学，盛则俱盛，衰则俱衰，风气既开，互相推助"，认为二者不能并立，这种人乃"真不知世间有学问事者矣"。据此他毫不留情地下一论断："中国今日，实无学之患，而非中学西学偏重之患。"[1]

总之，王国维对新学界是彻底失望了。举目望去，他看不见对思想和学术本身有真兴趣的纯粹的思想家和学者，看见的多是以之为实现政治目的或实利目的之手段的浅薄之徒。此种对中国新思想界的悲观，无疑亦是他脱离思想界而一头钻进了"见弃之旧学"的重要原因。

1.《〈国学丛刊〉序》。《王国维文集》第 4 卷，第 365、367 页。

第六章

哲学上的独立探讨

一　中国哲学史之梳理

在研习西学期间，王国维以西方哲学为参照，在哲学上进行了独立的探讨。1904 至 1907 年之间，他在这方面发表了一系列文章，大致可分为两类，一是以形而上学为基本线索对中国哲学史的梳理，二是对认识论和伦理学中重要问题及观点的梳理。把它们归总起来，已是一部中国哲学史的雏形。倘若他不是很快放弃了哲学，中国哲学史的开山之作恐怕不会留待十余年后由胡适来写了，而王国维写出的也必定会大不同于兴趣主要在考证和社会方面而不在形而上学的胡适。在二十世纪初叶的中国，毕竟没有第二人像他这样深悟哲学之真义，对纯粹哲学问题有这样强烈的理论探究兴趣，他没有留下一部最有可能真正用哲学眼光来写的中国哲学史，不能不说是中国学术界的莫大遗憾。

本节概述王国维对中国哲学史的梳理之大略。

梳理中国哲学史，王国维把重点放在先秦，宋代次之，因为前者是中国哲学的源头，后者的形而上学尚有可说之处。

在多篇文章中，王国维把先秦哲学分为北方学派和南方学派，并用地理环境之不同解释其差异之原因。[1] 在《国朝汉学派戴阮二家之哲学说》（1904）中，他分析说，孔墨之北方学派尤重实际，理论哲学起于南方之老庄，盖因北方土地贫瘠，生存艰难，"偏于实际亦自然之势"，南方物产富足，生存容易，"故有思索之余暇"。[2] 在《列子之学说》（1906）中，他说："当时之思想界实有两极端之对峙"，一为"邹鲁学派之努力主义、人为主义"，由荀子发展至于极端；二为"荆楚学派之自然主义、无为主义"，由列子发展至于极端。[3] 在《屈子文学之精神》（1906）中，他称北方派为帝王派、近古学派、贵族派、入世派、热情派、国家派，大成于孔墨；南方派则为非帝王派、远古学派、平民派、遁世派、冷性派、个人派，大成于老子。[4] 在《孔子之学说》（1907）中，他写道："周末时之二大思潮，可分为南北二派。北派气局雄大，意志强健，不偏于理论而专为实行。南派反之，气象幽玄，理想高超，不涉于实践而专为思辨。是盖地理之影响使然也。"北派孔子是"实践之代表"、"北方雄健之意志家"，其后子思、孟子、荀子发挥之，大盛于西汉和宋明；南派老子是"思辨之代表"、"南方幽玄之理想家"，其后列子、庄子继承之，大盛于魏晋和唐朝。"要之，儒与道之二大分派，对立于先秦之时，而传其二大

---

1. 陈鸿祥根据《日本学者论中国哲学史》（中华书局，1986）中福永光司《冈仓天心与道教》一文推测，这个分法或许是受了日本学者冈仓天心（1862—1913）的影响。在《孔子的时代和老子的时代》（约1899）、《东洋的理想》（1903，用英文出版）中，冈仓天心以南北划分中国的道教和儒教，并以地理环境对之进行分析。参看陈鸿祥《王国维年谱》，第105—106页。

2.《王国维文集》第3卷，第241页。

3.《王国维文集》第3卷，第188页。

4.《王国维文集》第1卷，第30页。

思潮于后世。"[1]

关于北方学派，王国维写有专文分别论孔子、子思、孟子、荀子、墨子，这里仅提示其值得注意的若干观点。

孔子。一、无形而上学，前面已述。二、孔子的伦理学，最赞赏两点。一是人生态度上的"任天主义"，既非极端之宿命说，亦非极端之自由说，"执自由意志说与宿命论之中庸"，可进则进，若不能则已，"依道德以立命安心"。二是道德标准上的"理性之直觉论"，调和情理，"为合乎情入乎理之圆满说"。[2]三、撰《孔子之美育主义》一文，盛赞孔子的美育思想。由"兴于诗，立于礼，成于乐"可知，"其教人也，则始于美育，终于美育"。于诗乐外，孔子尤其重视在大自然中培养审美情操。引《先进》篇中使门弟子言志的故事，三人分别表示志在军事、经济、外交，唯曾点曰："莫春者，春服既成，冠者五六人，童子六七人，浴乎沂，风乎舞雩，咏而归。"孔子喟然叹曰："吾与点也！"这个独与曾点的故事，除此文外，在《论教育之宗旨》和《孔子之学说》中也都谈到，可见欣赏之至。王国维在文末说，之所以撰此文，是因为人们哪里知道，这个被尊为大圣的孔子，他的教育完全不同于"彼贱儒之所为"。[3]

子思。《中庸》是"儒家哲学之渊源"，儒家有形而上学自此始。到了宋代，成为"诸儒哲学之根柢"，周、张、程、朱建构形而上学皆本于此，"遂成伟大之哲学"。孔子学说的核心是仁，但缺哲学上之论证，因此子思"进而说哲学以固孔子道德政治之说"。《中庸》的

1.《王国维文集》第 3 卷，第 108—109 页。

2.《孔子之学说》。《王国维文集》第 3 卷，第 119、127 页。

3.《王国维文集》第 3 卷，第 157、158 页。

本意是面对老子哲学救孔子之没有形而上学，于是也从宇宙说起，以"诚"为宇宙之根本和人类之本性，从而证明人伦乃"宇宙必然之法则"和"人性先天中所有者"。[1]

孟子。一、"孔子惟说'仁'，至孟子始加以'义'之一字。《孟子》七篇中，其说正义之尊严性者不一而足，是即孟子伦理思想之特色"。按：孔子亦说"义"，但强调羞恶之心和人性尊严意义上的"义"，确是孟子之特色。二、孟子开始研究直觉的道德法则及观念之心理和性理（人性）之基础，"此为中国伦理史上极当注意之事"。[2]

荀子。一、对形而上学的"穷理之事"无兴趣，所言止于经验界，"是故责荀子以哲学，非得其正鹄者也"。[3]二、《正名》篇"由常识经验之立脚地，以建设其概念论，其说之稳健精确，实我国名学上空前绝后之作"。其中论"心有征知"，仅有五官的作用无心的作用则无认识，即叔本华的直观中有悟性作用之观点，足证荀子乃"于知识论上有深邃之知识者"。[4]

墨子。一、墨子为"孔子之徒"，孔子说"仁"，墨子说"爱"，其根本主义同，所不同者是更近于功利主义。[5]二、"我国名学之祖"。[6]

关于南方学派，专论仅有老子、列子，令人诧异的是无庄子。下面也做一提示。

1.《书辜氏汤生英译〈中庸〉后》；《子思之学说》。《王国维文集》第3卷，第44、45、193、195页。

2.《孟子之伦理思想一斑》。《王国维文集》第3卷，第203、207页。

3.《荀子之学说》。《王国维文集》第3卷，第218页。

4.《周秦诸子之名学》。《王国维文集》第3卷，第222、225页。

5.《墨子之学说》。《王国维文集》第3卷，第163页。

6.《周秦诸子之名学》。《王国维文集》第3卷，第219页。

老子。于现象之宇宙外"进而求宇宙之根本",谓之曰"道",中国真正之哲学"不可云不始于老子"。[1]

列子。《列子》是否先秦书,历来有争论。一般承认,列御寇实有其人,但《汉书·艺文志》所录《列子》八篇早已失传。现存晋张湛的注本,多数人认为是伪书,有说全伪的(马叙伦,冯友兰),有说伪中有真的(胡适,钱穆)。王国维写《列子之学说》时,视为可靠之作,并对之情有独钟,从中读出了解脱主义,或许是醉心于叔本华之余绪。他对列子思想的分析为:一、总体上是"推衍老子之无为自然说而达于极端者";二、知识论上取"绝对的怀疑说";三、人生观上"带一种厌世的倾向",注重个人的解脱,与佛教相近;四、彻底的宿命论和定业论,认为人在寿夭穷达之自然事实上和知力道德之精神品质上皆无自由,应绝对服从,所以他的天命主义是一种"冷眼主义";五、结论为列子学说是"一种神秘哲学或悟道观,而于东洋思想史上放一异彩者"。[2]

《列子》中有一则故事,讲一个役夫白天做苦工,夜夜梦为国君,十分快乐,而他的主人白天操心世事,夜夜梦为人仆,痛苦不堪。王国维显然喜欢这则故事,在《叔本华与尼采》中曾摘录,在《列子之学说》又摘录,并说自己每读此章就想起法国哲学家帕斯卡尔类似的说法:"有乞儿夜夜梦为王侯者,又有王侯夜夜梦为乞儿者:之二人者果孰为幸福之身乎?"由这则故事,他赞赏列子"于梦之现象具有一种超卓之见解",能知梦和醒"二者之间实无所谓差别"。最后他评

1.《老子之学说》。《王国维文集》第3卷,第102页。
2.《列子之学说》。《王国维文集》第3卷,第175、178—179、181、188、189、191页。

论道:"吾人于梦之意识常轻视之,然如每夜同梦,则梦于吾人之意识生活上所占位置,固甚重大矣。"[1]庄子、笛卡尔都曾谈到梦和醒的难以区分,叔本华、尼采都曾论述梦在人生中的重要意义,这是知识论和人生论上的一个大问题,自然会引起王国维的兴趣。

王国维对宋代哲学的评价很高,宋代在中国可说是哲学之自觉的时代,大家辈出,构建形而上学蔚成风气。在宋代哲学中,儒道释合流,其中佛学的作用甚著。"宋儒之人性观,实既受佛教之影响,而有抽象的形而上学之面目。"[2]在早年,王国维称颂宋代哲学为"伟大之哲学",并说中国有周敦颐、张载、朱熹等数人,"其为历史上之光,宁他事所可比哉"。[3]到了晚年,他仍赞美道:"宋代学术方面最多,进步亦最著。其在哲学,始则有留敞、欧阳修等脱汉唐旧注之桎梏,以新意说经,后乃有周敦颐、程颢、程颐、张载、邵雍、朱熹诸大家,蔚为有宋一代之哲学。"[4]

至于具体的哲学家,王国维在研习哲学时期仅有论周敦颐的一篇专文,未及论其后之二程、张、朱。在该文中,他如此解说周子二书的结构:"《太极图》及《太极图说》,由宇宙根源之本体始,以演绎的推论人之心性及人伦五常。《通书》则由人之心性及人伦五常始,以归纳的溯论宇宙根源之本体。"他用德国哲学的概念释周子的概念,"太极"即 Makrokosmos(大宇宙),"人极"即 Mikrokosmos(小宇宙),宇宙的真理和人心中的真理原是同一的,可互相断定。所

1.《王国维文集》第 3 卷,第 189—190 页。

2.《孟子之伦理思想一斑》。《王国维文集》第 3 卷,第 211 页。

3.《王国维文集》第 3 卷,第 193、70 页。

4.《宋代之金石学》。《王国维文集》第 4 卷,第 120 页。

谓"无极而太极","无极"即 Das Unbewusste（无意识），宇宙和人心皆在无意识中已有真理存。[1]

王国维对清代哲学评价极低，但仍撰有《国朝汉学派戴阮二家之哲学说》一文，论述戴震、阮元的学说。他认为，此二人摆脱汉学套路而取宋学途径，讨论性命道德问题，是"我国最近哲学上唯一有兴味之事，亦唯一可纪之事"。然而，即使如此，"其说之幽玄高妙，自不及宋人远甚"。最后他说出撰此文的用意，竟是因为觉得二氏之说"实代表国朝汉学派一般之思想，亦代表吾国人一般之思想者"，证明了理论哲学不适于国人实际的性质。[2]言下之意是，清代哲学唯一可说的不过如此，真是没什么可说的了。

二　重要哲学问题及观点之梳理

在研习西方哲学期间，王国维还对哲学中若干重要问题及观点进行了梳理，集中的成果是《释理》、《论性》、《原命》三篇论文。其中，《释理》研究知识论问题，《论性》、《原命》研究伦理学问题。它们表明，王国维于西方哲学从一开始就不只是一个接受者，更是一个独立的探究者，能够敏锐地识别问题的重要性，进入到问题之中思考。理、性、命这三个概念，是中国最有哲学兴味的宋代经常讨论的问题，同时也涉及西方哲学中知识论和伦理学的重要问题，是打通中

1.《周濂溪之哲学说》。《王国维文集》第 3 卷，第 228 页。
2.《王国维文集》第 3 卷，第 234、241 页。

西哲学的合宜路径，这或许也是王国维选择这三者进行梳理的一个原因。

《释理》（1904）讨论"理"的主观性质和它是如何被客观化、本体论化的。主要内容为：

一、"理"的概念之涵义。通过对汉语中"理"字与西文中相应的词（希腊文 Logos、拉丁文 Ratio、英文 Reason、法文 Raison、德文 Vernunft 及 Grund）的比较分析，以及中西哲学家对它的使用，确定它兼有理性与理由二义。在汉语中，指"吾心分析之作用"（理性），及"物之可分析者"（理由）。在西语中，指"吾人知识之普遍之形式"（理由），及"吾人构造概念及定概念间之关系之作用"（理性）。[1] 此二义皆具主观性质。

二、哲学史上"理"的客观化。"然古代心理上之分析未明，往往视理为客观上之物，即以为离吾人之知力而独立，而有绝对的实在性者也。"在西方，始于赫拉克利特以 Logos 为万物循环不变之法则，斯多葛派以普遍之理为宇宙之本体，生产宇宙及构造宇宙之神，兼有开辟论和实体论意义（根据 Eduard Zeller 的《希腊哲学史》）。在中国，始于宋人，朱熹最为典型（"天地之间，有理有气。理也者，形而上之道也，生物之本也。气也者，形而下之器也，生物之具也"）。"故朱子之所谓'理'，与希腊斯多噶派之所谓'理'，皆预想一客观的理，存于生天、生地、生人之前，而吾心之理，不过其一部分而已。于是理之概念，自物理学上之意义出，至宋以后，而遂得形而上学之意义。"[2]

1.《王国维文集》第 3 卷，第 254、261 页。
2.《王国维文集》第 3 卷，第 258、259 页。

三、哲学史上对"理"的主观性质的认识。在中国，孟子已明言"理"为心之所同然。宋以后，说"理"最深切著明者为王阳明："夫物理不外于吾心，外吾心而求物理，无物理矣。遗物理而求吾心，吾心又何物？"在西方，"理"之客观说已为今日学者所鄙弃，自休谟至康德、叔本华，作为知性形式的因果律，其主观之性质已是"不可动之定论"，"要之，以理为有形而上学之意义者……自今日视之，不过一幻影而已矣。"[1]

四、"理"被客观化的根源。"吾人对种种之事物，而发见其公共之处，遂抽象之而为一概念，又从而命之以名。用之既久，遂视此概念为一特别之事物，而忘其所从出。如'理'之概念，即其一也。"[2]比如说，由犬、马之个物抽象而得"犬"、"马"之观念，合"犬"、"马"等之观念得"动物"之观念，合"动物"、"植物"等之观念得"物"之观念，合"物"、"心"之观念得"有"之观念。概念越普遍，越容易遗忘其来源。作为最普遍之概念，"有"更是如此，古今东西之哲学往往以之为有一种实在性，中国的"太极"、"玄"、"道"，西洋的"神"，皆属此类。"理"之概念亦如此，在中国有朱子之"理"即太极说，在西洋则由理由之义而生斯多葛派之宇宙大理说，由理性之义而生谢林、黑格尔之超感的理性说。[3]在这里，王国维实际上谈的是理性在本体论虚构中所起的作用，他未必意识到，他已经相当前卫地走进了尼采以来西方哲学反传统形而上学的思路之中。

五、"理"在伦理学上的误用。"理性之作用，为吾人知力作用中

1.《王国维文集》第 3 卷，第 259、260 页。

2.《王国维文集》第 3 卷，第 253 页。

3.《王国维文集》第 3 卷，第 260—261 页。

之最高者，又为动物之所无，而人之所独有"，因此于形而上学之意义外，又被赋予了伦理学上之意义。在中国，自宋以降，理欲二者成为伦理学上反对之两大概念，天理为善，主张以天理灭人欲或制人欲。在西洋，柏拉图人性三品说以理性居上，斯多葛派以理性克制感性为道德，康德以实践理性为道德价值之所由生。王国维指出，"理"有二义。"若以理由言，则伦理学之理由，所谓动机是也……由动机之正否，而行为有善恶，故动机虚位也，非定名也。"动机是可善可恶的。若以理性言，"理性者，推理之能力也。为善由理性，为恶亦由理性，则理性之但为行为之形式，而不足为行为之标准，昭昭然矣"。故理性之能力"除为行为之手段外，毫无关于伦理上之价值"。[1]

　　在此文中，王国维很大程度上是以康德、叔本华关于先天知性形式的知识论批评宋代以理为宇宙本体的本体论。宋代哲学有理学和心学之争。以理为本体始于程、朱，在理气二者中，二人皆主张理为形而上，气为形而下，朱熹说得最明确："理之一字，不可以有无论，未有天地之时便如此了也。"以心为本体始于陆、王，在心理二者中，二人皆主张理在心中，心即是理。不过，陆九渊说的是心内之理与心外宇宙之理乃同一个理（"内此理也，外亦此理也"），与莱布尼兹近；王阳明才是真正主张心为本体的主观唯心论（"心者天地万物之主也"，"心外无理"），与贝克莱近。[2]二人所论皆非康德意义上的理

1.《王国维文集》第 3 卷，第 264—265 页。

2. 参看张岱年《中国哲学大纲》，中国社会科学出版社，1982，第 59、66、69 页。该书第 70 页引王阳明《传习录》："先生游南镇，一友指岩中花树问曰：天下无心外之物，如此花树，在深山中自开自落，与我心亦何相关？先生曰：你未看花时，此花与汝心同归于寂；你来看此花时，则此花颜色一时明白起来。便知此花不在你的心外。"对照贝克莱踢到路边石头时说的话，如出一辙。

之主观性。

《论性》(1904)应用康德的知识论考察中国哲学史上长期争论的人性善恶之问题，结论是"性"不属于知识的范围，无权谈论，性善性恶之争乃"无益之议论"。[1]

依据康德的知识论，知识仅有两种：其一是先天的知识，包括空间时间之形式和悟性之范畴；其二是后天的知识，通过经验所获得。"性"不属于前者，因为"先天中所能知者，知识之形式，而不及于知识之材质，而性固一知识之材质也。"性也不属于后者，因为"吾人经验上所知之性，其受遗传与外部之影响者不少，则其非性之本来面目，固已久矣。"由此可断言："性之为物，超乎吾人之知识外也。"[2]

检视中国哲学史上的人性理论，计有四种：性善论；性恶论；性善恶二元论；性无善无不善论或可以为善可以为不善论，王国维称之为超绝的一元论。其实，从逻辑上说，也不出乎此四种。

善恶之相对立为经验上之事实，因此，若从经验上立论，则必为善恶二元论。世界之宗教，无不兼有善神与恶神，例如印度婆罗门教之吠舍那与湿婆，波斯火教之阿尔穆兹与阿利曼，犹太教之耶和华与撒旦，希腊神话之阿波罗与狄奥尼索斯，基督教之上帝与魔鬼，实即反映了善恶斗争的经验事实。但是，哲学家中却罕有持明确一贯之善恶二元论者，中国哲学史上仅举出了扬雄（"人之性，善恶混。修其善则为善人，修其恶则为恶人"）。王国维认为："吾人之经验上善恶二性之相对立如此，故由经验以推论人性者，虽不知与性果有当与

1.《王国维文集》第 3 卷，第 252 页。

2.《王国维文集》第 3 卷，第 243 页。

否，然尚不与经验相矛盾，故得而持其说也。"[1] 也就是说，善恶二元论只是对经验的描述，不是对人性的确切知识，因为人性不属于知识的范围。

中国哲学史上，持超绝的一元论者首推孔子（"性相近也，习相远也"）和本于孔子的告子（"生之谓性，性无善无不善也"）。唐中叶讨论人性问题，王国维认为韩愈的《原性》和李翱的《复性书》皆根据薄弱不值得谈，值得谈的是王安石的《性情论》和苏轼的《扬雄论》，此二人皆持超绝的一元论。王安石曰："性情一也。七情之未发于外，而存于心者，性也。七情之发于外者，情也。性者，情之本；情者，性之用也。故性情一也。"苏轼纠正扬雄的性善恶二元论指出："善恶者，性之所能之，而非性之所能有也。"王国维赞赏王、苏二人懂得"性之不能赋以善恶之名"，并认为超绝的一元论"务与经验上之事实相调和，故亦不见有显著之矛盾"。[2] 事实上，超绝的一元论之特点正是对"性"之善恶不做论定，因此实质上也是对经验的概括，它把善恶看作"性之用"或"性之所能之"，而非"性"之固有，是比性善恶二元论高明的地方。

如果不依据经验立论，"驰于空想之域"，必求对人性之善恶作一非此即彼的论断，则有性善或性恶之一元论。二者"虽互相反对之议论，皆得持之而有故，言之而成理"，正说明了人性"必非吾人所能知者"。此种一元论虽在理论上得以自圆其说，"然至欲说明经验上之事实时，则又不得不复返于二元论"，必然陷入自相矛盾。[3]

1.《王国维文集》第 3 卷，第 252 页。
2.《王国维文集》第 3 卷，第 248、252 页。
3.《王国维文集》第 3 卷，第 242、244 页。

孟子是性善论之代表，但在说明经验事实时实际上用的是二元论。关于这一点，《孟子之伦理思想一斑》中有更具体的论述。根据孟子的四端说，王国维分析说："但彼之意中实亦别性为二：即一为理想之性，但发展其萌芽，即可现完全之德；一为含于情中之性，虽现实而未完全，而前者即为后者所当达之之目的，斯固不可争之事实也。"孟子由已发之情而判定未发之性为善，王国维责问道，已发之情有善有恶，凭什么由之推论性之全体为善？唯一可能的解释是："彼盖以为情有不善者，非性之罪。吾人之心，非惟其性发动也，性以外，又有相异之原理动作其间，此恶之所以生耳。"这个"性以外之原理"就是物欲。事实上孟子也是这样解释的，其言曰："从其大体为大人，从其小体为小人……耳目之官不思而弊于物……心之官则思……"在这里，"大体"、"心之官"是性，"小体"、"耳目之官"则是欲。王国维总结说："要之，谓性有不善，非性之罪，而物欲使之然故也。孟子于此，盖取伦理上二元论之立脚地者也。"[1]

　　宋代哲学家各由其形而上学以建设人性论，在理论上主超绝的一元论（周敦颐的"太极"，张载的"太虚"），或性善论（程颐的"性无不善"，陆九渊的"人生皆善"），而在实际说明时则无不持性与气、理与气、天地之性（理义之性）与气质之性之二元论。唯朱熹在理论上和实际说明上皆主理气二元论，而理无不善，气有善有不善。[2] 其实，他们在理与气的关系上虽有不同的说法，但认为理为性之根本和善之根源，气为不善之根源，却是共同的，所以在不同程度上都可视

1.《孟子之伦理思想一斑》。《王国维文集》第 3 卷，第 208、209 页。

2. 参看《论性》、《国朝汉学派戴阮二家之哲学说》。《王国维文集》第 3 卷，第 248—251、236 页。

为理论上的性善论和实际说明上的二元论。因此，王国维在分析完宋代哲学后说："故古今之持性善论，而不蹈于孟子之矛盾者，殆未之有也。"[1]

中国哲学史上明确主性恶论的好像只有荀子（"人之性恶明矣，其善者伪也"），但是，在具体说明时，则区别人与圣人为二（"圣人化性而起伪"）。王国维责问道："圣人独非人也欤哉"，"最初之圣人，即制作礼义者，又安所待欤"？[2] 圣人通过制作礼义把普通人的恶的本性导向人为的善，其本性应该是纯然善的了，这善的本性倘若不是依凭人性，又是依凭什么呢？可见与性恶论是自相矛盾的。

总之，王国维总结说："至执性善性恶之一元论者，当其就性言性时，以性为吾人不可经验之一物故，故皆得而持其说。然欲以之说明经验，或应用于修身之事业，则矛盾即随之而起。"[3]

讨论"性"涉及两个问题。其一是"性"的涵义，其实可有三义。一、人生来具有的本能（die Natur），荀子所言"生之所以然者谓之性"即是，实即指人的生物性。二、人之为人的特性（das Wesen），孟子所言仁义礼智四端即是，无之则非人，实即指人的社会性。三、人之本体（die Substanz），宋儒所言"义理之性"即是，相当于康德所说本体界的人，实即指人的某种意义上的神性（"天地之性"）。前二义皆为经验的，唯第三义为超验的，王国维的批评仅适用于第三义。其二是对"性"的道德评价，与所取涵义相关。取第一义为恶（荀子），取第二义为善（孟子），兼取则善恶混（扬雄）。孟、

1.《王国维文集》第 3 卷，第 251 页。
2.《王国维文集》第 3 卷，第 245 页。
3.《王国维文集》第 3 卷，第 252 页。

荀在实际说明时亦兼取，持善恶二元论。以生物性为恶，社会性为善，亦一偏见，卢梭、尼采反对之。取第三义，实即假设人有超验的至善之性，若以此为人性指引超越的方向，则有其价值，若以此否定和压制人性，则否。王国维的探讨提示我们注意两点：一、本体意义上的人性不可知；二、对人性不可做道德判断。

《原命》(1906)讨论哲学上定业论（决定论）与意志自由论这个长期争论的问题，王国维的立场是赞同定业论，反对意志自由论。

文章首先区分了"命"字的两种不同涵义。一是通常之义，"其言祸福寿夭之有命者"，即针对人在外部世界之遭遇，言人无决定此遭遇的自由，《论语》中"死生有命"即此义，在西洋则称之为定命论（宿命论，Fatalism）。二是哲学上之义，"其言善恶贤不肖之有命，而一切动作皆由前定者"，即针对人对自己行为之关系，言人无决定此行为之自由，《中庸》中"天命之谓性"即此义，在西洋则称之为定业论（决定论，Determinism）。[1] 王国维认为，按第一义，中国除墨子外皆定命论者，而定命论与非定命论之争在哲学上没有讨论的价值。按第二义，实无一人持定业论者[2]，中国伦理学无不以意志自由论为预设，因此有必要研究此论是否真有道理。

定业论与意志自由论之争为西洋哲学上重大之事实，因此文章主要讨论西方哲学的相关观点。定业论认为，动机决定行为，人对动机无选择作用，所谓选择不过是较强的动机战胜了较弱的动机而已，所以人对自己的行为之善恶、从而对自己的品性之善恶无自由可言。意

1.《王国维文集》第 3 卷，第 266 页。

2. 但在《列子之学说》中，王国维认为列子是定业论者。参看《王国维文集》第 3 卷，第 188 页。

志自由论认为，人在不同动机之间有自由选择的能力，所以人对自己的行为和品性必须负责任。康德调和二者，认为人在现象界为因果律所决定，是不自由的，在本体界则具备理性的能力，是自由的。比如说，某人说谎，我们虽可从主观和客观各方面分析其原因，但并不因此就不责备他，因为他必须对没有用好他的理性能力负责。王国维对康德的意志自由说提出两点异议。其一，以理性的能力为自由的原因，仍是因决定果，就不能说是自由。其二，如果说原因在我的理性而不在外物就算是自由，则一个人之所以服从理性的命令，在经验界也必有种种之原因，只是不易追溯罢了。对于王国维的这两点异议，我已在第二章第三节中做了评论。

叔本华发现康德的说法有讲不通的地方，于是做了修正，说动机律之在人事界与因果律之在自然界相同，意志在经验界体现为个人的品性，也为动机所决定，但又认为意志本身有本于物我一体的知识拒绝自己之自由。王国维反驳说：在这里，物我一体之知识不也是拒绝意志之动机吗？结论是："则自由二字，意志之本体果有此性质否，吾不能知，然其在经验世界中不过一空虚之概念，终不能有实在之内容也。"[1]

其实，在《教育偶感四则》中，王国维就已经说过："吾人之精神中，亦唯动机与动机之战斗而已。所谓意志之自由者果安在欤？"[2]总之，他是明确反对意志自由论，而主张定业论的。

那么，人对自己的行为可以不负责了吗？却又不然。王国维说，虽然一切行为皆由原因所决定，但人对行为之后果会产生责任及悔恨

1.《王国维文集》第 3 卷，第 269 页。
2.《王国维文集》第 3 卷，第 61 页。

之感情，"而此等感情，以为心理上一种之势力故，故足为决定后日行为之原因"，不过"不足以推前此之行为之自由"，这说明"责任之观念自有实在上之价值"，用不着靠意志自由论来为之声张。[1] 在我看来，王国维的这番论证是有毛病的，他反驳康德的两个异议同样可以用来反驳他。其一，以责任之感情为决定后此行为之原因，也是因决定果，那么，由此种感情何止不能推前此行为之自由，岂不也不能证后此行为之自由？其二，此种感情之产生难道就没有原因了吗？对于同样不当之行为，有的人感到悔恨，有的人却不，岂不也可追溯到种种之原因？在王国维的论证中，实际上默认了人有因责任之感情而改变自己行为的自由，而康德所说的人的理性之能力，其实也正是体现在人对自己的行为会产生责任之感情。康德意义上的自由意志论，有两个关键之点。一、在本体界，意志自由是必要的假设，不可证明。王国维认为，在本体界有无意志自由不可知，其实这也是康德的看法。二、在现象界，理性能力的作用亦即意志的决定本身也可以成为人的行为之原因，从而加入了因果关系之系列，在此意义上，人能够摆脱纯粹外部因果关系之支配而获得自由。对于这个意义上的意志自由，王国维不但没有驳倒，其实是不自觉地接受了。

在别的文章中，王国维对"命"的问题也有论述，值得注意的是对中国哲学史上福德关系问题的分析。"命"有二义，一是外在的祸福，二是人在道德上有无决定自己行为的自由。二者之间的关系是什么？福德合一是中国老百姓的朴素信仰，但实际上二者往往冲突，行德者不必得福，不德者不必罹祸。对于二者的不一致，孟荀诸子取

---

1. 《王国维文集》第 3 卷，第 270 页。

与斯多葛派相同的态度，区别天道（自然界）与人道（道德界），孟子称前者为"在外者"，人力不可支配，故其得失"无关于为人之价值"，称后者为"在我者"，"得以吾人之自力与意志自由致之，人之价值专系乎此"。列子则认为人对二者皆无自由，应当绝对服从。[1]

王国维最欣赏的是孔子的态度，在两个方面都不走极端，皆执中庸。在祸福的问题上，孔子不是极端的宿命论，而是"有命说"。《论语》中子夏的"死生有命，富贵在天"一语，常被解为极端的宿命论，王国维认为决非孔子之意，他解孔子之意为："顺当生之道而生，顺当死之道而死，是自然也。顺道而得富贵则善，不得则从吾所好而安命，是亦自然也。"在道德的问题上，孔子不是极端的自由意志论，而是"任天主义"，主张"实行吾意志之可成则为善，不可能则守其分，可以进则进，可以退则退，可以行则行。可以止则止，可以取则取，可以舍则舍，一切如道理而行之"，是"极平和之说"。王国维推测孔子的本心说："盖孔子明知道德为善，遵之行之，人人必受幸福。然世有盛衰，社会有污隆，行道德者不必获福，故依道德以立命安心。"可知他关心的是福德不一致的事实，以及孔子对此事实的坦荡态度。[2]

区分"命"之二义是很有价值的，实际上即区分外在遭遇和内在精神品质，人不能决定前者，却可支配后者。明乎此，便能泰然面对外在遭遇，而在自己所能支配的内在精神生活中获得成绩和真正的快乐。王国维在理论上以因果律为理由否定意志自由，但实际上是奉行和赞赏这样的生活态度的。

1.《列子之学说》。《王国维文集》第 3 卷，第 188 页。
2.《孔子之学说》。《王国维文集》第 3 卷，第 119、120 页。

第七章

一个内心充满矛盾的天才

一 学术的转向

王国维是一个在书斋里生活了一辈子的书生，鲁迅说他"老实到像火腿一般"，生平绝无可助谈兴的戏剧性表演。然而，关于他的生平，时人和后人仍然议论纷纭。议论集中于三件事，便是他的学术转向、遗老立场和自杀。一个最早领悟西方哲学之精神的中国人，却在中年以后彻底放弃了西方哲学乃至任何哲学的研究，一头扎进了经史考据之学。一个有着先进的学术头脑和开阔的文化眼光的大学者，却在清亡十二年之后公开做了遗老，而他的自杀好像也脱不掉殉清的嫌疑。这些情况发生在王国维身上，的确构成了奇怪的矛盾。可是，倘若我们对王国维内心中的矛盾以及他与时代之间的矛盾有了深入的了解，对于这暴露在表面上的矛盾就不会感到太奇怪了。

我们先谈他的学术转向。辛亥之后，王国维随罗振玉到日本，在那里居住了四年多。他之从哲学、文学彻底转向古史，就在这个时候。据罗振玉说，这是他规劝的结果。他一面劝王国维"专研国学"，一面批评了王国维以前所治的"欧西之学"，云"其立论多似周秦诸子，若尼采诸学说，贱仁义，薄谦逊，非节制，欲创新文化以代旧文化，则流弊滋多"。听罢这番话，王国维畏惧又惭愧，立刻把自己所存的《静安文集》百余册通统烧掉了。回国后，编《观堂集林》二十卷，尽弃三十五岁以前所作，"盖公居东后，为学之旨与前此夐殊也"。[1] 对于烧《文集》之说，有论者表示怀疑，认为是罗编造的。[2] 罗之子罗继祖加以反驳，以王后来的书信为证，其中对往日所研究的西学"绝口不道"，没有"一毫回顾与留恋"。[3] 其实，烧没烧《文集》不重要，学术转向则是不争的事实。王居京都时，常与日本学者狩野直喜来往，狩野直喜回忆说："聊天的时候我偶尔提到西洋哲学，王君苦笑说他不懂，总是逃避这个话题。"[4] 王的学生兼助手赵万里也确认："自是以后，先生渐受北方学者之影响，尽弃所治欧西之新学，而改治经史考证之学"。[5] 其实，王国维自己也明确地承认了这一点，在代罗振玉为《观堂集林》写的序（1923）中说："辛亥之变，君复与余航海居日本。自是始尽弃前学，专治经史"。[6] 总之，我们可以肯定一点：王国维的学术转向是彻底的、毫不动摇的，他后来确实不但没有回到西学，而且绝口不再提西学。

王国维年轻时曾撰《脱尔斯泰传》，其中述及托尔斯泰上大学时功课差，他发了这么一段议论："由来天才卓越者，其思想活泼自由，强投以枯寂无味之科学，则不能容纳焉，今观于脱尔斯泰而益信也。"[7]

---

1. 罗振玉《海宁王忠悫公传》。《追忆王国维》，第 8、9 页。

2. 参看吴文祺《王国维学术思想评价》。《王国维学术研究论集》第一辑，华东师范大学出版社，1983。

3. 罗继祖《观堂书札三跋》。《追忆王国维》，第 520 页。

4. 狩野直喜《回忆王静安君》。《追忆王国维》，第 344 页。

5. 赵万里《静安先生遗著选跋》。《王国维学术研究论集》第一辑。

6.《〈观堂集林〉序》。《王国维文集》第 4 卷，第 371 页。

7.《王国维文集》第 3 卷，第 427 页。

从他早年治哲学和文学的那份才情看，我们对他的思想活泼自由不该有怀疑。考据之学无论怎样能够容纳创造的天才，其枯寂无味也是显而易见的。一个人的性情不会突然变得相反。王国维的治学朝与他的性情相反的方向逆转，多少也带有"强投"的性质，但他是自己把自己强投上去的，必定有着深刻的原因。

依我的分析，王国维由哲学而文学而终于义无反顾地钻进经史考据之学，根本的原因在于他对哲学的绝望。具体地说，他的绝望有以下三点：

第一，对在中国的环境里从事哲学感到绝望。在他看来，哲学的要素有二，一是形而上学，二是逻辑学（抽象和分析），而在中国的传统中二者皆无。他想努力为中国的传统补缺，但收效极微，整个新学界完全无人理睬。新学界的现状是，人们热衷于政治，急功近利，没有人对哲学真正感兴趣，于西方哲学更是满足于道听途说和牵强附会。他在《〈观堂集林〉序》中说："君尝谓今之学者，于古人之制度、文物、学说无不疑，独不肯自疑其立说之根据。呜呼，味君此言，可以知君二十年中学问变化之故矣。"[1] 这里所说今之学者"独不肯自疑其立说之根据"，亦是指新学人士在学理上的不求甚解，使他耻于继续与之为伍，决心彻底划清界限。要之，无论中国的传统，还是新学的现状，都使他深感在中国不宜从事哲学。

第二，对在今天的时代从事哲学感到绝望。他在《自序二》（1907）中说："今日之哲学界，自赫尔德曼（按：今译哈特曼）以后，未有敢立一家系统者也。居今日而欲自立一新系统，自创一新哲

1.《王国维文集》第 4 卷，第 371 页。

学，非愚则狂也。近二十年之哲学界，如德之芬德（按：今译冯特），英之斯宾塞尔，但搜集科学之结果或古人之说而综合之修正之耳。此皆第二流之作者，又皆所谓可信而不可爱者也。此外所谓哲学界，则实哲学史家耳。以余之力，加之以学问，以研究哲学史，或可操成功之券。然为哲学家，则不能，为哲学史，则又不喜，此亦疲于哲学之一原因也。"以下谈及近来填词之成就和有志于戏曲，最后表示对哲学和文学尚未绝望："苟积毕生之力，安知于哲学上不有所得，而于文学上不终有成功之一日乎？"[1] 不过，这个决心后来被放弃了。王国维是一个自视甚高的大才子，自言"必古人所未及就，后世之所不可无，而后为之"[2]，是要做开创性工作的。他已看到哲学即使在西方也处在低谷，出不了第一流的大哲学家。这不是一个哲学的时代，才能足不足倒在其次，他不甘心只做一个述而不作的哲学史家，因此终于选择彻底告别哲学。

第三，对哲学本身感到绝望。王国维早年之醉心于哲学，起作用的固然有思辨的兴趣，但更主要的是情感的需要。他因为对宇宙人生之根本问题的困惑，而要到哲学中去寻找解决的。然而，寻找的结果却是发现，哲学并不能提供解决。在《自序二》中，他明确地表达了这种失望之感："余疲于哲学有日矣。哲学上之说，大都可爱者不可信，可信者不可爱。余知真理，而余又爱其谬误。伟大之形而上学，高严之伦理学，与纯粹之美学，此吾人所酷嗜也。然求其可信者，则宁在知识论上之实证论，伦理学上之快乐论，与美学上之经验论。知其可信而不能爱，觉其可爱而不能信，此近二三年中最大之烦闷，而

1.《王国维文集》第 3 卷，第 473、474 页。
2. 转引自萧艾《王国维评传》，浙江文艺出版社，1983，第 84 页。

近日之嗜好所以渐由哲学而移于文学，而欲于其中求直接之慰藉者也。要之，余之性质，欲为哲学家则感情苦多，而知力苦寡；欲为诗人则又苦感情寡而理性多。诗歌乎？哲学乎？他日以何者终吾身，所不敢知，抑在二者之间乎？"[1] 当时他尚摇摆在哲学与文学之间，还没有料到自己会以史学终其身。关于感情和理性、可爱和可信之间的冲突的分析固然有自我分析的一面，但同时也表达了对哲学本身的绝望。"欲为哲学家则感情苦多而知力苦寡"，从一面说固然是在分析"余之性质"，从另一面说却也是在指出哲学试图靠知力解决人对世界和人生的感情性质的困惑之不可能。联系到他开始迷于叔本华后来又看破叔本华哲学之出于主观气质，《叔本华与尼采》中论及天才之以世界为一问题却不能解决，《红楼梦评论》中论解脱之不可能，这后一面就更清楚了。

对于感情和理性的冲突，席勒早就在给歌德的信中发出过抱怨："当我思考哲学时，诗人来催逼我；当我想写诗时，哲学又来干扰我"[2]。在《云的碎片》的自序中，王国维的哲学启蒙老师田冈岭云也曾悲叹自己天性上的这个矛盾："欲为哲学家，吾过于热情，然则欲为诗人，吾又过于冷静。则既不能为诗人，又不能为哲学家。呜呼，一如骈拇枳偻之畸形，造物以畸吾之才以戏吾欤。"[3] 事实上，恰恰是感情和理性皆强的人，才会被这个矛盾所苦，而王国维正是这样的一个人。如果他只是感情多而理性寡，他满可以做一个诗人。如果他只是

1.《王国维文集》第 3 卷，第 473 页。

2. 转引自朱光潜《西方美学史》下，人民文学出版社，1979，第 87 页。

3. 转引自须川照一《王国维与田冈岭云》。《王国维学术研究论集》第三辑，第 418 页。

理性多而感情寡，他满可以做一个实证论和经验论的哲学家。可是，偏偏他感情和理性皆强，两者就不能不起冲突了。正因为此，他才会有哲学上可信与可爱不能两全的苦恼。因为感情强，他要求哲学能够解决令他痛苦的人生问题，因为理性强，他又要求此种解决是有可靠根据的。这样的人进到哲学中去，必定是直入哲学的形而上学之核心中，并且不得不把这核心中所固有的矛盾担当起来。因为所谓形而上学无非就是人类用理性解决最高感情问题的努力，这努力伟大而又徒劳，一些人因为其伟大而坚持，而王国维则因为其徒劳而退却了。他最后退到了古史学之中，这既是对自己内心痛苦的逃避，也是对世界人生之不可解决的问题的逃避，而这二者其实是一回事。

总之，王国维的学术转向，是在逃避一个浮躁的非哲学的时代，是在逃避自己与这个时代的格格不入，也是在逃避自己内心无法籍哲学解除的根本性痛苦。我们或许可以说，他早年在哲学上的自我训练并不因此就白费了，因为若不是练就了一种哲学的眼光，他后来在古史研究上不可能有如此博大的气象和缜密的思维。然而，以他之才情，倘若在哲学上继续钻研，并且深入到比古史更具精神性的人文领域，虽然未必能成为开创性的大哲学家，但在中国现代思想史上应该会有更加深远的贡献。

二 思想先驱是怎样变成清朝遗老的？

学术转向之后，王国维在学术上依然思想新进，用新眼光新方法研究古史学，其识见和成就为学界中几乎所有重量级人物——不论新派老派——所推崇。与此形成鲜明对照的是，他在政治上却成了一个公开的保皇派，相貌上也是典型的遗老打扮，其标志是一条连逊帝溥仪也不屑保留的辫子。学者们自能不在乎他的古旧相貌，敬重和激赏他的新进思想，正如梁启超所说："先生古貌古饰，望者辄以为竺旧自封畛，顾其头脑乃纯然为现代的，对于现代文化原动力之科学精神，全部默契，无所牴拒。"[1]顾颉刚也说："我们单看静安先生的形状，他确是一个旧思想的代表者；但细察他的实在，他却是一个旧思想的破坏者"。[2]然而，一个在学术思想上最先进的人，在政治立场上却取最保守的立场和姿态，对于这个奇特的矛盾，我们应当求得一个合理的解释。

王国维的遗老立场，最早表现于辛亥后不久在日本写的《颐和园词》，其中歌颂慈禧有"五十年间天下母，后来无继前无偶"之句。[3]他在给铃木虎雄的信中说，"此词于觉罗氏一姓末路之事略具"，亦即是记述清朝之衰亡的。他接着说，"至于全国民之运命，与其所以致病之由，及其所得之果，尚有更可悲于此者"，拟另写一诗。[4]那另一首诗终于未写，不过，我们从上述表达已可知道，在他看来，清亡诚然可悲，但这只是更可悲的中国命运之因果链条中的一个环节，他不是仅仅作为一个忠臣哀一个王朝的覆灭，更是作为一个忧国忧民的知识分子对清亡之后中国的前景感到悲观。

王国维自日本归国后居上海，结识了极器重其才学的沈曾植，沈成立的"逸社"是沪上遗老的大本营，他由是与这伙人多有往来。

---

1. 梁启超《〈王静安先生纪念号〉序》。《追忆王国维》，第99页。

2. 顾颉刚《悼王静安先生》。《追忆王国维》，第133页。

3.《王国维文集》第1卷，第261页。

4.《王国维全集·书信》，中华书局，1984，第27页。

1917 年 7 月，张勋拥溥仪复辟，参与者多为"逸社"同人，起事前王国维已有与闻，为之激动不安。复辟迅速失败，他痛惜不已，在给罗振玉的信中赞誉张勋道："三百年乃得此人，庶足饰此历史。"表示必须表章张勋及主要骨干，"否则天理人道均绝矣"。其后，拟为张勋写《南池篇》长篇一章，未果。次年，与尚未谋面的升允通信，升允是顽固的保皇派，曾任陕甘总督和陕西巡抚，辛亥后两次策动复辟，皆未得逞。王国维在给罗振玉的信中赞道："当代男子，要唯横渠（按：指张勋）与此公耳！"[1] 由此可见，无论在人际关系上，还是在感情上，他都已深深陷在遗老的核心圈里了。

罗振玉与升允关系密切，经罗介绍，王国维不久即与之见面。升允时任溥仪的顾问，由他推荐，王国维于 1923 年 4 月入值南书房，担任溥仪的文学侍从。他是一个古史专家，在宫廷里可以读到秘籍，见到珍藏文物，这自然是吸引他的地方。不过，从他对前后两个复辟主帅的一往情深看，那感情的最后指向当然是复辟所要拥戴的末代皇帝，因此不能不说政治立场的抉择是最主要的因素。

1924 年 11 月，冯玉祥进兵北京逼宫，把溥仪赶出了紫禁城，宣布永远废除皇帝尊号。此后溥仪暂住北府，随即躲进日本使馆，王国维仍皆每天去入值。逼宫紧急之时，冯军炮架景山，据罗振玉说："公援主辱臣死之义，欲自沉神武门御河者再，皆不果。"[2] 他自己也说："甲子十月十日之变，自冬徂春，艰难困辱，仅而不死。"[3] 可见他一旦选定保皇立场，就忠心耿耿地坚持到底了。

1.《王国维全集·书信》，第 198、262、263 页。

2. 罗振玉《海宁王忠悫公传》。《追忆王国维》，第 9 页。

3.《乐庵居士五十寿序》。转引自陈鸿祥《王国维年谱》，第 284 页。

事实上，在此期间，王国维完全可以有另一种选择。从 1917 年 9 月开始，蔡元培聘他做北京大学文科教授，几次三番委托马衡发出邀请，都被他辞谢。其间沈曾植、罗振玉曾先后劝他接受，他未听取。直到 1922 年北大研究所国学门成立，派人当面送聘书，他才勉强答应做通讯导师，因为不必去上班，仍可在南书房入值。1924 年春，北大聘他任研究所主任，被他拒绝。当年 9 月，由于北大研究所与溥仪小朝廷在处置清室产业上发生矛盾，他声明把通讯导师的名称也辞了。冯玉祥逼宫后，他更要求北大刊物停止付排他已提交的文章。一边是蒸蒸日上的民国最高学府，另一边是名存实亡的清朝小朝廷，揆之常理，一个学者理应选择前者，但他的天平始终向后者倾斜。

若要追溯原因，王国维之终于采取遗老立场，在很大程度上正是出于对新学界的反感，要与之划清界限。他是一个纯粹的学者，兴趣在探索真理和研究学问，而在他看来，新学主流派热衷的是政治而非真理，内部钩心斗角，治学上急功近利，因此十分反感。这种反感在他的政治态度的选择上起了极大作用，使他即使在治西学期间也始终与新学主流派保持着距离，继而离弃太政治化的新学而回归旧学，最后则拒绝与新文化风云人物为伍而宁愿以遗老的面目示人。

早在 1898 年刚进《时务报》馆打杂的时候，王国维就发觉新党人士之间充满私见和矛盾，在给许家惺的信中表达其失望之情："大抵近世士大夫不乏魁垒奇特之才，而于学术异同之际意见极深，稍有不合，即成水火，日日言合群而终不能合群，私见之难泯，盖如此也。"[1] 据陈鸿祥分析，所指为康、梁与章太炎等人的矛盾，及汪康年

1.《王国维全集·书信》，第 7 页。

与康有为、黄遵宪等人的矛盾。[1]1900 年初，罗振玉资助他去日本留学半年，其间写信给他，"谓留学诸生多后起之秀，其趋向关系于国家前途者甚大，曷有以匡救之"。他回信说，"诸生骛于血气，结党奔走，如燎方扬，不可遏止，料其将来贤者以陨其身，不肖者以便其私，万一果发难，国是不可矣"。[2]可知他对新派人物上至名流下至普通留学生的人品之反感由来已久。辛亥之后，他对民国风云人物的评价也极差，借为《乐庵写书图》写序发泄其愤懑："世之号为才智者，皆颛颛愚昧焉为朝夕之计，苟可以博一眴之名高厚利者，虽祸其身，若其子孙，若天下后世，而无所顾藉。"[3]

不难想象，他用这样一种充满警惕的眼光看民国人物，对于来自彼方的好意都不免有所猜忌了。因此，1917 年，蔡元培欲聘他为北大教授，张东荪欲以妻妹字其长子，他致书罗振玉说："此类事多不可解，吾辈简单人，苦无解剖之能力也。"而针对沈曾植的应聘之劝，他表示："我辈乃永抱悲观者，则殊觉无谓也"。他的确是一个简单的人，害怕卷入任何无谓的争斗。1924 年 4 月，他致书蒋汝藻，解释之所以拒北大研究所主任之聘，只挂通讯导师空名，是因为不愿卷入北大与研究系（梁启超等组织的宪法研究会）的派别之争，作为"绝无党派之人"，"不欲与任何方面有所接近"，因此"以远近之间处之最妥"。[4]

王国维对民国人物的警惕，也包含了对政局的忧虑。所忧虑者，

1. 陈鸿祥《王国维年谱》，第 36 页。

2. 罗振玉《〈海宁王忠悫公遗书〉初集弁言》。《追忆王国维》，第 18 页。

3.《〈乐庵写书图〉序》。《王国维文集》第 1 卷，第 83 页。

4.《王国维全集·书信》，第 212、234、394 页。

一是腐败导致的乱象。1918年1月，他在给罗振玉的信中说："至于政局，则系此种腐败局面之放大而又极端者，不知我羲黄之子孙，周孔之后裔，乃有此现象……现在窃钩窃国同一无罪，此后不为安南、高丽人不可得矣。"二是唯恐社会运动被野心家利用。1919年6月，也是在给罗振玉的信中，他分析爆发不久的五四运动说："此次故有国际竞争，有政争，最可怕之社会运动恐亦有之，而在表面活动者皆为之利用，而不自知，以后利用此举者当接踵而至，则大乱将随之矣……如危险思想传入军队，则全国已矣。"[1]此时似已对后来的北伐战争有所预感。五四运动举民主大旗，他认为中国民智未开，若实行民主政治，必为野心家所利用，后果不堪设想。[2]

　　欧洲战争爆发后，中国知识界中弥漫对西方文明的失望情绪，曾经的新学人士纷纷回归中国传统文化。早在治西学期间，王国维即已对新学人士只看重西方的实验科学和政治学说的取向深感不满，现在他认为，欧战确证了西方科学和政治之恶果，因此更加坚决地得出了回归中国道德政治的结论。战争之初，他对罗振玉分析说："欧洲近岁科学已造其极，人欲亦与之竞进，此次战事实为西政爆裂之时"。[3]战争之后，他致书罗振玉说："时局如此，乃西人数百年讲求富强之结果，恐我辈之言将验。若世界人民将来尚有孑遗，则非采用东方之道德及政治不可也。"致书狩野直喜说："世界新潮澒洞澎湃，恐遂

1.《王国维全集·书信》，第238、387页。

2. 他的女儿王东明回忆，他曾与陈寅恪谈及："中国民智未开，教育落后，如骤行民主，必为野心家所乘。"周光午回忆，在清华曾看见他致钱玄同书手稿，其中谈及："中华民智未开，如实行西洋近代民主政治，徒为野心家所利用，而招祸乱，故主张君主立宪之制"。《王国维全集·书信》，第460、161页。

3. 罗振玉《〈海宁王忠悫公遗书〉初集弁言》。《追忆王国维》，第19页。

致天倾地折。然西方数百年功利之弊非是不足一扫荡，东方道德政治或将大行于天下，此不足为浅见者道也。"[1]对于西方文明的否定和对于中国道德政治的重新肯定，无疑也是把他推向遗老立场的一个力量。

据罗振玉说，入值南书房期间，王国维曾向溥仪上《政学异同疏》，原稿已被王焚毁，幸亏他保存了一份草稿，是王拿给他和他讨论的。在《王忠悫公别传》中，他转录了其大要。如果他的说法可信，我们从此稿中可以看到王国维对于西方文化的相当详细的批评。他认为，西说之弊有二。其一是鼓励贪欲，"西人以权利为天赋，以富强为国是，以竞争为当然，以进取为能事"，至"国与国相争，上与下相争，贫与富相争，凡昔之所以致富强者，今适为其自毙之具"。其二是迷信科学，"西人处事皆欲以科学之法驭之"，但"人之心灵及人类所构成之社会国家，则有民族之特性，数千年之历史，与其周围之一切境遇，万不能以科学之法治之"。他又批评西方民主制度说："试问立宪共和之国，其政治果出于多数国民之公意乎，抑出于少数党人之意乎？民之不能自治，无中外一也；所异者，以党魁代君主，且多一贿赂奔走之弊而已。"西说的这些弊病对中国也产生了祸害，是辛亥之后乱象的根源之一："中国此十余年中，纪纲扫地，争夺频仍，财政穷蹙，国几不国者，其源亦半出于此。"不过，苏俄的道路也是走不通的，他批评社会主义说："然此均产之事，将使国人共均之乎，抑委托少数人使均之乎？均产以后，将合全国之人而管理之乎，抑委托少数人使代理之乎？由前之说，则万万无此理。由后之说，则不均之事，俄顷即见矣。"二十年代国际上的两大政治势力，

1.《王国维全集·书信》，第285、311页。

即苏俄和西方，预示了中国政治发展的两种方向，王国维对二者皆持悲观态度。最后的结论是回归中国的儒道："与民休息之术莫尚于黄老，长治久安之道莫备于周孔。"[1]

按王国维的性情，他是要远离政治的，而北大从成立伊始就处在民国的政治风云之中，并成为五四运动的策源地。相对而言，溥仪的小朝廷离政治风云远一些。但是，入值南书房之后，他发现小朝廷内部同样充满着钩心斗角。1924 年 6 月，他致书罗振玉，表示想请假，"因此恶浊界中机械太多，一切公心在彼视之尽变为私意"，故打算"闭门授徒以自给，亦不应学校之请，则心安理得矣"。[2]1924 年底，清华学校创办研究院，拟聘请国内顶级学者为导师，胡适自认为不够格，举荐王国维，他以逼宫发生未久辞谢。聪明的胡适想了一招，找到溥仪，请"皇上"下"圣旨"，王国维这才接受聘约，于 1925 年初入住清华。不过，实际上，他不随溥仪迁往天津，决定应清华之聘，主要的原因是厌烦了小朝廷的内斗。1925 年 3 月，他在给蒋汝藻的信中说："数月以来，忧惶忙迫，殆无可语。直至上月，始得休息。现主人在津，进退绰绰，所不足者钱耳。然困穷至此，而中间派别意见排挤倾轧，乃与承平时无异。故弟于上月中已决就清华学校之聘，全家亦拟迁往清华园，离此人海，计亦良得。数月不亲书卷，直觉心思散漫，会须收召魂魄，重理旧业耳。"[3]

1. 参看陈鸿祥《王国维年谱》，第 274—276 页。罗继祖《王国维先生的政治思想》（刊于《王国维学术研究论集》第一辑，华东师范大学出版社，1983）、叶嘉莹《王国维及其文学批评》（河北教育出版社，1997）皆引此疏，文字略有出入。钱基博《现代中国文学史》（岳麓书社，1986，第 311—312 页）所刊甚详，但无题，亦未注出处，文字略异。引文兼取陈鸿祥和钱基博所述。

2.《王国维全集·书信》，第 400 页。

3.《王国维全集·书信》，第 412 页。

王国维终于在一个似乎合宜的位置上安定下来，可以好好做学问了。然而，他内心仍是充满着不安，仅仅两年后就投湖自尽了。

三　不是解脱的解脱

1927 年 6 月 2 日，王国维在颐和园投湖自尽。人们在他的内衣口袋里找到遗嘱，开头十六字交代作此抉择的原因："五十之年，只欠一死。经此世变，义无再辱。"前八个字，是对人生的悲观。后八个字，是对时局的悲观。两个悲观叠加，所以要自杀。

王国维对人生的悲观，他自己明白，是他自身忧郁的气质使然，所以才会对叔本华的悲观哲学一拍即合。在接触叔本华之前，他已为人生之虚幻而痛苦。1900 年，他二十四岁，所写诗《题友人三十小像》中有"四海一身原偶寄"和"早知世界由心造，无奈悲欢触绪来"句，表达了世界是虚幻之表象的认识，对自己身上理与情的冲突也看得很清楚。叔本华的哲学印证和强化了他的悲观认识，1903 和1904 两年里，他的诗作中人生之悲叹更是不绝于耳："安得吾丧我"；"闻道既未得，逐物又未能。衮衮百年内，持此欲何成？"（《端居》）"江上痴云犹易散，胸中妄念苦难除。"（《五月十五夜坐雨赋此》）"人生过处唯存悔，知识增时祇益疑。"（《六月二十七日宿硖石》）"蝉蜕人间世，兀然入泥洹。此语闻自昔，践之良独难。"（《偶成》）"适然百年内，与此七尺遇。尔从何处来，行将徂何处？""人生一大梦，未审觉何时。相逢梦中人，谁为析余疑？"（《来日》）"嗟汝竟何为，草草阅生死？……劝君歌少息，人生亦如此。"（《蚕》）"人间地狱真无间，死后泥洹枉自豪。终古众生无度日，世尊只合老尘嚣。"（《平生》）"忧与生来讵有端？"（《欲觅》）[1] 直到 1906 和 1907 年，《人间词》中仍常透出忧生之叹："人生只似风前絮，欢也零星，悲也零星，都作连江点点萍。"（《采桑子》）"人间总是堪疑处，唯有兹疑不可疑。"（《鹧鸪天》）"已恨年华留不住，争知恨里年华去。"（《蝶恋花》）[2] 由这些诗句可知，他在情感上是极其恋生的，正因为此，才会对人生之虚幻倍感痛苦，因此寻求解脱，却又清醒地看到解脱之不可能。在他的有生之年，内心的这种冲突并未解决，他后来埋头于古史研究，只是在逃避和压制它罢了。

一个悲观主义者未必要自杀。事实上，王国维早年是坚决反对自杀的。他在《〈红楼梦〉评论》中说："解脱之道，存于出世，而不存于自杀。出世者，拒绝一切生活之欲者也"。[3] 在《教育小言十则》中说：自杀是"意志薄弱之结果"，"至自杀之事，吾人姑论其善恶如何，但自心理学上观之，则非力不足以副其志而入于绝望之域，必其意志之力不能制其一时之感情，而后出此也。"[4] 这基本上是叔本华的观点，叔本华认为，解脱是对生命意志的否定，而自杀者只是对落到自己头上的生活条件不满，因此并没有放弃生命意志，反而是通过放弃生命而对生命意志的强烈肯定。[5]

自杀的倾向与思想的关系小，很少有人只是出于悲观哲学而自

1.《王国维文集》第 1 卷，第 247、248、250、251、252、254、255、257 页。

2.《王国维文集》第 1 卷，第 189、201、242 页。

3.《王国维文集》第 1 卷，第 8 页。

4.《王国维文集》第 3 卷，第 88 页。

5. 参看《作为意志和表象的世界》，第 546 页。

杀，却与性格的关系大，这种倾向往往潜藏在一种自我压抑的性格中。王国维是极典型的内向和被动性格的人。其父王乃誉曾在日记责备少年王国维"畏葸"，而王国维在《格代之家庭》一文中说："古今诗人，幼年多胆怯者，盖想象之力实自是而得之，格代亦然。"此语颇有借歌德自况的意味。[1]据亲友学生回忆，王国维平时沉默寡言，不苟言笑。有客来，往往抽烟默然相对。他研究戏曲，但女儿王东明说，从未见他去看过戏。学生请教问题，他略举大要，数言而止，不知则直称不知。口才很差，讲演时听众几乎都睡着。一个有大学问大识见的人，却如此木讷，足见内向到了极点。

王国维的被动性格，突出地表现在留辫子的问题上。他是辛亥后在日本时开始留辫子的，其初衷可以认为是对新派人物和民国乱局的一个抗议。然而，他入值南书房时，溥仪头上早已没有辫子，溥仪周围的人也极少有留辫子的，他头上的辫子就成了一个尴尬的东西。太太给他梳辫子时，多次劝他剪掉。有一次说："到这个时候了，还留着这东西做什么？"他回答："正是到这个时候了，我还剪它做什么！"另一次说："别人的辫子全剪了，你还留着多不方便？"他过了好一会儿回答："留着便是留着了。"还有的时候回答："既然留了，又何必剪呢？"入清华后，北伐军逼近之传言颇多，学生和友人担心他的辫子招祸，纷纷劝他速剪，他的回答是："实则此辫只有待他人来剪，余则何能自剪之者。"[2]总之始终用被动的态度对待这个尴尬的东西，仿佛说：尴尬就尴尬吧，我就这样了。把不剪辫子解释为忠于逊清到底的立场表达，我认为是牵强的，其实只是性格

---

1. 陈鸿祥《王国维年谱》，第 15 页。
2.《追忆王国维》，第 253、455、478、162 页。

使然。

王国维的被动性格，还突出地表现在对哈同花园的态度上。哈同花园的主角有三人，英籍犹太人、上海滩地皮大王哈同，他的爱蓄面首的混血儿老婆，最受宠幸的面首姬某人，这三人弄了一个可笑的"仓颉教"，办了一个所谓"仓圣明智大学"，姬某人任校长。王国维从日本归来，迫于生计应聘，担任教授和《学术丛编》编辑，共六年多。以他心智的纯正，当然极厌恶哈园的乌烟瘴气，也极鄙视"仓颉教"之"全为荒谬不经、随口胡诌之说"[1]，常在致罗振玉的书信中贬斥，但是竟然忍了这么多年，直至这个所谓"大学"解散。可见多么糟糕的环境，只要允许他置身事外，可以安心做学问，他都能忍下来。事实上，正是在这几年里，他在甲骨文考释和殷周史研究上取得了突破性的成果。

在王国维的后半生，有两个最重大的事件，一是学术转向，二是投奔溥仪，而在这两件事上，他的被动性格也都起了很大作用。他放弃哲学诚然是出于对哲学的绝望，但完全可以转向别的领域，比如已经开始的文学史研究，或开辟思想史研究。只是因为随罗振玉久居日本，在罗氏的强力影响下，他才一头扎进了古史研究。他同情清室诚然是出于对新文化人物的反感，但完全可以做一个自由人士，在二者之间保持独立的身份。只是因为陷进了上海的遗老圈里，在遗老们的影响和操作下，他才一脚踏进了溥仪的小朝廷。他是一个思想敏锐、情感浓厚的人，古史研究绝不能满足他的深层精神需求，和他的禀赋有显然的冲突。他是一个眼光先进、灵魂独立的人，扮演逊清忠臣的

1.《王国维全集·书信》，第 52 页。

角色实在滑稽，几乎成了对他的性灵之讽刺。以他的聪明，他不会看不清自己外在生活与内在心性之间的矛盾，但似乎受着惯性的支配，在人生的错误选择中身不由己，进退维谷，只是把苦闷强压在心中，直至有一天这苦闷把他压垮。

心中郁结巨大的苦闷，这时若有外来较强大的刺激，人就会崩溃。这个刺激到来了，就是北伐军逼近的传言，尤其是叶德辉被枪杀的确凿消息。王国维一向对政局持悲观看法，痛恨民国乱象，更担忧"赤化之祸"。俄国革命后，据罗振玉说，他曾断言"祸将及我"，"观中国近状，恐以共和始而以共产终"。冯军逼宫后，他致书狩野直喜进而断言："赤化之祸，旦夕不测。"[1] 因此，一旦盛传北伐军逼近，他就下决心"经此世变，义无再辱"了。

关于王国维自杀的原因，另有一说是受了罗王失和的刺激。罗王是亲家，王自尽前八个月，长子在沪病故，因婆媳不睦，罗带女儿回天津住。王把长子的抚恤金寄长媳，请罗代收，被退回，王因此致书罗，有"蔑视他人人格，于自己人格亦复有损"愤激之言。[2] 据云此后二人绝交。罗王长期频繁通信，王自尽前尽毁罗氏书札，可见决绝之至。在王的一生中，罗是亦师亦友的人物，对他影响最大，关系也最密切。二人交恶，他精神上所受打击必定极大，会大大加重内心的苦闷，但不能说是他自杀的直接原因。

王国维的自杀，无疑是多种因素共同作用的结果。其中最重要的有：内向、被动、忧郁的性格，悲观主义的人生观；对世风的愤恨和由此而产生的深深的孤独感；清遗民身份造成的尴尬境遇；对时局的

1.《追忆王国维》，第19、346页。

2.《追忆王国维》，第469页。

悲观和北伐军消息的刺激；罗王失和的刺激。因此，可以说是国忧、家忧、人生之忧交集的结果。

王国维之死成为了一个世纪话题，众说纷纭。然而，中国现代史上这位最早领悟哲学之真义、弘扬精神之神圣价值的人，何以会落得一个悲剧的结局，无疑是更值得我们深思的问题。

附录一

中国人缺少什么

—— 在北京大学的演讲 [1]

---

1. 本文是 1999 年 12 月在北京大学、中国人民大学等校的讲演，后根据讲演内容整理
   成文，最早发表在《粤海风》杂志 2000 年第 1—2 期上。

一　对百年文化反省的一个反省：什么逃脱了反省反而成了反省的前提？

今天我讲的题目是从尼采的一篇文章套用来的，那篇文章的题目是《德国人缺少什么》。遗憾的是，尼采讲这样的题目用不着做譬如说德国与东方或者德国与英国之类的比较，他只是把德国的现状与他心目中的标准做一个比较，然后直截了当说出他的批评意见来。而一个中国人讲《中国人缺少什么》这样的题目，似乎就理所当然地成了一个所谓中西文化比较的题目。事实上，中国人也的确是在西方的冲击下才开始反省自己的弱点的。我们本来是一个没有反省习惯的民族，从来以世界的中央自居，不把"夷狄"放在眼里。如果不是鸦片战争以来不断挨打，我们到今天也不会想到要反省。不过，挨打之后，我们也真着急了，反省得特别用力，以至于以中西比较为背景的文化反省成了二十世纪中国思想界说得最多的话题。该说的话好像都说过了，再说就不免老调重弹，所以我从来不参加这类讨论。

也许由于我始终与这个话题保持着一个距离，因此，当我现在来面对它的时候，我就获得了一个与身在其中的人不同的角度。我在想：百年来的文化反省本身是否也是一个需要反省的对象呢？我发现情况确实如此。我已经说过，我们是因为挨打而开始反省的，反省是为了寻找挨打的原因，改变挨打的状态。之所以挨打，明摆着的原因是中国贫弱，西方国家富强。所以，必须使中国富强起来。于是，富强成了二十世纪中国的主题。为了富强，中国的先进分子便向西方去寻求真理。所谓寻求真理，就是寻求西方国家富强的秘诀，寻求使中国富强起来的法宝。这种秘诀和法宝，在洋务派看来是先进的技术和武器，所谓"西洋奇器"和"坚船利炮"，在维新派和革命派看来是西方的政治制度，即君主立宪或共和，在新文化运动看来是科学和民主。当然，你可以说认识是在一步步深入，但是，基本的出发点未变，就是把所要寻求的真理仅仅看作实现国家富强之目标的工具，与此相应，反省也只局限在那些会妨碍我们富强的弱点上。我不能说这样的出发点完全不对，不妨说是形势逼人，不得不然。可是，在这样的寻求真理和这样的反省中，中国文化传统中的一个严重弱点不但逃脱了反省，而且成了不可动摇的前提，这个弱点就是重实用价值而轻精神价值。

二　以严复为例：用实用眼光向西方寻求真理

我以严复为例来说明我的看法。严复是一个适当的例子，他是百年来中国人向西方寻求真理的先行者和杰出代表，其影响覆盖了世纪初整整一代中国知识分子。他的高明之处在于，他首先认识到西方的政治制度不是凭空建立的，而有其哲学上的根据，应该把这些哲学也引进来。但是，即使是他，或者说，特别是他，亦是用实用眼光去寻求真理的。

大家知道，在上世纪末本世纪初，严复翻译了八部西方名著。关于他的翻译，我想提示两点。第一，他引进的主要是英国的社会哲学，之所以引进，除了他在英国留学这个经历上的原因外，最主要的是因为他有强烈的社会关切，在他看来，斯宾塞的进化论社会哲学是警醒国人起来求富强的合适的思想武器。第二，他翻译的主要方式是意译，通过这个方式，他舍弃乃至歪曲了他理解不了的或不符合他的需要的内容，更加鲜明地贯彻了求富强这个意图。

举一个例子。在他的译著中，有约翰·穆勒的《论自由》，他译作《群己权界论》。这部著作的主旨是要确定社会对于个人的合法权力的限度，为个人自由辩护。在书中，穆勒反复强调的一个论点是：个人自由本身就是好的，就是目的，是人类幸福不可缺少的因素，它使得人类的生活丰富多样，生气勃勃。书中有一句话准确表达了他的出发点："一个人自己规划其存在的方式总是最好的，不是因为这方式本身算最好，而是因为这是他自己的方式。"

事实上，肯定个人本身就是价值，个人价值的实现本身就是目的，这个论点是西方自由主义思想的核心。无论是洛克、约翰·穆勒以及严复最信服的斯宾塞等人的古典自由主义，还是以罗尔斯、哈耶克为代表的当代自由主义，都是把个人自由看作独立的善。罗尔斯正义论的第一原则就是自由优先，他认为较大的经济利益和社会利益不能构成接受较小的自由的充足理由。他还强调，自尊即个人对自己价值的肯定是最重要的基本善。哈耶克则反复阐明，个人自由是原始意义上的自由，不能用诸如政治自由、内在自由、作为能力的自由等具体的自由权利来混淆它的含义。

可是，在严复的译著里，这个核心不见了。在他所转述的英国自由主义理论（见约翰·穆勒《群己权界论》和斯宾塞《群学肄言》）中，个人自由成了一种手段，其价值仅仅在于，通过个人能力的自由发展和竞争，可以使进化过程得以实现，从而导致国家富强。

与德国哲学相比，英国哲学本来就偏于功利性，而严复在引进的时候，又把本来也具有的精神性割除了，结果只剩下了功利性。只要把真理仅仅当作求富强的工具，而不同时和首先也当作目的本身，这种情况的发生就是不可避免的。因为这样一来，一方面，必定会对人家理论中与求富强的目的无关的那些内容视而不见，另一方面，即使看见了，也会硬把它们塞进求富强这个套路中去。

这个例子十分典型，很能说明当时中国思想界的主流倾向。究其原因，只能从我们重实用的文化传统和国民性中去找。由于重实用，所以一接触西方哲学，就急于从里面找思想武器，而不是首先把人家的理论弄清楚。中国人是很少有纯粹的理论兴趣的，对于任何理论，都是看它能否尽快派上用场而决定取舍。在世纪初的这班人里，严复算是好的，他毕竟读了一些西方原著，其他人如康有为、梁启超、谭嗣同、章太炎辈基本上是"道听途说"（只看日本人的第二手材料），然后"信口开河"（将听来的个别词句随意发挥，与佛学、中国哲学、西方其他哲学片断熔于一炉），为我所用。也由于重实用，所以对于西方哲学中最核心的部分，即涉及形而上学和精神关切的内容，就读不懂也接受不了。在中国人的心目中，一般没有精神价值的地位。无论什么精神价值，包括自由、公正、知识、科学、宗教、真、善、美、爱情等等，非要找出它们的实用价值，非要把它们归结为实用价值不可，否则就不承认它们是价值。

我不否认，中国有一些思想家对于人的精神问题也相当重视，例如严复提出要增进"民德"，梁启超鼓吹要培育"新民"，鲁迅更是孜孜不倦地呼吁要改造"国民性"。但是，第一，在他们那里，个人不是被看作个人，而是被看作"国民"，个人精神素质之受到重视只因为它是造成民族和国家素质的材料。第二，他们对于精神层面的重视往往集中于甚至局限于道德，而关注道德的出发点仍是社会的改造。因此，在我看来，其基本思路仍不脱社会功利，个人精神的独立价值始终落在视野外面。

三　王国维：重视精神价值的一个例外

那么，有没有例外呢？有的，而且可以说几乎是唯一的一个例外。正因为此，他不是一个幸运的例外，而是一个不幸的例外，不是一个成功的例外，而是一个失败的例外。在世纪初的学者中，只有这一个人为精神本身的神圣和独立价值辩护，并立足于此而尖锐批评了中国文化和中国民族精神的实用品格。但是，在当时举国求富强的呐喊声中，他的声音被完全淹没了。

我想从一件与北大多少有点关系的往事说起。两年前，北大热闹非凡地庆祝了它的百年大典。当时，纯种的北大人或者与北大沾亲带故的不纯种的北大人纷纷著书立说，登台演讲，慷慨陈词，为北大传统正名。一时间，蔡元培、梁启超、胡适、李大钊、蒋梦麟等人的名字如雷贯耳，人们从他们身上发现了正宗的北大传统。可是，北大历史上的这件在我看来也很重要的往事却好像没有人提起，我相信这肯定不是偶然的。

北大的历史从1898年京师大学堂成立算起。1903年，清政府批准了由张之洞拟定的《奏定学堂章程》，这个章程就成了办学的指导方针。章程刚出台，就有一个小人物对它提出了尖锐的挑战。这个小人物名叫王国维，现在我们倒是把他封作了国学大师，但那时候他只是上海一家小刊物《教育世界》杂志的一个青年编辑，而且搞的不是国学，而是德国哲学。当时，他在自己编辑的这份杂志上发表了一系列文章，批评张之洞拟定的章程虽然大致取法日本，却惟独于大学文科中削除了哲学一科。青年王国维旗帜鲜明地主张，大学文科必须设立哲学专科和哲学公共课。他所说的哲学是指西方哲学，在他看来，西方哲学才是纯粹的哲学，而中国最缺少、因此最需要从西方引进的正是纯粹的哲学。

王国维是通过钻研德国哲学获得关于纯粹的哲学的概念的。在本世纪初，整个中国思想界都热衷于严复引进的英国哲学，唯有他一人醉心于德国哲学。英国哲学重功利、重经验知识，德国哲学重思辨、重形而上学，这里面已显示了他的与众不同的精神取向。他对德国哲学经典原著真正下了苦功，把康德、叔本华的主要著作都读了。《纯粹理性批判》那么难懂的书，他花几年时间读了四遍，终于读懂了。在我看来，他研究德国哲学最重要的成就不在某些枝节问题上，诸如把叔本华美学思想应用于《红楼梦》研究之类，许多评论者把眼光集中于此，实在是舍本求末。最重要的是，通过对德国哲学的研究，他真正进入了西方哲学的问题之思路，领悟了原本意义上的哲学即他所说的纯粹的哲学应该是什么样子的。

王国维所认为的纯粹的哲学是什么样子的呢？简单地说，哲学就是形而上学，即对宇宙人生做出解释，以解除我们灵魂中的困惑。他由哲学的这个性质得出了两个极重要的推论。其一，既然哲学寻求的是"天下万世之真理，非一时之真理"，那么，它的价值必定是非实用的，不可能符合"当世之用"。但这不说明它没有价值，相反，它具有最神圣、最尊贵的精神价值。"无用之用"胜于有用之用，精神价值远高于实用价值，因为它满足的是人的灵魂的需要，其作用也要久远得多。其二，也正因此，坚持哲学的独立品格便是哲学家的天职，决不可把哲学当作政治和道德的手段。推而广之，一切学术都如此，唯以求真为使命，不可用作任何其他事情的手段，如此才可能有"学术之发达"。

用这个标准衡量，中国没有纯粹的哲学，只有政治哲学、道德哲学，从孔孟起，到汉之贾、董，宋之张、程、朱、陆，明之罗、王，都是一些政治家或想当而没有当成的人。不但哲学家如此，诗人也如此。所谓"诗外尚有事在"，"一命为文人，便无足观"，是中国人的金科玉律。中国出不了大哲学家、大诗人，原因就在这里。

尤使王国维感到愤恨的是，当时的新学主流派不但不通过引进西方的精神文明来扭转中国文化的实用传统，反而把引进西学也当成了实现政治目的或实利目的的工具，使得中国在这方面发生改变的转机也丧失了。他沉痛地指出：政治家、教育家们混混然输入泰西的物质文明，而实际上，中国在精神文明上与西方的差距更大。中国无纯粹的哲学，无固有之宗教，无足以代表全国民之精神的大文学家，如希腊之荷马、英之莎士比亚、德之歌德者。精神文明的建设无比困难：

"夫物质的文明，取诸他国，不数十年而具矣，独至精神上之趣味，非千百年之培养，与一二天才之出，不及此。"精神文明原本就弱，培养起来又难，现在只顾引进西洋物质文明，精神文明的前景就更加堪忧了。

四　中西比较：对精神价值的态度

这么看来，对于"中国人缺少什么"这个问题，在本世纪初已经有两种相反的答案。一种是王国维的答案，认为最缺的是精神文明。另一种是除王国维以外几乎所有人的答案，认为最缺的是物质文明，即富强，以及为实现富强所必需的政治制度和思想武器。至于精神文明，他们或者还来不及去想，或者干脆认为中国已经充分具备。事实上，他们中的大多数人或早或晚都得出了一个共同的结论，说西方是物质文明发达，中国是精神文明发达，甚至是全世界最发达的。直到今天，还有人宣布，中国的精神文明全世界第一，并且承担着拯救世界的伟大使命，二十一世纪将是中国世纪云云。

当然，在这两种不同答案中，对于精神文明的理解是完全不同的。在王国维看来，精神文明的核心是对精神价值的尊敬，承认精神有物质不可比拟的神圣价值和不可用物质尺度来衡量的独立价值，一个民族精神文明的成就体现为它在哲学、宗教、文学、艺术上所达到的高度。而其他人所说的精神文明，基本上是指儒家的那一套道德学说，其成就体现为社会的稳定。

你们一定已经想到，我是赞成王国维的答案的。在我看来，中国人缺少对精神价值的尊敬，从而也缺少对守护和创造了精神价值的人的尊敬，这是明显的事实。我暂时先提一下这方面最直观的一个表现。在欧洲国家，任何一个城镇的居民最引以自豪的事情是，曾经有某某著名的哲学家、艺术家、学者在那里生活过，或者居住过一些日子，他们必会精心保存其故居，挂上牌子注明某某何时在此居住。我在海德堡看到，这个仅几万人口的小城，这样精心保存的故居就有数十处。在巴黎先贤祠正厅里只安放了两座精美的墓，分别葬着伏尔泰和卢梭。如果不算建祠时葬在这里的法国大革命时期的一些政治家和军人，进入先贤祠的必是大哲学家、大文学家、大科学家，总统之类是没有资格的。想一想即使在首都北京保存了几处文化名人故居，想一想什么人有资格进入八宝山的主体部分，我们就可知道其间的差别了。

五　从头脑方面看中国人缺少精神性

说我们不重视精神本身的价值，这是一个婉转的说法。换一个直截了当的说法，我要说中国人、中国文化缺少精神性，或者说精神性相当弱。所谓精神性，包括理性和超越性两个层次。理性属于头脑，超越性属于灵魂。所以，精神性之强弱，可以从头脑和灵魂两个层次来看。

精神性的一个层次是理性。通俗地说，有理性即有自己的头脑。所谓有自己的头脑，就是在知识的问题上认真，一种道理是否真理，一种认识是否真知，一定要追问其根据。从总体上看，西方人在知识的根据问题上非常认真，而我们则比较马虎。

熟悉西方哲学史的人一定知道，西方哲学家们极关注知识的可靠性问题，尤其是近代以来，这方面的讨论成了西方哲学的主题。如果要对人类知识的根据追根究底，就会发现其可靠性面临着两大难题：第一，如果说与对象符合的认识才是真知，可是对象本身又永远不能在我们意识中出现，一旦出现就成了我们的认识，那么，我们如何可能将二者比较而判断其是否符合？第二，我们承认经验是知识的唯一来源，同时我们又相信在人类的知识中有一种必然的普遍的知识，它们不可能来自有限的经验，那么，它们从何而来？康德以来的许多西方哲学家之所以孜孜于要解决这两个难题，就是想把人类的知识建立在一个完全可靠的基础上，否则就放心不下。相反，中国的哲学家对这类问题不甚关心，在中国哲学史上，从总体上怀疑知识之可靠性的只有庄子，但基本上没有后继者。知识论是中国传统哲学最薄弱的环节之一，即使讨论也偏于知行关系问题。宋明时期算是最重视知识论的，可是所讨论的知识也偏于道德认识，即所谓"德行之知"。程朱的格物致知的"知"，陆王的尽心穷理的"理"，皆如此，分歧只在悟道的途径。

在哲学之外的情况也是这样。在西方，具有纯粹的思想兴趣、学术兴趣、科学研究兴趣的人比较多，他们在从事研究时只以真知为目的而不问效用，正是在他们中产生了大思想家、大学者、大科学家。中国则少这样的人。以效用为目的的研究是很难深入下去的，一旦觉得够用，就会停下来。同时，唯有层层深入地追问根据，才能使理论思维趋于严密，而由于中国人不喜追根究底，满足于模棱两可，大而化之，所以理论思维不发达。此外，本来意义上的热爱真理也源于在知识问题上的认真，因为认真，所以对于自己所求得的真知必须坚持，不肯向任何外来的压力（政府，教会，学术权威，舆论，时尚）屈服。中国曾经有过许多为某种社会理想献身的革命烈士，但不容易出像苏格拉底这样为一个人生真理牺牲的哲学烈士，或像布鲁诺这样为一个宇宙真理牺牲的科学烈士。

六　从灵魂方面看中国人缺少精神性

精神性的另一个层次是超越性。通俗地说，有超越性即有自己的灵魂。所谓有自己的灵魂，就是在人生的问题上认真，人为何活着，怎样的活法好，一定要追问其根据，自己来为自己的生命寻求一种意义，自己来确定在世间安身立命的原则和方式，决不肯把只有一次的生命糊涂地度过。而一个人如果对人生的根据追根究底，就不可避免地会面临诸如死亡与不朽、世俗与神圣之类根本性的问题，会要求以某种方式超越有限的肉体生命而达于更高的精神存在。从总体上看，我们在生命的根据问题上也远不如西方人认真。

有人说，人生哲学是中国哲学的最大成就，中国哲学在这个方面非常丰富和深刻，为世界之最。从比重看，人生哲学的确是中国哲学的主体部分，而在西方哲学中则好像没有这么重要的地位。若论人生思考的丰富和深刻，我仍觉得中国不及西方。我想着重指出一点：中西人生思考的核心问题是不同的。西方人的人生思考的核心问题是：为什么活？或者说，活着有什么根据，什么意义？这是一个人面对宇宙大全时向自己提出的问题，它要追问的是生命的终极根据和意义。

所以，西方的人生哲学本质上是灵魂哲学，是宗教。中国人的人生思考的核心问题是：怎么活？或者说，怎样处世做人，应当用什么态度与别人相处？这是一个人面对他人时向自己提出的问题，它要寻求的是妥善处理人际关系的准则。所以，中国的人生哲学本质上是道德哲学，是伦理。

为什么会有这样的差异呢？我推测，很可能是因为对死抱着不同的态度。对于西方人来说，死是一个头等重要的人生问题，因为在他们看来，死使人生一切价值面临毁灭的威胁，不解决这个问题，人生其余问题便无从讨论起。苏格拉底和柏拉图把哲学看作预习死的一种活动。自古希腊开始，西方哲学具有悠久的形而上学传统，即致力于寻求和建构某种绝对的精神性的宇宙本体，潜在的动机就是为了使个人灵魂达于某种意义上的不死。至于在基督教那里，所谓上帝无非是灵魂不死的保证罢了。中国人却往往回避死的问题，认为既然死不可逃避，就不必讨论，讨论了也没有用处。在这个问题上，哲学家的态度和老百姓一样朴素，所以孔子说："未知生，焉知死。"庄子"以死生为一条"，抱的也是回避的态度。从死不可避免来说，对死的思考的确没有用处，但不等于没有意义，相反具有深刻的精神意义。事实上，对死的思考不但不关闭、反而敞开了人生思考，把它从人生内部事务的安排引向超越的精神追求，促使人为生命寻找一种高于生命本身的根据和意义。相反，排除了死，人生思考就只能局限于人生内部事务的安排了。中国之缺少形而上学和宗教，原因在此。儒家哲学中的宇宙论远不具备形而上学的品格，仅是其道德学说的延伸，然后又回过头来用作其道德学说的论证。所谓"天人合一"，无非是说支配着宇宙和人伦的是同一种道德秩序罢了。

由于同样的原因，我们中国人缺少真正的宗教感情。当一个人的灵魂在茫茫宇宙中发现自己孤独无助、没有根据之时，便会在绝望中向更高的存在呼唤，渴望世界有一种精神本质并且与之建立牢固的联系。这就是本来意义的宗教感情，在圣奥古斯丁、帕斯卡尔、克尔凯郭尔、托尔斯泰身上可以看见其典型的表现。我们对这样的感情是陌生的。我们也很少有真正意义上的灵魂生活，很少为纯粹精神性的问题而不安和痛苦，很少执著于乃至献身于某种超越性的信念。因此，我们中很难产生精神圣徒，我们的理想人格是能够恰当处理人际关系的君子。也因此，我们缺少各种各样的人生试验者和精神探险家，我们在精神上容易安于现状，我们的人生模式容易趋于雷同。

　　总起来说，我们缺少头脑的认真和灵魂的认真，或者说，缺少广义的科学精神和广义的宗教精神。

七　其他弱点可追溯到精神性的缺少

　　我们在其他方面的缺点往往可以在精神性之缺乏中找到根源，或至少找到根源之一。

　　例如，为什么我们不把个人自由本身看作价值和目的，而仅仅看作手段呢？道理很简单，如果一个人不觉得有必要用自己的头脑思考问题，思想自由对他就确实不重要；如果他不觉得有必要让自己的灵魂来给自己的人生做主，信仰自由对他就确实不重要。关于这一点，梁漱溟说得很传神：中国人"对于西方人的要求自由，总怀两种态度：一种是淡漠的很，不懂得要这个作什么，一种是吃惊得很，以为这岂不乱天下！"另一面呢，"西方人来看中国人这般的不想要权利，这般的不把自由当回事，也大诧怪的"。因为他们一定会觉得，一个人如果在对世界的看法和对人生的态度上都不能自己做主，活着还有什么意思。哈耶克确实告诉我们：自由之所以重要，正是因为人人生而不同，每个人的独特性是每个人的生命的独特意义之所在；而强制之所以可恶，正是因为它把人看成了没有自己的思想和自己的灵魂的东西。奇怪的是，在当前的哈耶克热中，人们对他的这种价值立场很少关注，往往把他的理论归结成了经济自由主义。

又例如，梁启超曾经提出一种很有代表性的意见，认为中国人在精神的层面上最缺少的是公德，即对社会的责任心。在我看来，其原因也可追溯到中国人缺少真正的灵魂生活和广义的宗教精神，因此而没有敬畏之心，没有绝对命令意义上的自律。我们不但不信神，而且不信神圣，即某种决不可侵犯的东西，一旦侵犯，人就不再是人，人的生命就丧失了最高限度和最低限度的意义。灵魂的严肃和丰富是一切美德之源，一个对自己生命的意义麻木不仁的人是不可能对他人有真正的同情之感、对社会有真正的责任心的。

我想再对中国知识分子问题说几句话。我常常听说，中国知识分子的弱点是缺乏社会承担和独立品格。据我看，表面上的社会承担并不缺，真正缺的是独立品格，而之所以没有独立品格，正是因为表面上的社会承担太多了，内在的精神关切太少了。我并不反对知识分子有社会责任心，但这种责任心若没有精神关切为底蕴，就只能是一种功利心。我们不妨把中国知识分子与俄国知识分子做一个比较。俄国知识分子在社会承担方面决不亚于我们，他们中的许多人为此而被流放，服苦役，但是，他们同时又极关注灵魂问题，这使得他们能够真正作为思想家来面对社会问题。只要想一想赫尔岑、车尔尼雪夫斯基、陀思妥耶夫斯基、舍斯托夫等人，你们就会同意我的说法。一个人自己的灵魂不曾有过深刻的经历，则任何外部的经历都不可能使他深刻起来。譬如说，中国知识分子在"文革"中所遭受的苦难也许不亚于俄国知识分子在沙皇专制下或斯大林专制下所遭受的，可是，直到今天，我们没有写出一部以"文革"为题材的优秀作品，哪怕能够勉强与陀思妥耶夫斯基的《死屋手记》、帕斯捷尔纳克的《日瓦戈医生》、索尔仁尼琴的《古拉格群岛》相比，这恐怕不是偶然的。

八 原因和出路

最后我想提出一个问题。应该说，人性在其基本方面是共通的。人是理性的动物，在此意义上，人人都有一个头脑，都有理性的认识能力。人是形而上学的动物，在此意义上，人人都有一个灵魂，都不但要活而且要活得有意义。这本来都属于共同的人性。事实上，无论西方还是中国，都有人对于知识的根据问题和人生的根据问题持认真态度，而特别认真的也都是少数。那么，为什么在西方，人性中这些因素会进入民族性之核心，并成为一种文化传统，而在中国却不能呢？我承认，对这个问题，我尚未找到一个满意的答案。我相信，造成这种差别的原因必是复杂的。不管怎样，作为综合的结果，中国文化已经形成了其实用品格。值得注意的是，一旦形成之后，这种文化便具有了一种淘汰机制，其发生作用的方式是：对实用性予以鼓励，纳入主流和传统之中，对精神性则加以排斥，使之只能成为主流和传统之外的孤立现象。

王国维的遭遇便是一个典型例证。在他的个性中，有两点鲜明的特质。一是灵魂的认真，早已思考人生的意义问题并产生了困惑。二是头脑的认真，凡事不肯苟且马虎，必欲寻得可靠的根据。这两点特质结合起来，为灵魂的问题寻求理性的答案的倾向，表明他原本就是一个具备哲学素质的人。因此，他与德国哲学一拍即合就完全不是偶然的了。可是，他对哲学的这种具有强烈精神性的关注和研究在当时几乎无人理睬，与严复的实用性的译介之家喻户晓适成鲜明对照。他后来彻底钻进故纸堆，从此闭口不谈西方哲学乃至一切哲学，我认为应该从这里来找原因。在他的沉默和回避中，我们应能感觉到一种难言的沉痛和悲哀。可以说，淘汰机制的作用迫使他从较强的精神性退回到了较弱的精神性上来。

这里有一个恶性循环：精神性越被淘汰，实用品格就越牢固；实用品格越牢固，精神性就越被淘汰。出路何在？依我看，惟有不要怕被淘汰！本来，怕被淘汰就是一种实用的计算。如果你真的有纯粹精神性追求的渴望，你就应该坚持。我希望中国有更多立志从事纯哲学、纯文学、纯艺术、纯学术的人，即以精神价值为目的本身的人。由于我们缺乏这方面的整体素质和传统资源，肯定在很长时间里不能取得伟大成就，出不了海德格尔、卡夫卡、毕加索，这没有关系。而且，如果你是为了成为海德格尔、卡夫卡、毕加索才去从事这些，你就太不把精神价值当作目的而是当作手段了，你的确最好趁早去做那些有实用价值的事。我相信，坚持纯粹精神性追求的人多了，也许在几代人之后，我们民族的精神素质会有所改观，也许那时候我们中会产生出世界级的大哲学家和大诗人了。

附录一

中国今天最需要的是信仰和法治

——重新发表《中国人缺少什么》的作者附言 [1]

---

1. 本文写于 2008 年 9 月，刊于《中国文化》杂志 2008 年秋季号。

这是一篇旧文。我于 1999 年 12 月在北京大学、中国人民大学等校用这个题目做讲演，根据讲演内容整理成此文，最早发表在《粤海风》杂志 2000 年第 1—2 期上，其后又收在散文集《安静》（北岳文艺出版社 2002）和《周国平人文讲演录》（上海文艺出版社 2006）中。最近不知谁把此文贴到了网上，遂被误以为是我的新作。刘梦溪兄有意在《中国文化》上刊登，嘱我略作修改。近十年前的旧文，我觉得不好改，就做一点儿补充吧。

　　清末民初，在西方哲学的引进中，王国维和严复是最重要的人物，分别为引进德国哲学和英国哲学的第一人。在我看来，西方哲学的精华有二。一是形而上学，即对终极真理和终极价值的关切，奠基于古希腊，近代以来集中体现于德国哲学。二是个人主义，即对个人价值和个人自由的尊重，奠基于古罗马，近代以来集中体现于英国哲学。西方因为有形而上学，形成了认真对待知识和信仰的文化传统，因为有个人主义，建立了以保护个人自由为最高原则的法治社会。检讨中国传统文化，若以西方为参照，以普世价值为尺度，最缺的也正是这两样东西。由此可见，王、严二位都是极有眼光的。

在上文中，我以王、严二位接受西方哲学的不同取向和遭遇为例，分析了中国文化的实用品格。我的立场是同情王国维而批评严复的。现在我仍基本坚持这个立场，但对严复多了一些肯定。

关于王国维，从当时到今天，人们对他的学术转向、遗老立场和自杀一直议论纷纷。一个最早领悟西方哲学之精神的中国人，却在中年以后彻底放弃了西方哲学乃至任何哲学的研究，一头扎进了经史考据之学。一个有着先进的学术头脑和宽阔的文化眼光的大学者，却在清亡十二年之后公开做了遗老，他的自杀好像也脱不掉殉清的嫌疑。这些情况发生在王国维身上，的确构成了奇怪的矛盾。可是，倘若我们对王国维之内心的矛盾以及他与时代之间的矛盾有了深入的了解，对于这暴露在表面上的矛盾就不会感到太奇怪了。

就学术转向来说，依我的分析，他由哲学而文学而终于义无反顾地钻进史学，根本的原因在于他对哲学的绝望。具体地说，他有三重绝望。其一，对在中国的环境中从事哲学感到绝望。他通过研习德国哲学领悟了纯粹的哲学，努力向国人介绍，以期改变中国文化的实用传统，但收效极微，整个新学界几乎无人理睬。新学界的现状是，人们热衷于政治，急功近利，没有人对哲学真正感兴趣。在这样的环境中，他势孤力单，终于坚持不下去了。其二，对在现时代从事哲学感到绝望。他看到了西方哲学的危机，其表现是实证主义盛行，出不了大哲学家。"居今日而欲自立一新系统，自创一新哲学，非愚则狂也。"（《自序二》）哲学界仅由哲学史家组成，他知道自己也无望成为创造性的大哲学家，又不甘心只做哲学史家，于是放弃哲学。其三，对哲学本身感到绝望。他是因为对宇宙人生之根本问题的困惑，而要到哲学中去寻找解决的。然而，寻找的结果却是发现，哲学并不能提供解决。"哲学上之说，大都可爱者不可信，可信者不可爱。"(《自序二》)所谓"可爱者不可信"，首当其冲的就是"伟大之形而上学"，他已看到哲学内在的矛盾，依靠理性解决终极问题之不可能。这三重的绝望，其实更证明王国维的哲学悟性非同寻常，而他引进德国哲学的失败就更是一个悲剧了。

对于严复引进英国自由主义哲学，其功过是非，应该作具体分析。从他1885年发表的文章中可以看出，当时他就已经明确地意识到，在自由主义理论中隐藏着西方政治的秘密。其中，有两点见解最值得注意。其一，西方政治"以自由为体，以民主为用"(《原强》)，这是一个精当的概括，表明他已经认识到，自由是西方政治思想的核心，民主仅是这一核心思想的运用。其二，自由也是西方政治和中国政治的根本相异之点，中国政治传统中最缺少的东西正是自由，由这个根本的差异而产生了中西社会的一系列差异。(参看《论世变之亟》)

自由主义可归结为两个原则，一是个人自由，二是法治。从严复当时的著译看，他对这两个原则基本上是理解的。个人自由原则的涵义是：凡是不涉及他人的行为，个人享有自由，相反则要按照涉及他人的程度而受到社会相应程度的干涉。因此，私域和公域的划界乃是政治自由的关键问题。严复翻译约翰·穆勒的《论自由》，把书名改为《群己权界论》，正是为了强调这个关键问题。正如他在该书的《译凡例》中所说："人得自繇，而必以他人之自繇为界"。从译文看，凡是涉及划界的内容，大体上能够传达原文的意思。在他的其他著作中，我们也可发现对这个原则的清楚表述。例如，在《天演论》按语中，他谈到斯宾塞的"太平公例"即同等自由法则："人得自由，而以他人之自由为界。"《法意》的按语也说："夫泰西之俗，凡事之不逾于小己者，可以自由，非他人所可过问。而一涉社会，则人人皆得而问之。"足见个人自由的划界原则是深深印在了他的脑子里。

严复对法治原则也有相当的理解。通过翻译甄克思的《社会通诠》，他懂得了法治的关键在于限制政府对人民的治权。通过翻译孟德斯鸠的《法意》，他懂得了法治的制度保证是把立法权、司法权从政府的权力中分离出来。在二书的按语中，他还从所领会的法治观念出发，对中国的人治进行了相当深刻的分析和批判。他对法治的认识，在1905年发表的《政治讲义》中又做了比较系统的阐述。总的说来，他已经比较清楚地认识到，要使中国政制由专制变为自由，就必须用法治取代人治。关于法治的涵义，他较为明确的是法律的普遍性和至上性，对政府行政权的限制，司法权的独立。有两个重要问题较为模糊，一是立法的原则，二是立法权的归属。

如果说严复对自由的含义大致上是清楚的，那么，论到自由的根据问题，即为何个人自由是可欲的，情况就完全不同了。西方政治哲学家对于自由为何可欲的论证虽有人道主义和功利主义两条路径，但程度不等地都承认个人及个人自由本身即具有目的价值。然而，严复完全不能理解自由主义的这个核心价值观念，原因大致有二。

一是儒家传统的束缚。在严译《群己权界论》中，最严重的曲解就集中在对个性价值这方面内容的翻译上。一个总的倾向是，他常常用道德色彩强烈的语汇来翻译这些内容，结果，"特操"、"修身成物"、"民德"之类取代个性价值成了自由的根据。也许他在使用这些现成的概念时赋予了某些新的含义，例如他所说的"民德"的内涵并不限于儒家道德规范。但是，把自由的价值归结为国民道德的提高，不管所说道德的内涵是什么，都是对自由主义的误解。同时，系统地用儒家语汇取代西方人文主义语汇，至少表明他在接受自由主义时缺少相应的文化资源，因而不可避免地发生了理解和表达的错位。

另一更重要的原因是，严复是带着探寻中国贫弱的原因这个迫切目的去接受斯宾塞的社会进化论的，在很大程度上又是透过被如此接受的斯宾塞理论去理解自由主义的。他的思路大致是：中国之所以贫弱，是因为进化过程受阻；进化过程之所以受阻，是因为人民不自由。这个认识既成了他引进自由主义的有力动机，也成了他理解自由主义的严重困难。在斯宾塞理论的影响下，他把生存斗争看作社会进化的动力，而又把自由看作生存斗争得以充分展开、从而社会进化得以顺利实现的必要条件。他在《〈群己权界论〉译凡例》中说："惟与以自繇，而天择为用，斯郅治有必成之一日。"在《〈老子〉评语》中说："今日之治，莫贵乎崇尚自由。自由，则物各得其所自致，而天择之用存其最宜，太平之盛可不期而自致。"在这两句话中，自由都被当作了物竞的同义词。贯穿其中的逻辑是，自由即充分的物竞，在物竞的基础上天择，由天择而实现进化，循此达于社会最佳状态。当他认为自由的价值在于提高民德之时，他也是把提高民德看作实现种群进化的关键。因此，归根到底，他把个人自由当作了手段，其作用是实现群体进化，从而在与其他群体的生存斗争中处于有利地位，总之是使国家富强起来。否认了个人自由的目的价值，对个人自由原则到底理解到什么程度就成问题了。我们的确看到，在《法意》等译著中，他常用所谓"国群自由"来贬低"小己自由"，事实上并未把个人自由视为最高原则。

在一个世纪前，王国维试图引进形而上学，严复试图引进自由主义，由于传统的阻挠或束缚，时代和个人的限制，他们的努力基本上失败了。在转型时期的中国，我们最缺少、最需要的东西，一是信仰，二是法治，前者与形而上学相关，后者与自由主义相关。由于这两样东西的薄弱，我们已深感经济转型的艰难。没有精神文化转型和社会秩序转型的配套，经济转型决不可能孤立地成功。王国维和严复是先驱者，我们今天仍然走在他们开辟的道路上，但愿我们能够完成他们的未竟之业。

附录二

自由的理念

——读哈耶克笔记 [1]

自由主义是西方政治哲学中最重要的一个传统，也是整个西方文明传统的一个重要组成部分。这一传统的渊源可以追溯到古希腊、古罗马和中世纪，在十七、十八世纪获得了自觉的理论形态，即一般认为由洛克所开创的古典自由主义。可以对自由主义的立场作如此概括的表述：个人自由是一项最基本的价值，保障个人自由应该是一切政治安排的最高和最终目的。

　　在当代思想家中，哈耶克无疑最有资格被视为古典自由主义的嫡传，上述立场异常鲜明地贯穿于他的全部著述之中。他对西方当代政治进程有十分悲观的估价，认为自由主义作为一种信念已经基本上被放弃，作为一种实践已经基本上失败。半个多世纪以来，他怀着这一深刻的忧虑，孜孜不倦地为自由主义做着正本清源的工作，试图通过对自由主义基本原则的综合性重述来警醒世人，扭转颓局。正因为如此，他的论述具有突出的明确性和透彻性，为我们把握自由主义的核心思想提供了一个合适的当代文本。

　　当然，哈耶克的意义不仅仅在于重述和捍卫古典自由主义。从"知识增量"的角度看，他的最重大的理论贡献是发展了一种自由主义的社会理论。[1]任何一种自由主义理论，其理论上的任务必定包含两个重要环节，一是对个人自由的价值进行论证，二是探讨怎样的社会秩序和政治法律制度能够最有效地保障个人自由。哈耶克虽然并未忽视前者，但他的工作重心显然是放在后者上，致力于研究个人自由与社会秩序之间的关系[2]，形成了他的理论中最具特色也最富启示的识见：在个人自由互动的基础上产生的自生自发社会秩序能够最有效地维护自由，相反，任何人为设计和建构的社会秩序必然会导致自由的丧失。

本文是我阅读哈耶克著作的部分笔记，主要涉及自由的理念。关于他的社会理论，仅在与此有关的范围内有所涉及，而系统的整理要留待今后了。我的目的完全是学习性质的，旨在凭借哈耶克的文本来对自由主义的核心思想进行理解，并对该文本反映出的自由主义的难题进行思考。[3]

---

1. 邓正来在《哈耶克社会理论的研究》一文中对此有系统的论述，"知识增量"一语也出于此文。参看《邓正来自选集》，广西师范大学出版社，2000 年 12 月，第 181 页。

2. 邓正来在《知与无知的知识观——哈耶克社会理论的再研究》中指出：个人自由与社会整体秩序之间的关系问题是哈耶克的"终身问题"。他还引证 Roche 的话指出：哈耶克的主要贡献是"使我们认识到了自由与社会组织的密切关系以及自由与法治的密切关系"。参看《邓正来自选集》，第 240 页。

3. 在中国学者中，邓正来在哈耶克研究方面做了最为扎实的工作，现已出版的大部分哈耶克著作是由他翻译或主译的，并且质量上乘，他还发表了多篇论文，对哈耶克的社会理论和法律理论的内在理路作了深入的讨论。我对哈耶克的阅读主要得益于他的这些成果，现在重温这个笔记，我深深怀念我的这位亡友。

一　什么是自由

1. 原始意义上的自由

如果说自由是一个合理社会应该予以维护的一项基本价值，那么，我们首先必须明了自由的含义，否则，不知道所要维护的东西是什么，维护就无从谈起。由于"自由"（liberty，freedom）一词往往在不同的语境中被赋予了不同的含义，这样做就更有了必要。很显然，这里所谈论的不是哲学或伦理学的自由概念，而是政治学的自由概念，我们所要明确的是国家通过法律应该保障的那个自由究竟是什么。

在《自由秩序原理》中，哈耶克比较集中地阐述了他对这一意义上的自由概念的理解。他认为，政治学的自由概念恰是原始意义上的自由概念，它仅指涉人与他人间的关系，即指"人的一种状态"，"在此状态中，一些人对另一些人所施以的强制，在社会中被减至最小可能之限度。"换言之，是指"一个人不受制于另一人或另一些人因专断意志而产生的强制状态"。[1] 所谓强制（coercion），不一定表现为直接的暴力，而是指"一人的环境或情境为他人所控制，以至于为了避免所谓的更大的危害，他被迫不能按自己的一贯的计划行事，而只能服务于强制者的目的"。[2] 所以，强制并不排斥选择，但选择的范围是被他人控制的。在强制的境况下，一个人的行动所必须符合的唯一的综合设计是出自他人的意志。[3]

1.《自由秩序原理》（上），邓正来译，三联书店，1997年12月，第3—5页。

2.《自由秩序原理》（上），第16页。

3. 参看《自由秩序原理》（上），第164—165页。

由此可见，自由是一个否定性的（negative）概念，可以简明地把它定义为"他人实施的强制的不存在"。[1]这意味着，自由并不附加享有自由者必须正确使用这种自由的前提条件。自由诚然意味着责任，因而只适用于有责任能力的人。但是，凡有责任能力者，自由便一视同仁地属于他们，无裁量之别。自由不只是为善的自由，也包括采取错误行动的自由，只是行动者必须自己承担对其行动的责任罢了。自由意味着承认每人拥有自己的价值等级序列，应该予以尊重。[2]相反，如果把自由限定在正确行动的范围内，其结果必然是把某个掌握正确与错误之裁决权的人或机构的意志强加于人，从而使自由化为乌有。同时这还意味着，自由所意指的是"开放机会但却并不保障特定利益的境况"。[3]自由仅仅允许每个人按照自己的意愿去行动，但不许诺和保证行动的结果会是什么，能够获得怎样的好处。因为倘若做这样的许诺和保证，也就必定要规定为获此特定利益所必须采取的行动，实际上即是施以强制和剥夺自由了。总之，作为否定性的概念，自由对于使用自由的方式和结果皆不作肯定性的规定。

当然，对于自由的含义并非不能作肯定性的描述。事实上，哈耶克本人就作了这样的描述。例如，在《自由秩序原理》中：自由所涉及的问题是"个人在多大程度上能按他自己的计划和意图行事，他的行动模式在多大程度上出于自己的构设，亦即指向他一贯努力追求的

1.《自由秩序原理》（上），第 14 页。

2. 参看《自由秩序原理》（上），第 91—94 页。

3.《自由主义》．《哈耶克论文集》，邓正来译，首都经济贸易大学出版社，2001 年 9 月，第 73 页。

目的，而非指向他人为使他做他们想让他做的事而创设的必要境况。"[1]
在《法律、立法与自由》第一卷中："在自由的状态下，每个人都能够
运用自己的知识去实现自己的目的。"[2]不过，这样的描述与自由概念的
否定性显然并不矛盾，其实是他人强制的不存在的另一表达方式罢了。
否定性所强调的恰恰是，不可对个人的行动计划、目的、模式等作肯
定性的规定，这一切必须让个人自己去决定和构设。

　　然而，哈耶克由这种肯定性的描述得出了一个论断："因此，自
由预设了个人具有某种确获保障的私域，亦即预设了他的生活环境中
存有一系列情势是他人所不能干涉的。"[3]这一论断却引入了一个复杂
得多的问题。"确获保障的私域"这个概念不再仅仅意味着他人强制
的不存在，更是特指他人强制不存在的范围，亦即不再是解释自由的
含义，而是意指个人自由的范围。很显然，从自由的含义中是推导不
出自由的范围的。对于这个问题，我将在后面相关的地方进行讨论。

　　2. 澄清自由一词的其他用法

　　鉴于自由一词还有其他不同的用法，哈耶克强调，决不能让那些
用法来混淆自由的原始意义。据我理解，哈耶克之所以要作此强调，
是因为原始意义上的自由乃是判断个人自由是否得到了保障的唯一标
准。一个人倘若没有这个意义上的自由，就不能说他已经拥有自由。
同样，一个人倘若已经拥有这个意义上的自由，就不能说他是不自由

1.《自由秩序原理》(上)，第5—6页。
2.《法律、立法与自由》第一卷，邓正来、张守东、李静冰译，中国大百科全书出版
　社，2000年1月，第87页。
3.《自由秩序原理》(上)，第6页。

的。混淆的后果之一是，人们得以借口别的用法的自由的存在而宣称不拥有这个意义上的自由的人已经是一个自由人了，或者借口别的用法的自由的不具备而剥夺拥有这个意义上的自由的权利。

特别需要澄清的用法有以下三种。

第一，政治自由。一般是指人民拥有参与公共权力和公共立法的权利，其最高体现是民主政治。与之类似的还有民族自由。这都是以类比的方式把自由一词使用于群体（人民，民族）。原始意义上的自由是个人的自由，而非集体的自由。哈耶克指出，混淆的危险在于可能掩盖这一事实："一个人可以通过投票和缔结契约的方式而使自己处于奴役状态，从而同意放弃原始意义的自由。"[1]民主政治和个人自由是两回事，人民或多数人的统治完全可能侵犯私域和剥夺个人自由。

第二，内在自由（形而上的自由）。指个人拥有某种好的精神素质，包括理性方面的，如独立思考的能力，适当的知识，意志方面的，如高尚的人格，正确的信仰，坚定的信念，情感方面的，如博大的爱，因而能够合理支配自己的行为，不受内在的（低级和偶然的冲动）或外在的（环境、权力、偏见、无知等等）强制力量之摆布。这一意义上的自由无疑是卓越的正面价值，但也决不可把它与原始意义上的自由混淆，后者恰恰不是内在的自由，而是外在的自由。混淆会提供一个借口，使权力者以内在自由尚不具备为名而剥夺人们的外在自由。事实上，在任何外在条件下，总是有人具备很高的内在自由，而同时这样的人又总是少数。另一方面，在社会中，个人的外在自由

1.《自由秩序原理》(上)，第7页。

越是得到保障，内在自由就越能够得到发展。

第三，作为力量、能力的自由。其实是指一个人拥有实现某些特定欲求的客观手段，包括财产、地位、权力等等。在一定意义上，它属于积极自由（肯定性的自由）的范畴，而哈耶克所强调的原始意义上的自由则是一种消极自由（否定性的自由）。在哈耶克看来，一个人倘若不拥有消极自由，那么，不论他享有怎样的财富或特权，他都仍然不是一个自由人。另一方面，他还担心自由的这一用法与分配平等之类会导致扼杀真正的自由的要求有某种联系。[1]

在以上的叙述中，我加进了自己的理解和发挥，但我相信是符合哈耶克的基本精神的。通过上述区分，我们可以确定，原始意义的自由是个人自由而非集体自由，是外在自由而非内在自由，是消极自由而非积极自由。其实，它的含义十分简单，仅是指在个人行为的领域里不存在来自他人或社会的强制。这个最简单的含义却是自由主义的精髓。社会所能够给予个人的最基本的、同时也是最好的东西，就是这个意义上的自由。这实际上就是确保让每个人自己来安排自己的人生。要做到这一点并不容易，社会往往声称要给个人更好的东西，以此名义而公开地或隐蔽地剥夺了这最好的东西。

哈耶克强调，上述用法的自由不是自由的变种，自由只有一种，即原始意义上的自由。[2] 在他看来，上述这些用法都是借用自由一词来指称别的东西，所指称的东西与原始意义的自由并无内在逻辑上的联系。

---

1. 参看《自由秩序原理》（上），第 10—13 页。
2. 参看《自由秩序原理》（上），第 13、14 页。

3. 自由、私人领域和规则

自由即他人强制的不存在。如何防阻来自他人的强制呢？"防止强制的方法只有依凭威胁使用强制之一途"[1]。按照洛克的说法，在自然状态中，每个人都有权使用强制对付来自他人的强制，一旦出现这种情况，便同那个人处于战争状态。在政治社会中，每一成员都把保护自身自由的自然权力交给了社会。[2]哈耶克不赞同契约说，但他也确认，文明社会的做法是把行使强制的垄断权交给了国家。国家在行使这一权力时，必须把强制限制在制止私人采取强制行为的场合，这样的强制本身成了个人制定和实施其计划的基本依据。[3]

这就是说，对于私人之间的强制行为，国家拥有以强制的手段加以制止的权力。惟有国家拥有这一权力，并且这是国家所拥有的唯一的强制性权力。我们看到，这一构想在逻辑上是极其简单明了的：一方面，惟有国家拥有合法的强制权力，个人对他人实施强制皆属非法；另一方面，国家的强制权力仅限于制止个人所实施的强制，超出于此也属非法。通过这样的安排，自然可排除一切不正当的强制，保证个人自由不受到来自他人以及来自国家本身的侵犯。

毫无疑问，如何保证国家的强制权力有效地用于并且仅仅用于制止私人的强制行为，这本身是一个困难的任务，那是法治所要解决的问题。我们暂且搁下这个问题，先来讨论一个初步的问题，便是国家依据什么来判断个人行为是否构成了对他人的强制，因而应该予以制

1.《自由秩序原理》(上)，第 17 页。

2. 参看洛克:《政府论》下篇，叶启芳、瞿菊农译，商务印书馆，1964 年 2 月，第 7、13、53 页。

3. 参看《自由秩序原理》(上)，第 17、18 页。

止或保护呢？

哈耶克对此的回答是：首先划定一个受到保护的私人领域。"由于强制是一个人对另一个人行动之基本依据所实行的控制，所以人们只能够通过使个人确获某种私域的方式而防阻这种强制"。[1] 私域实际上就是个人自由的范围，在此范围内，个人行动的基本依据能够不为他人所控制。国家的任务是对每个人的私域提供保护，实现此任务的手段是对侵犯私域、企图控制他人行动的基本依据的行为加以制止。

进一步的问题是，根据什么来划定私域呢？在自由主义思想史上，最早明确提出私域与公域之划分的是 J.S. 穆勒。穆勒在其名著《论自由》中指出："任何人的行为，只有涉及他人的那部分才须对社会负责。在仅只涉及本人的那部分，他的独立性在权利上则是绝对的。对于本人自己，对于他自己的身和心，个人乃是最高主权者。"[2] 他还强调，个人对于仅影响到本人的行动拥有自由，所谓影响是指直接的、最初的影响，不包括通过本人而对他人发生的间接影响。[3] 但是，哈耶克仍然表示，由于我们很难想象有什么行动会不影响他人，因此，这一依据只影响行动者本人的行动与不仅影响本人而且还影响他人的行动对私域所做的界定并不有效。他认为，在界定时应该追问的问题是："我们希望加以阻止的其他人的行动，是否就真的会侵损被保护者的合理期望。"[4] 然而，这个问题的答案显然并不比对一个行动会不会影响他人的判断更加确定，因为对于被保护者的期望是否合

1.《自由秩序原理》(上)，第 171 页。

2. J.S. 穆勒：《论自由》，程崇华译，商务印书馆，1959 年 3 月，第 9—10 页。

3. 参看《论自由》，第 12 页。

4.《自由秩序原理》(上)，第 179 页。

理仍需要一个判断标准。

哈耶克的目标是寻找一个确定的标准，以使确获保障的私域的界定没有含糊之处，从而使个人的自由行动真正有据可依。他的结论是：划定私域的唯一标准是一般性规则。在他一生中，虽然在用词上有所改变，先后有一般性规则、普遍行动规则、正当行为规则等提法，但以规则界定私域的思想始终鲜明而一贯。在哈耶克的理论中，"规则"是一个关键的概念，对它的含义和性质需要作专门的讨论。大体而论，我们可以把"一般性规则"理解为一些普遍适用而且人所共知的禁令，人们依据它们便可知道什么事是不能做的，从而知道自己可以自由行动的范围的边界在哪里，而这也就是知道了自己确获保障的私域之所在。

在哈耶克的著作中，这方面的论述比比皆是，我在这里仅引述若干有代表性的表达——

在《个人主义：真与伪》（1945）一文中，哈耶克在谈及界定私域的问题时指出："人们在应对这个问题的过程中逐渐发展起来的解决方法——亦即先于现代意义上的政府而存在的那种解决方法——便是接受若干形式原则，'一种对该社会中每一位成员都同样适用而且也是他们行事赖以为凭的恒久性规则'（洛克语）。这些规则最重要的作用就在于它们能够使人们对'我的'和'你的'做出界分，因此，根据这些规则，个人及其同胞便可以确定什么是他的责任范围以及什么是其他人的责任范围。""政府应当仅限于要求个人遵循他们所知道的并且能够在他们进行决策的时候加以考虑的那些原则"，依据这些原则，个人就能够对于"有关个人可以做什么事情或不可以做什么事情的问题，或者有关个人能够期望其同胞去做什么事情或不去做什么事情的问题"做出判断。[1]

在《自由秩序原理》中指出：私域的划定只能依据"众所周知的一般性规则"，根据"对一般性规则的承认"，使社会中的每个成员能够依据这些规则来确定其被保障的私域的范围和内容。"就人们的行动与他人的关系而言，自由的意义仅意指他们的行动只受一般性规则的限制。""区别一个自由的社会与一个不自由的社会的判准乃是，在自由的社会中，每个个人都拥有一个明确区别于公共领域的确获承认的私域，而且在此一私域中，个人不能被政府或他人差来差去，而只能被期望服从那些平等适用于所有人的规则。"[2]

在《自由主义》一文中指出：自由主义的自由观念不是孤立的个人所享有的那种"天赋自由"，而是那种"在社会中可能的自由"，即"必须受制于保护其他人的自由所必需的法律规则的自由"，"法律下的自由"，"受到已知规则明确限定的个人领域中的自由"。规则的作用在于"阻止个人或群体以专断方式强制其他人"。[3]

在《法律、立法与自由》第一卷中指出：构成普通法的那些规则"所含有的乃是旨在划定每个人（或组织起来的人群）的确受保障领域之边界的禁令"。[4]

用一般性规则来界定私域亦即个人自由的范围，其内涵十分深刻。对于个人来说，它一方面意味着，自由并非自由放任，个人必须

1.哈耶克《个人主义与经济秩序》，邓正来编译，复旦大学出版社，2012，第16页。
2.《自由秩序原理》（上），第17、172—173、193、264页。
3.《自由主义》。《哈耶克论文集》，第71页。
4.《法律、立法与自由》第一卷，第188页。

受规则的约束，他是在遵循规则的前提下享有自由的。其实，规则的内容说到底无非是对私人之间的强制行为的防范和禁止，因此遵循规则无非就是不对他人实施强制和不侵犯他人的自由，这原是自由原则的题中应有之义。另一方面，这意味着自由的个人仅仅受规则的约束。"在自由的统治下，一切未被一般性法律所明确限制的行动，均属于个人的自由领域。"[1]因此，个人只要遵守规则，任何人或任何机构便都无权对之施以强制。私域不是政府行政的对象，政府在这方面没有任何自由裁量权。[2]就此而言，用规则界定私域的思路尤其是针对政府的，旨在严格约束政府的强制性权力，把强制减至为制止强制所必需的最低限度。哈耶克反复强调："只有一项原则能够维续自由社会，这项原则就是严格阻止一切强制性权力的适用，除非实施平等适用于人人的一般性的抽象的规则需要以外。"[3]"强制必须只限于实施抽象的正义行为规则。"[4]"政府的强制性权力只限于实施一般性的正当行为规则"。[5]个人必须并且仅仅受一般性规则的约束，政府有责任运用其强制性权力实施并且只限于实施一般性规则，这是自由主义的一项基本原则，而全部法治理论就是建立在这项原则之上的。

4. 难题：对私域的划界

在对私域亦即个人自由范围的划界问题上，古典自由主义的经

1.《自由秩序原理》（上），第273—274页。

2. 参看《自由秩序原理》（上），第271页。

3.《自由秩序原理》（上），转引自《邓正来自选集》，广西师范大学出版社，2000，第195页。

4.《政治思想中的语言混淆》。《哈耶克论文集》，第30页。

5.《自由主义》。《哈耶克论文集》，第78页。

典做法是确定个人所享有的不可剥夺的自然权利或曰自然法赋予的基本权利之种类和内容，洛克将之总结为"保护生命、自由和财产"之权利。[1] 基本权利可举出自由权、财产权、安全权利、抵制压迫的权利等，还可举出思想自由、言论自由、集会自由、出版自由等。哈耶克对这种做法表示不满，认为并不能划清受保护的私域的界限之所在。他承认对权利做出具体规定有一定好处，便是对易受侵损的某些权利提供了极为重要的保护，但坏处更大，有可能被解释成只有这些权利受到保护。[2] 在他看来，自由是一个否定性的概念，它与列举出的诸自由权项（liberties）的区别在于，自由意味着"除规则所禁止的以外，一切事项皆为许可"，自由权项则意味着"除一般性规则明文许可的以外，一切事项都被禁止"。[3] 因此，列举权利的做法必定会缩小个人自由的范围。

哈耶克反对用权利界定私域的另一个理由是，他认为所有这些被列举的权利都不是绝对的，仍须受一般性规则的约束。"既然任何行动都不可能不影响到他人的确受保障的领域，故不论是言论、出版，还是宗教，都不可能是完全自由的，这就是说这些活动领域亦将受到一般性规则的限制。换言之，在所有上述领域中……自由意味着，也只能意味着，我们的所作所为并不依赖于任何人或任何权威机构的批准，只能为同样平等适用于人人的抽象规则所限制。"[4] 列举权利的做法"只是对一般性原则的具体适用"，"所有这些基本权利都没有因此

---

1. 参看《政府论》下篇，第 53 页。
2. 参看《自由秩序原理》（上），第 274 页。
3.《自由秩序原理》（上），第 15 页。
4.《自由秩序原理》（上），第 193 页。

而被视做是一种绝对的权利，而是必须以一般性法律的规定为限。"[1]

总之，在哈耶克看来，只有一般性规则才能准确地界定自由的范围，用列举权利的方式来界定个人自由的范围是不会准确的，它一方面肯定太小，因为必然会遗漏一般性规则所允许的其他一些权利，另一方面也许又太大，因为一切权利都不是绝对权利，在具体情势下都要用一般性规则来衡量，如果超过了就不能被允许。

从逻辑上说，用一般性规则界定私域无疑能避免这些缺陷，因为一般性规则只是一种抽象的禁令，在最抽象的意义上它可归结为"不准侵犯他人的自由"这一要求，倘若人们在任何情形下都以此为准则，一切人的自由当然能够确获保证。哈耶克如此坚持这一标准，可谓用心良苦，实是为了杜绝任何损害自由的合法借口。但是，仔细考察起来，由于这一标准的抽象性，要把它付诸实行即使不是不可能，也是异常困难的。事实上，用"不准侵犯私域"为标准界定私域，明显的是同义反复。作为禁令，我们首先必须知道所禁之事是什么，而这必不可免地要涉及具体的内容。

哈耶克本人也清楚地意识到了问题的困难性。他一再表示，规则仅限制"涉他人的行动"，亦即界定个人确获保障的领域，但如何界定"涉他人的行动"，这是一个"棘手的问题"。"只有通过对每个人的确获保障的领域加以界定的方式，法律才能够确定它所要调整的那些'涉他人的行动'，而且法律对'损害他人'的行动所设定的一般性禁令也才能够获得一种确切的含义。"但是，"究竟在哪里划定边界才最为有效呢？这是一个极为棘手的问题；对此我们还没有发现全部

_____

1.《自由主义》.《哈耶克论文集》，第 79 页。

的最后答案。"[1] 其实，棘手之处恰好在于，要明确划定这个边界，舍权利的规定外别无他途。所以，哈耶克常常又倾向于认为，这个边界原本就是不能够也不应该明确划定的。他曾谈到，强调自由以抽象原则为基础，这并"没有解决我们所需要的一般性规则究竟是何种规则的问题"，但因此"在设计一套最有效的规则的方面为人的独创性留下了几乎无限广泛的领域"，"在大多数情形中，我们仍必须通过经验去发现解决具体问题的最佳办法"。[2] 他还谈到，究竟哪些权利应当被归入确获保障的领域之中，"就所有这类问题的解决而言，只有经验能够表明何者是最为适宜的安排。对这种权利所做的任何特定界说，根本不存在什么'自然的或天赋的'品格。"[3] 可见他怀有一种警惕，担心对私域的任何明确的肯定性规定都与他所否弃的从人的不变理性推导出权利的唯理主义学说有不解之缘，因而在这方面宁愿保持某种模糊性和不确定性，把具体划界的问题交给经验去解决。

然而，在实际的政治生活中，如果一般性规则没有任何具体内容，无论政府还是个人就都无法用它来限制或指导自己的活动。因此，问题仍然无法回避。我们发现，事实上哈耶克有时也试图阐述一般性规则的具体内容，而当他这样做的时候，他往往也只能是列举一些他认为最重要的基本权利，并把它们视为规则。例如，在《个人主义：真与伪》一文中，他把"私有财产权"看作一项一般性原则。[4]在《自由秩序原理》中，他谈到古希腊城邦的奴隶解放法令授予被解

1.《法律、立法与自由》第一卷，第 161—162、171 页。
2.《个人主义与经济秩序》，第 18 页。
3.《自由秩序原理》（上），第 197 页。
4.《个人主义与经济秩序》，第 18 页。

放的奴隶以四项权利：共同体中受保护的法律地位；免遭任意拘捕的豁免权；按照自己的意欲做任何工作的权利；按照自己的选择进行迁徙的权利。然后说：如果再加上财产权利，便"已含括了保护个人免受强制的原则所要求的一切要件"了。[1] 在同一著作中，他还明确地说："对财产权的承认，是界定那个能够保护我们免受强制的私域的首要措施。"此外他还提到由契约创建的权利网络、享有公共服务的权利、隐私权和保密权（住宅不受侵犯的权利）等，把它们都视为规则的内容。[2] 在《法律、立法与自由》第一卷中，他指出：法律要防阻的是对他人所施予的"那种致使法律规定为合法的预期落空的损害"。所以，核心的问题在于"要对法律所必须保护的那些'合法的'预期与法律必须使它们落空的那些预期做出明确的界分"。然后表示：在这方面，人类迄今为止发现的唯一方法是，"通过确定只有特定的个人可获准处置而任何其他人都不得干涉的一系列物品的方法，而为每个个人界分出所允许的行动范围。"而这也就是确定"财产权"，广义的财产权则包括每个个人的"生命、自由和财产"。[3] 在《法律、立法与自由》第二卷中，他更为明确地说：抽象规则亦即"对财产权进行界分的那些规则"。[4]

在自由主义理论中，对私域的划界是一个关键问题，同时也是一个困难问题。其困难在于，用权利划界失之独断，用规则划界又失之

1.《自由秩序原理》（上），第 15 页。

2.《自由秩序原理》（上），第 173—175 页。

3.《法律、立法与自由》第一卷，第 163、168 页。

4.《法律、立法与自由》第二、三卷，邓正来、张守东、李静冰译，中国大百科全书出版社，2000 年 10 月，第 246 页。

空泛。要了解哈耶克在这个问题上的全部看法,我们就必须进入他的法律理论,这个问题实际上构成了他的法律理论的核心。在那里,他解决这个问题的主要路径是,用人类法律实践的经验来阐明那种能够给私域划界的规则是什么,基本上把它阐释成了私法和普通法传统。

二 自由为何是价值

1. 社会科学与价值观念

哈耶克十分重视价值判断在社会科学中的作用。他对韦伯否定价值判断的极端论辩所产生的巨大影响表示忧虑,他之反对实证主义包括法律实证主义的一个重要原因也是因为它们排斥价值判断。[1] 他对价值判断的重视,在很大程度上根源于他对社会科学的性质的认识。

在《社会科学的事实》(1942)一文中,哈耶克集中地论述了这个问题。他指出,当我们对人的行动及其客体进行界定时,第一,我们所依据的不是物理特性,而是"行动者的意见或意图"。"在社会科学中,事物乃是人们认为的事物。钱之所以是钱,语词之所以是语词,化妆品之所以是化妆品,只是因为某人认为它们是钱、语词和化妆品。"当我们所考虑的是有着截然不同于我们的知识的人的时候,这一情形便会凸显出来。例如,一种被认为可以保护携带者生命的护身符或者一种旨在确保获得好收成的祭祀仪式,都只能根据当事人对这些东西的信念进行界定。第二,我们并且还是依据"我们自己心智中

---

1. 参看《哈耶克论文集》,第 241、415 页。

业已形成的模式"来理解别人的行动及其客体的。因此，我们对其他心智的理解是以我们在多大的程度上能够把它们与我们自己的心智模式相适应为限度的。

和个人行动及其客体一样，所谓"社会事实"，包括"社会"或"国家"之类的社会集合体，乃至任何特定的社会制度或社会现象，都不是自然科学中特殊意义上的那种事实，而是"一些我们根据我们在自己心智中发现的那些要素建构起来的心智模式"。所谓"历史事实"，包括历史学家所讨论的社会集合体，也从来不是"给定的"，而都必须采取某种心智模式加以重构，所以"实际上就是一些理论"，是"历史学家经由阐释或解释而创造出来的"。

我们据以建构社会世界的那种心智模式又是由什么构成的呢？哈耶克认为，至少有一部分"为人们最为熟知的概念"乃是其要素。这些概念形成了一种共同的思想结构，它既是人们彼此有可能进行交流或沟通的条件，也是"我们大家据以解释诸如我们在经济生活或法律中、在语言中以及在风俗习惯中所发现的那些复杂的社会结构的基础"。[1]

由于抽象观念在社会科学中有着如此重要的作用，因此，哈耶克异常看重哲学的意义。他相信哲学的影响是最大的，因为它通过对一般观念的思考而影响到据一般观念思考具体问题的社会科学家，再影响到大众。[2] 社会科学中不存在单科可解答的具体问题，所有问题皆涉及哲学。基于这一考虑，他认为社会科学家不但应该是学者、科学家，同时还应该是哲学家。作为一个经济学家，他再三强调：一个只

1.《个人主义与经济秩序》，第67、77、80、84页。

2. 参看《自由秩序原理》(上)，第138—139页。

是经济学家的人不可能成为好的经济学家。他引为骄傲的是，在英国近现代有着社会科学与哲学密切联系的传统，除李嘉图、马歇尔外，大经济学家往往身兼大哲学家，洛克、休谟、亚当·斯密、边沁、穆勒父子、杰文斯、西季威克、凯恩斯皆在这份名单中。[1]

我们凭借自己已有的心智模式建构"社会事实"，但这决不意味着我们的心智是独立存在于自然过程和社会过程之外的实体，能够从外面来设计社会秩序。对于这种笛卡儿式的二元论，哈耶克是坚决反对的。就他认为一切社会认识皆是心智模式的建构而言，他所持的是一种现象学立场。但是，关于这种心智模式的性质，他不同于康德，并不认为它们是知性的先天形式，也不同于胡塞尔，并不认为它们是意识的先验建构。在心智模式和抽象观念的来源问题上，他的观点完全是经验论的。他认为，人的心智仅是对自然环境和社会环境的一种调适，抽象性则是这一调适过程固有的特性。"当某种类型的情势使一个人倾向于做出某种特定模式的回应的时候，那种被称为抽象的基本关系就已经存在了。"抽象性是"人所具有的使其在他知之甚少的世界里成功地进行活动的那种能力的基础"。各种抽象观念乃是人类或某一群体的经验的产物，个人并不知道这些经验，但通过抽象观念却能够运用这些所不知道的经验，因为它们已经融入了"指导着我们行动的思想图式"之中。抽象观念之有力量，正缘于它们不是作为理论被有意识地接受，而是被当成不证自明的默会性前设而接受的。[2]

那么，我们的心智模式是由一些什么样的一般观念构成的呢？毫无疑问，其中相当一部分是逻辑性质的范畴，但是，哈耶克所关注的

---

1. 参看《哈耶克论文集》，第318、328、333、437页。
2. 参看《法律、立法与自由》第一卷，第15、34、35、107页。

重点是那些价值性质的观念、规则、原则、理想。他说："心智是由行动规则构成的"，"理性"的原义是指"心智具有一种辨识或界分善恶的能力，也就是对何者符合业已确立的规则与何者不符合这些规则做出界分的能力"。[1] 在这里，我们显然可以把规则也理解为价值性质的一般观念。

基于上述认识，哈耶克强调，"意识形态"亦即一系列具有价值导向作用的原则，乃是不可缺少的。[2] 社会科学的使命是提供"一幅可能无法完全实现的社会理想图景，或者一种应予实现的整体秩序的指导性观念"，这是"科学能够为解决实际政策问题所做的主要贡献"。[3] 作为个人，社会科学家应当具备智性的诚实，勇于公开陈述自己的价值立场。如果他珍视科学，就应提倡不扼杀智性诚实的社会秩序，可见科学理念与个人自由理想的关系密切。知识分子应该对大原则有明确的看法，其责任是质疑，而这就意味着采取了某种政治立场，却无须对当下政治问题表态，更不应受政党之束缚。[4] 政治哲学家的使命是实现一般观念，反对多数意志，不关注当下政治事务，只关注捍卫恒久的一般原则。[5] 当然，按照哈耶克对于一般观念的理解，所谓理想、原则都不是凭空建构的，而是已经隐含在人类实践的某些制度和传统之中了，政治哲学家的使命是对之加以阐明、捍卫和实现，而自由主义就是其中极其重要的一项。用哈耶克所引证的贡斯当的话说，自由

1.《法律、立法与自由》第一卷，第 16、21 页。

2. 参看《法律、立法与自由》第一卷，第 90—91 页。

3.《法律、立法与自由》第一卷，第 100 页。

4. 参看《哈耶克论文集》，第 416、417、435 页。

5. 参看《自由秩序原理》(上)，第 141 页；《哈耶克论文集》，第 595 页。

主义是"一系列原则的体系"[1]，或者用他自己的话说，自由主义是一个"从未彻底实现过的理想"[2]。

2. 自由之作为核心价值和最高原则

一切自由主义理论都把个人自由视为一项重要价值，若非如此，当然就不能称做自由主义。对于自由何以是重要的价值，可有两条论证的路径。一是把自由当作目的本身，论证个人自由本身就是价值，并且是核心的价值，其余一切价值对之皆处于从属的地位，其价值都要依据它们对于这一核心价值有无助益和助益大小来评估。另一是把自由视为手段，通过它对其他价值所产生的助益来论证它的价值。这两条路径未必不能相容，因为即使把自由当作目的本身，我们仍可承认它会对其他价值产生助益。然而，值得一问的是，倘若一种理论仅把自由看作手段，不承认自由首先是目的，它是否还能算做自由主义理论。

哈耶克显然主要是从上述第二条路径去论证自由的价值的。对于自由作为目的之价值，他甚少进行论证。我认为这种情形是可以理解的。因为第一条路径是伦理学性质的，要对个人自由本身就是目的和核心价值进行论证，不啻是要建立一种道德理论，这对哈耶克来说不是一个合适的任务。他是从经济学进入政治哲学的，更为熟悉的是个人自由对于形成良好社会秩序的巨大助益，因而很自然地把论证的重点放在了这个方面。

然而，在讨论哈耶克的全部论证路径之前，我认为应该首先强调

1.《自由秩序原理》(上)，第 79 页。
2.《法律、立法与自由》第一卷，第 96 页。

一点，便是他虽然没有建立一个道德理论来阐述个人自由本身的价值，但他是承认个人自由的核心价值地位并且把它当作不争的伦理前提的。在《自由秩序原理》中，他指出：自由是一项特殊价值，并且是大多数道德价值的渊源和条件。[1] 不久后，他修改了这一论断使之更为明确："自由不只是诸多其他价值中的一个价值……而且还是所有其他个人价值的渊源和必要条件。"[2] 在后来的著述中，他还谈到，他所推崇的英国传统把自由亦即用法律保护个人并使其免受任何专断强制看作首要的价值，个人自由是政治行为道德规则中最重要的一项规则。[3]

除此之外，哈耶克还常常强调，必须把个人自由作为一项在任何情况下都不可放弃的最高原则来贯彻。例如，在《自由秩序原理》中：自由不限于我们知道人们会如何使用它并将产生助益的特定事例中，否则就不是自由。"如同所有其他的道德原则那样，个人自由的原则也要求自己被作为一种价值本身来接受，亦即被作为一种必须得到尊重而毋需追问其在特定情形中的结果是否将具助益的原则来接受。如果我们不把个人自由原则作为一种极为强硬的以至于任何权宜性的考虑都不能对其加以限制的信念或预设来接受，那么我们就无从获得我们想得到的结果。"为使自由的理想不遭摧毁，就必须把它"作为一种支配所有具体立法法规的最高原则来接受"，"作为一种不会对物质利益做任何妥协的终极理想而予以严格的遵守"，必须用它"构成所有恒久

---

1. 参看《自由秩序原理》（上），导论第 8 页。
2. 转引自邓正来：《法律与立法的二元观——哈耶克法律理论的研究》。《邓正来自选集》，第309 页。
3. 参看《哈耶克论文集》，第 51、175 页。

性制度安排的基础"。[1] 在《法律、立法与自由》第一卷中："只有遵循原则才能维续自由，而奉行权宜之计则会摧毁自由。"为了实现某种可预见的特定结果，在一般性规则之外实施强制措施，必定会一步一步地摧毁自由。"如果自由与强制之间的选择因此而被看作是一个权宜问题，那么自由注定会在几乎所有的场合都被牺牲掉。"正如十九世纪一些自由主义思想家已认识到的那样，"只有当自由被视作是一项不得因特定的益处而予以牺牲的最高原则的时候，自由才能够得到维续。""只有当自由被公认为是一项在适用于特定情势时亦无须证明的一般性原则的时候，自由才会占据优势之位。"[2] 在这些论述中，自由之被看作最高原则，并不等于被看作目的性价值，毋宁说主要理由是广义功利主义性质的，即着眼于自由所达至的总体效果，将之与在特定情形下牺牲自由所获得的利益相比较，而肯定前者具有不可比拟的巨大价值。不过，我宁可认为，由于这种比较实际上难以进行，因而，一种伦理性质的对于自由的坚定信念其实对比较的结果预先起了决定性的作用。我们还可断言，正是这一信念构成了哈耶克的全部理论努力的内在动机。

3. 对自由的个人主义论证

个人主义一词有许多不同的用法。就对自由的论证而言，值得注意的是三种意义上的个人主义。一是价值论的（或称规范的、伦理学的）个人主义，认为个人是价值的终极源泉和承载者。其中又有两种很不同的陈述：或是强调个性的精神价值至高无上，如德国唯心主义

1.《自由秩序原理》(上)，第31、79、80页。
2.《法律、立法与自由》第一卷，第88、89、95页。

者；或是强调个人利益是唯一真实的利益，如英国功利主义者。二是本体论的（或称原子论的）个人主义，断言个人具有自足的存在，个人的存在先于社会，社会仅是单个个人的总和。三是方法论的个人主义，主张唯有依据与个人相关的事实才能解释社会现象。

无论从历史渊源看，还是从内在逻辑看，价值论的个人主义与自由主义政治理想都有着最为密切的联系，为之提供了伦理学的依据。这一含义的个人主义的源头可以追溯到希腊化时期。由于城邦的解体，人不再是政治动物即城邦的一员，而是一方面成了个人，另一方面成为了人类的一员。由此形成了两个重要观念，一是个人自身即是价值，应该得到尊重，二是人人赋有共同的人性，是人类世界的平等成员。由这两个观念又发展出自然法的天赋权利和法律面前人人平等的观念。这些思想首先由斯多噶派哲学家阐述，被古罗马哲学家继承，经由基督教和文艺复兴的思想家而传至近代，成为西方文明中的重要传统。事实上，个人主义、人道主义、自然法、自由主义的观念几乎是共生并长的，彼此间有着难解难分的关系。个人主义道德理论认为个人或个性是目的，是伦理上的核心价值，自由主义政治哲学认为个人自由是目的，是政治生活中的核心价值，二者之间的联系原是一目了然的。一种把个人自由当作首要原则的理论倘若不也承认个人是首要价值，这在逻辑上是讲不通的。

哈耶克虽然没有建立一个系统的个人主义道德理论来为自由主义作论证，但是，他对价值论的个人主义无疑是认同的。在《通往奴役之路》（1944）一书中，他最鲜明地表达了这个立场。他在那里指出："由基督教与古典哲学提供基本原则的个人主义，在文艺复兴时代第一次得到充分发展，此后逐渐成长和发展为我们所了解的西方文明。这种个人主义的基本特征，就是把个人当作人来尊重；就是承认个人在他自己的范围内他的看法和趣味是至高无上的……也就是相信人应该发展自己的天赋和爱好。""在限定的范围内，应该允许个人遵循自己的而不是别人的价值和偏好，个人的目标体系应该至高无上而不屈从于他人的指令。正是这种对个人作为其目标的最终决断者的承认，对个人应尽可能以自己的意图支配自己的行动的信念，构成了个人主义立场的实质。"所谓"社会目标"则不过是许多个人的相同目标，对于人们并非终极目标，而是一种能够用于多种多样意图的手段。[1] 这部著作的主题是反对计划经济，而反对的主要理由之一便是计划经济必然会把一个统一目标强加于所有人，剥夺了个人选择其目标的自由。

在哈耶克后来的著作中，我们也能找到对个人主义价值观的有力表述。例如，在《自由秩序原理》中，他说："强制之所以是一种恶，完全是因为它据此把人视作一无力思想和不能评估之人，实际上是把人彻底沦为了实现他人目标的工具。"这一说法当然是把个人的精神自主性和个人是目的当作不容置疑的预设的。个人主义之认为个人本身具有价值，重要理由之一是推崇个人的独特性和人性的多样性的价值，哈耶克对此也是认同的。他指出："人性有着无限的多样性——个人的能力及潜力存在着广泛的差异——乃是人类最具独特性的事实之一。"并且以赞许的态度引证了 R.J.Williams 的这一观点：先天差异性使每一个人都"具有成为一个特立独行的个人的素质"，是自由理想和个人价值理想的生物学依据。[2] 他的这部代表性著作还把约翰·穆勒录在《论自由》开头的洪堡的"精辟论断"用做结语，从而表明他

1.《通往奴役之路》，第21、62页。

2.《自由秩序原理》（上），第17、103页。

写作此书怀抱的是与洪堡乃至约翰·穆勒相同的宗旨："本书所阐明的每一论点，都明确且直接趋向于这样一个首要的大原则，即人得到最为多样化的发展具有着绝对且本质的重要性。"[1]在《法律、立法与自由》第二卷中，他也谈到了个人在价值论上的自足性，指出：在开放社会中，"每个个人都被视作是一个个人，而不只是某个特定群体的一员"，唯有如此，普遍行为规则才可能得到有效的实施。[2]

　　然而，使人奇怪的是在《通往奴役之路》出版后仅仅一年，他在《个人主义：真与伪》(1945)一文中对个人主义有了似乎很不同的说法。在这篇文章里，他把个人主义定位为首先是一种社会理论，其次是一套由之衍生出来的政治准则。他称这一社会理论为真个人主义，强调它既是反对集体主义，也是反对他称之为伪个人主义的原子论个人主义的。集体主义认为，社会是独立于一切个人而存在的实体。伪个人主义认为，个人是自足的存在，经由契约（个人理性的设计）而组织成社会。真个人主义则认为：第一，唯有通过对个人行动的研究才能理解社会现象；第二，个人不是经由理性的设计、而是在行动及其相互作用的过程中自发地形成社会秩序的。我们可以把这种真个人主义视为方法论的个人主义，但它的意义不止于方法论，哈耶克在这里所提出的社会理论是有实质的内容的，已经包含了他后来系统展开的关于自生自发社会秩序的理论的主要洞见。因此，这篇文章在哈耶克自己的理论发展进程中的确具有极其重要的意义。令人感到奇怪的是这一点：在这篇专论个人主义的文章中，哈耶克丝毫没有提及个人主义的价值论含义。这肯定不是偶然的。据我推测，原因很可能是他

1.《自由秩序原理》（下），邓正来译，三联书店，1997年12月，第183页。
2.《法律、立法与自由》第二、三卷，第38页。

对价值论个人主义与本体论个人主义之间的联系怀有警惕。也可能是因为这个原因，在这篇文章之后，虽然他有时对个人主义的价值观仍然有所陈述，但不再使用"个人主义"这个术语了。[1]

4. 对自由的功利主义论证

我在这里是在最宽泛的意义上使用功利主义这一概念的。在价值论个人主义看来，个人自由本身就是目的，个人能够按照自己的意图来行动和生活，这本身对于个人就是最好的事情。与之相对照，如果不是把个人自由本身当做目的，而是当做手段，用它对于实现别的目的的助益来证明它的价值，我把这样的论证路径都看作对自由的功利主义论证。哈耶克曾在相近的含义上使用功利主义一词，而指出："就此一宽泛的意义而言，如果一个人不把所有现行的价值都视作是不可置疑的东西，而是随时准备对它们为什么应当被人们所信奉这一点进行追问，那么他就可以被视作是一个功利主义者。"[2]这实际上就是指不承认有自明的终极性的价值，把一切价值都视为手段而追问其对实现别的价值有何助益。哈耶克把亚里士多德、托马斯·阿奎那、休谟都算作这一意义上的功利主义者，毫无疑问，他自己也可列入其中。

事实上，从洛克开始，英国古典自由主义思想家在不同程度上

---

1. 参看邓正来《哈耶克方法论个人主义的研究——〈个人主义与经济秩序〉代译序》。作者在注解中指出："值得我们注意的是，尽管哈耶克依据正文中所给出的理由而在早期的论述中仍采用了'个人主义'这个术语，但是根据我个人的研究，此后哈耶克不曾再使用过这个术语，即使在他为了甄别政治学术语而专门撰写的'政治思想中的语言混淆'的论文中，他也未曾论及'个人主义'这个术语。"
2. 《法律、立法与自由》第二、三卷，第24页。

都是功利主义者。洛克的政治学说以天赋权利和自然法为基础，默认了价值论的个人主义，但他在伦理学上主张的是功利主义，把趋乐避苦视为人的行为的唯一动机，认为合理的自利会导致合作。英国哲学家在认识论上都坚持经验主义，否定天赋观念，这与承认天赋权利形成了明显的矛盾。为了摆脱这个矛盾，洛克的后继者纷纷抛弃天赋权利说，力图彻底贯彻功利主义，用趋乐避苦解释人的行为，用个人利益之追求与最大公共利益的一致论证个人自由的价值，从亚当·斯密的"看不见的手"，到李嘉图、詹姆斯·穆勒、边沁的最大幸福原则，皆是如此。约翰·穆勒对这个功利主义传统做了重大修正，强调快乐按道德品质有高低之分，实际上把个人主义的伦理价值提到了首位。休谟从另一个方向修正了这个传统，强调人类行为的标准是一整套习俗的规则，只是由经验根据其结果判定属于正当的行为标准，并为习惯所固定，以维护稳定的社会生活。[1]

哈耶克对自由的论证走在休谟的方向上。值得注意的是，当他这样为自由论证时，他所论证的已不限于个人自由的好处，更是在个人自由的基础上形成而又能够保障个人自由的自由社会秩序的好处。因此，这一论证必然涉及他的社会理论。其实，我们完全可以把他的整个社会理论看做对自由的一种论证。这样来看，对于他在《个人主义：真与伪》中把个人主义定义为一种社会理论，我们就不必奇怪了。

---

1. 参看乔治·霍兰·萨拜因《政治学说史》下册，盛葵阳等译，商务印书馆，1986，第595—605、677页。

哈耶克的社会理论是直接建立在他的知识观的基础之上的。[1]概括地说，哈耶克的知识观有两个要点。第一是知识的分散性，即："知识只会作为个人的知识而存在"，不存在"作为一种整合过的整体知识而存在"的所谓社会的知识。这里的知识主要指对社会过程中无数特定事实的知识。如果说在原始社会的小群体里，其成员尚能或多或少地知道所面临的大致相同的情势，那么，在大社会或开放社会中，情形就完全不同，"每个人对于大多数决定着各个社会成员的行动的特定事实，都处于一种必然的且无从救济的无知状态之中"。[2]既然任何个人或机构都不可能把关于事实的知识集于一身，那么，由此得出的结论便是：不能由任何个人或机构来对社会进程进行设计。第二是规则为理性所不及。人们虽然对于大多数事实处于无知的状态，但依凭在互动中自发形成的规则而仍能使他们的行为彼此协调，可见规则是应对上述无知的有效方法。规则（制度、道德规范、传统、习俗等等）是人类经验的载体，其中隐含着人们据以合理行动的知识。然而，正因为规则是在人们的互动中自发形成的，因此，它往往不是作为明确知识保存下来，而是以默会知识的形态存在，人们在一定意义上对之也是无知的。也因此，作为规则系统的文明是人的活动（经验和进化）而非人的设计（建构）的产物，人的理性（心智）本身是在这个过程中与文明一同成长的。由此而得出的结论也是：不能对社会

---

1. 关于哈耶克的知识观的演变过程，以及它与哈耶克的社会理论之间的密切关系，邓正来在《知与无知的知识观——哈耶克社会理论的再研究》一文中作了深入的探讨，请参看《邓正来自选集》。我这里仅从为自由论证的角度叙述哈耶克知识观的主要观点，不涉及其演变的问题。

2.《法律、立法与自由》第一卷，第8页。

进程进行设计，而自由可以为非设计的规则之形成、从而为文明的进步提供最大机会。

哈耶克的知识观涉及人在社会生活中的两类知识，一是对决定人的行动的具体事实的知识，二是对人据以合理行动的规则的知识。他认为，在这两类知识上，人都是无知的。这两种无知属于不同的层次，而都落脚在证明设计之不可能和自由之必要。由于前一种无知，就不可能设计出一种能够适合各种未知事实的计划，并据此对人们的行动施以强制。这意味着应该让每个人根据自己所面临的具体事实来决定如何行动，而在自由的互动中便会自发地形成能够协调彼此行动的规则和秩序。由于后一种无知，在自发的规则和秩序形成之后，应该对之予以尊重，依靠它们来进一步保障个人自由，决不可另外设计一套规则和一种秩序来取代它们，从而又对个人的行动施以强制。哈耶克终其一生以极其鲜明的态度反对对社会进程进行理性设计，根本的原因是理性设计必然会摧毁个人自由，剥夺每个人自己决定其目的和实现其目的的行动的权利，而由某个权力中心来对这一切加以控制。

在哈耶克之前，密尔顿、洛克、穆勒、Bagehot 等人都曾从无知角度论证自由的正当性，但他们都把注意力放在因为无知而需要尝试和宽容这一点上面。哈耶克对这个论点也是赞同的，他有时也谈到：由于个人理性之不可靠，任何个人都容易出错，唯有自由讨论才能接近真理，因此，思想自由和言论自由是必要的，这一自由能导致知识和道德的进步。[1]可是，这个论点在他的全部论证中只占据很小的位

---

1. 参看《哈耶克论文集》，第 94 页。

置，他的重点完全不是放在这里。他自己说："增进自由的所有制度都是适应无知这个基本事实的产物"。[1]可见他从无知这个事实得出的决不只是思想自由的必要性，毋宁说他的全部社会理论都是建立在这个事实的基础之上的，无知是他分析个人自由与社会秩序的关系的基本出发点。

在《个人主义：真与伪》一文中，哈耶克已经明确地把无知当做这样一个出发点，他在那里称之为人在知识方面的"构成性局限"。它指的是这样一个事实："人们所能够知道的只是整个社会中的极小一部分事情，因此构成他们行动之旨趣或动机的也只是他们的行动在他们所知道的范围中所具有的那些即时性结果而已。"或者："人之天赋和技艺乃是千差万别的，因此从整体上讲，任何一个个人对于所有其他社会成员所知道的绝大多数事情都处于一种无知的状态之中。"哈耶克认为，对于社会过程来说，知识方面的这个事实远比道德态度方面人是否由自私的动机所指导重要得多。由于这种构成性局限是不可改变的，因此，真正的问题在于找到一种方式，一方面让每个人按照自己的有限知识和关注自由地行动，另一方面又能把这种有限关注转变成有效的激励，促使人们参与到比他们所能理解的更为广泛和复杂的过程中去，为他们并不知道的需要做出贡献。经济学家们最早发现，逐步发展起来的市场就是这样的方式。推而广之，便是一种人与人之间自由互动的过程，在这个过程中，"每个人都可以自由地去尝试和发现他自己所能够做的事情"，同时"任何人的贡献都要受到其他人的检测和纠正"。[2]

1.《自由秩序原理》（上），第30页。

2.《个人主义与经济秩序》，第12、13页。

以无知为主张个人自由的基本依据，乃是哈耶克的一贯观点。他后来更明确地说："主张个人自由的依据，主要在于承认所有的人对于实现其目的及福利所赖以为基础的众多因素，都存有不可避免的无知。"如果人能无所不知，主张自由便无意义。[1]"个人自由之所以如此重要，其终极原因乃在于人们对于大多数决定所有其他人的行为的情势存在着不可避免的无知，而这些其他人的行为则是我们得以从中不断获得助益的渊源。"[2]

按照哈耶克的思路，我们可以从两个角度来看无知与自由的关系。一方面，对于任何一个特定的个人，别人既不能对他所具有的潜在能力做最终的判断，也不能对他所面临的具体情势有真切的了解。因此，没有人能够代替他做决定。这是应当让他自由行动的理由。另一方面，任何一个特定的个人所知也极为有限，他既不知道大多数决定所有其他人的行为的情势，也不知道实现他自己的目的和利益所赖以为基础的众多因素。因此，他必须与所有其他人形成一种自由互动的关系，这种关系使他得以使用他所不拥有的无数他人的知识，来为实现他自己的目的和利益服务。这是他需要一种自由的社会秩序的理由。

在哈耶克看来，从个人自由行动中能够形成自生自发的社会秩序，这是个人自由所达至的最伟大的成就，这一成就是任何个人的心智所无力企及的。如果说文明"始于个人能够从其本人并不拥有的知识中获益并超越其无知的限度"，那么，这一使文明得以建立的功劳应归于自生自发秩序的形成。从知识的角度看，这样一种秩序是对无

1.《自由秩序原理》(上)，第 28 页。

2.《经济学、科学与政治学》。《哈耶克论文集》，第 434 页。

知的最为有效的应对。首先，它鼓励每个人的独立的和竞争的努力，为对实现各种目标有利的未知的或偶然的事象之出现提供了最大机会，也为人们潜在能力的实现和新知识的产生提供了最大机会，促进了人类知识的发展。[1] 其次，在这一秩序中，每个人都能以他所拥有的知识对其他人做出贡献，同时又能从他所不拥有的其他人的知识中获益，从而使分散于个人的知识得到了最有效的使用，使社会所使用的知识达于最大值。最后，这一秩序是建立在某些自发形成的规则的基础之上的，个人遵守这些规则便能在社会中成功地追求自己的目的，而这即意味着个人可以使用隐含在规则之中的人类所积累的那些协调人们行动的知识。

总之，哈耶克认为，个人自由以及在此基础上形成并且对个人自由予以保障的自由社会秩序之所以可欲，是因为一切个人和整个社会都能从中获益。他特别强调，必须从总体上判断自由的效用，而不能限于特定事例。肯定会有使用自由的结果不佳的情形，还会有人滥用自由，但这些都不成其为反对自由的理由。对自由的坚信是以这样一个信念为基础的："从总体观之，自由将释放出更多的力量，而其所达致的结果一定是利大于弊。"[2] 但这并非如边沁学派所主张的是指计算"最大幸福"的总量，哈耶克正确地指出，这种计算是无从做出的。他明确地把自己的观点与边沁学派的观点加以区分，认为后者是特定论的功利主义（行为功利主义），他自己则属于普遍论的功利主义（规则功利主义）。这两种功利主义所说的功利是不同的：特定论的功利主义仅根据每项行动的已知结果

---

1. 参看《自由秩序原理》(上)，第28—30页。
2.《自由秩序原理》(上)，第31页。

来判断该行动，功利是指"某物对于已知且特定的目的所具有的效用"；普遍论的功利主义在判断一项行动时则要考虑其全部后果包括长远的、间接的后果，功利是指"某物对于各种各样被预期会在某种情势中或在可能发生的各种情势中出现的需求所具有的效用"。用这个标准衡量，自由和规则的功利就在于"为不确定的任何人增进机会"，从而使我们能够得到"我们所能得到的最多的东西"。[1]换言之，便是最大化了不确定的任何个人得以运用其知识实现其未知目的的机会。[2]

1.《法律、立法与自由》第二、三卷，第25—27、33页。另外参看《哈耶克论文集》，第211页。

2. 参看邓正来：《哈耶克社会理论的研究——〈自由秩序原理〉代译序》，《邓正来自选集》第217页；邓正来：《普通法法治国的建构——哈耶克法律理论的再研究》，《中国社会科学评论》2002年第一卷，第一期，第141页。

后记

　　1999年4月，我应聘在海德堡大学担任客座教授，开了一门题为《王国维和德国哲学》的课，每周上一次课，讲了一个学期。同年12月，我应邀在北京大学、中国人民大学等校做讲演，题目为《中国人缺少什么》，讲演的重点之一是对严复和王国维的西方哲学接受做比较，其后根据讲演内容整理成文，发表在《粤海风》杂志2000年第1—2期上。这两件事成了写作本书的缘起。当时我意识到，这二位最早引进西方哲学不同流派的学者，其接受的立场和发生的影响形成鲜明的对照，是探讨中国文化传统与西方哲学接受之间关系的适当案例，值得展开来做文章。

　　在海德堡大学讲学期间，我已对王国维下了一点功夫，写有详细提纲。2001年，我决定开始对严复下功夫，用了半年时间读他的著述，尤其是八部译著和相关西学原著，也看了一些有关的研究资料，从9月起笔写作，但进度甚慢。2002年，我的兴趣转向哈耶克，系统地阅读和做笔记。这项工作使我得以清晰地把握自由主义理论的脉络，对研究严复很有助益。2003年4月，我回到严复写作，8月写毕第五章第七节，因为别的工作插入，暂且搁笔，这一搁竟遥遥无期了。

　　若干朋友知道我做的这项工作，认为很有意义，常常催促我把它做完。我自己也不时地想起沉睡在电脑里的未完成稿，觉得就这么搁下的确可惜了。2015 年 8 月，在搁笔整整十二年之后，我终于下决心重拾这项工作，到 10 月完成了严复部分。然后，开始写王国维，把讲课提纲转换成著作定稿，工作量远比预想的大，直到今年 5 月才完成。

　　这样一本分量并不大的书，如果从我在海德堡讲王国维算起，从酝酿到完成竟用了十七个年头。当然，实际写作的时间没有这么长，累计大约一年有半。把一件拖延了太久的工作做完，了却一个凤愿，终归是感到轻松的。这是一部学术著作，但是，我相信，有心的读者一定能够从中读出对中国当今现实的深切关心。

2016 年 7 月 19 日

图书在版编目(CIP)数据

中国人缺少什么？：西方哲学接受史上两个案例之研究/周国平著. —上海：上海人民出版社，2018
ISBN 978 - 7 - 208 - 15336 - 3

Ⅰ.①中…　Ⅱ.①周…　Ⅲ.①思想史-研究-中国-近代　Ⅳ.①B250.5

中国版本图书馆 CIP 数据核字(2018)第 158612 号

责任编辑　曹　杨　马瑞瑞
书籍设计　朱镜霖

中国人缺少什么？

—— 西方哲学接受史上两个案例之研究

周国平　著

出　　版	上海人 & 出版社	
	(200001　上海福建中路 193 号)	
发　　行	上海人民出版社发行中心	
印　　刷	上海盛通时代印刷有限公司	
开　　本	890×1240　1/32	
印　　张	13.75	
插　　页	5	
字　　数	256,000	
版　　次	2018 年 8 月第 1 版	
印　　次	2019 年 1 月第 2 次印刷	
	ISBN 978 - 7 - 208 - 15336 - 3/B · 1353	
定　　价	68.00 元